国学经典读本

GUOXUE JINGDIAN DUBEN

全十二册

（八）

主编 黄光成

四川出版集团
巴蜀书社

顾　　问	董味甘
审　　定	何绍勇
主　　编	黄光成
执行主编	盛启元
编　　委	张玉林　涂兴平　淳世华 赵维光　阮世奎　盛　毅 贾朝敏

前　言

董味甘

　　《国学经典读本》（全十二册），用作中学语文的辅助教材，得知编者的意图，我激动的感觉是"先得我心"；见到编成的读本，我明确的认定是"善莫大焉"！

　　因为这套读本收的都是国学中的经典，能够很好地为中学生"完善自我，服务社会"提供条件，创造前提。国学是中国人的宝藏，现代的人谁都知道读书学习是获得知识成为有用之才的重要途径，其实在国学中早就作出了科学的总结。《礼记·学记》就说："虽有嘉肴，弗食，不知其旨也；虽有至道，弗学，不知其善也。"《文心雕龙·神思》也说："博见为馈贫之粮。"把多读书看做是赠送给知识贫乏者的食粮。类似的说法还有："不学而求知，犹愿鱼而无网"（葛洪），"非读书，不明理。要知事，须读史"（李光庭）。这些前贤都是有识之士，把读书求学的重要性讲得很清楚。而他们说的"书""史"，显然都是国学。

　　为了服务社会，必须完善自我，这主要包括知识美德两个方面。后者显然更为重要，但却容易被人忽略。培根说得不错，读书不仅可以"促进才干"，而且可以"塑造人的性格"。其实早在两千多年以前的我国，像"以文化人"、"化民成俗，其必由学乎"

前　言

这些精辟的论述，就已经载入典籍，成为人类文明进步的重要标志，并在哺育灿烂中华文明的历史进程中，一直发挥着巨大的作用。

国学是什么？各家有各家的说法，大致相同的则是"即中国固有的学术，以及研究中国传统的典籍、学术与文化的学问"（袁行霈）。凭国学"以文化人"直至"化民成俗"是中国几千年来的教育实践反复证明了的真理。长期以来，无数事实证明这的确是行之有效的。成语"刮目相看"是从吕蒙的话"士别三日，即更刮目相待"衍生出来的。而吕蒙之所以被鲁肃称赞"学识英博，非复吴下阿蒙"，却正是由于吕蒙听了孙权的话，认真读书，终于得到了收获，从粗莽的武夫变成了有文明教养的文质彬彬的"君子"。这套读本，就是要使中学生通过学习国学经典，用中国传统的文化知识充实头脑，改善素质，提高修养，完善自己，为服务社会打好基础。

现代化的社会，新时代的需求，全面发展的培养目标，用得着这套《国学经典读本》吗？答案很肯定，不但完全用得着，甚至是迫切地需要。因为无论从理论或实际哪个方面来看，都是如此。

国学是中国人的学问，是中国文明的结晶，是中华民族人文精神的集中体现，是祖先留给我们的宝贵的文化遗产；中华民族凭着这万古常新的精神纽带，铸成顶天立地的民族脊梁，不怕风吹雨打，始终坚强地屹立于世界民族之林。国学中，和谐的思想，尚善的态度，天人合一的理念，忧国忧民的情操，敬业乐群的意识，修身养性的守则，完美地体现着中华民族的不懈追求；更不用说历史的经验无比丰富，可以给我们深刻的启示；文学的佳作美不胜收，可以使我们的心灵纯洁而美好。中华民族的性格、骨气、品质、精神，全部都是由国学乳汁哺育出来的。今天，谁也不能否认：中华民族的伟大复兴离不开对优秀传统文化的传承。要构建、提升国家文化软实力，要促进社会主义的文化大繁荣，不让国学进入课堂，不把中断了几十年的文化血脉连续起来，那才真是缘木求鱼，痴人说梦，难以想象，不可理解。"国学热"之所以有如春潮沸涌，席卷全球，意味着历史发展的大势所趋，也再一次证明了国学有着青春不老的强大生命力量。

这套读本，应运而生，符合时代要求，所以特别可贵。何况这套读本还有着与众不同的特点，值得另眼相看。

特点之一是博，即能够正确地把握国学的范围，不是"独尊儒术"，只讲"四书五经"，而是"经史子集"，"三教兼容"。中国传统文化原本就是儒道互补，佛教东来之后，又讲究三家均衡发展，《国学经典读本》的选择，既肯定了孔子及其所代表的儒家思想是中华文化的核心价值，又突破了"儒家本位"的僵滞的局限，更能比较全面而广泛地体现国学博大精深的丰富内涵。

特点之二是精，即能够恰当地选择国学的精华，从严要求，入选的无愧经典之名，都是优秀的突出的有代表性的脍炙人口的名篇作品，经过社会的长期检验，历史的反复淘洗，依然影响广泛、传世不衰。难得编者在浩如渊海的典籍中搜寻、比较、挑选，结果只有漏的，没有错的，应该承认的确是够好的了。

特点之三是美，即能够适度地重视文学的美的传承，诗文无所偏废，特别是对于诗词歌赋曲联予以足够的重视，尽管分别选入的只能是一鳞一爪，一花一叶；但聚而成形，足以令人想见全龙腾空，夭矫飞翔于九天；百花缤纷，齐放异彩于满园。

特点之四是正，即能够合理地遵循正则，兼修内外，导引示范。内在思想则有意沟通今古，注意发挥国学的资源优势，取其

前　言

精华，除旧布新。外在形式则重在示人以范，导以规矩，固其基础，以读导写，读写结合。循序渐进，不断提高。

作为中国人的精神食粮，毫无疑问，这套读本不但完全可以作为中学语文的配套使用补充教材，同时也可以独立使用，甚至可以作为国学爱好者的自修读物。

必须强调：通过国学，以文化人，当然不能抱残守缺，复古倒退，应当立足于今，重视国情，推陈出新，与时俱进，与当代社会相适应，与现代文明相协调，服务于振兴中华、增强民族凝聚力、实现现代化的伟大历史任务。相信只要善用这套读本，一定能够使它化作潇潇春雨，润物无声，使校园中的芬芳桃李日积月累，潜移默化，心灵中洋溢着诗意，记忆中涌现着历史，思考中追寻着哲理，健康地成长为支撑新的社会主义大厦的材质优良的大好栋梁。

2011年4月脱稿于重庆师大味庐

目 录

前言 ···································· 董味甘（1）

第一单元　《孟子》选读（下）

论政治 ···（1）
　　一　贵民 ·····································（1）
　　二　敬贤 ····································（11）
　　三　尚仁 ····································（15）

谈教育 ··（16）
　　一　因材施教 ································（16）
　　二　环境育人 ································（20）

第二单元　《诗经》选读（下）

国风·王风·黍离 ······························（23）
国风·王风·君子于役 ··························（24）
国风·秦风·蒹葭 ······························（24）
国风·秦风·无衣 ······························（25）
小雅·鹿鸣 ·······································（26）
大雅·烝民 ·······································（26）

目　录

第三单元　《左传》选读（下）

重耳之亡…………………………………………（29）

烛之武退秦师……………………………………（33）

曹刿论战…………………………………………（35）

子鱼论战…………………………………………（36）

庆父不死，鲁难未已……………………………（38）

宫之奇谏虞假道…………………………………（39）

第四单元　《战国策》选读（下）

荆轲刺秦王………………………………………（41）

邹忌讽齐王纳谏…………………………………（45）

触龙说赵太后……………………………………（47）

唐雎不辱使命……………………………………（49）

鲁仲连义不帝秦…………………………………（51）

庄辛说楚襄王……………………………………（55）

第五单元　古诗选粹

长安听百舌………………………………韦鼎（58）

山中送别…………………………………王维（58）

宫词………………………………………张祜（59）

黄鹤楼闻笛………………………………李白（59）

逢入京使…………………………………岑参（59）

南园（二首）……………………………李贺（60）

陇西行……………………………………陈陶（60）

采莲子……………………………………皇甫松（60）

赤壁………………………………………杜牧（61）

西施………………………………………罗隐（61）

题西林壁…………………………………苏轼（61）

目 录

琴诗 …………………………………… 苏轼（62）

题临安邸 ……………………………… 林升（62）

偶成 …………………………………… 朱熹（62）

扬子江 ………………………………… 文天祥（63）

予告归里，画竹别潍县绅士民 ………… 郑燮（63）

读《三海经》 ………………………… 陶渊明（63）

关山月 ………………………………… 徐陵（64）

从军行 ………………………………… 杨炯（64）

塞下曲 ………………………………… 李白（65）

赠孟浩然 ……………………………… 李白（65）

望岳 …………………………………… 杜甫（66）

春望 …………………………………… 杜甫（66）

前出塞 ………………………………… 杜甫（67）

天末怀李白 …………………………… 杜甫（67）

黄鹤楼 ………………………………… 崔颢（68）

蜀相 …………………………………… 杜甫（68）

登柳州城楼寄漳汀封连四州刺史 ……… 柳宗元（69）

雁门太守行 …………………………… 李贺（69）

题宣州开元寺水阁，阁下宛溪，夹溪居人 …… 杜牧（70）

无题 …………………………………… 李商隐（70）

咏史 …………………………………… 李商隐（71）

登快阁 ………………………………… 黄庭坚（71）

书愤 …………………………………… 陆游（72）

过扬子江 ……………………………… 杨万里（72）

又酬傅处士次韵 ……………………… 顾炎武（73）

除日抵京 ……………………………… 陈沆（73）

— 3 —

目 录

黄海舟中日人索句，并见日俄战争地图 ……… 秋瑾（74）
行行重行行 …………………………………… 无名氏（74）
丁都护歌 ………………………………………… 李白（75）
下终南山过斛斯山人宿置酒 …………………… 李白（75）
羌村（三首） …………………………………… 杜甫（76）
新制布裘 ……………………………………… 白居易（77）
垓下歌 …………………………………………… 项羽（77）
大风歌 …………………………………………… 刘邦（78）
龟虽寿 …………………………………………… 曹操（78）
将进酒 …………………………………………… 李白（78）

第六单元　宋词选粹（上）

点绛唇·感兴 ………………………………… 王禹偁（80）
凤栖梧（伫倚危楼风细细） …………………… 柳永（81）
八声甘州（对潇潇暮雨洒江天） ……………… 柳永（81）
雨霖铃（寒蝉凄切） …………………………… 柳永（82）
望海潮（东南形胜） …………………………… 柳永（82）
苏幕遮（碧云天） …………………………… 范仲淹（83）
青门引·春思 …………………………………… 张先（83）
木兰花·乙卯吴兴寒食 ………………………… 张先（84）
天仙子（《水调》数声持酒听） ……………… 张先（84）
行香子（舞雪歌云） …………………………… 张先（85）
浣溪沙（一曲新词酒一杯） …………………… 晏殊（85）
鹊踏枝（槛菊愁烟兰泣露） …………………… 晏殊（85）
玉楼春（东城渐觉风光好） …………………… 宋祁（86）
苏幕遮·草 …………………………………… 梅尧臣（86）
浪淘沙（把酒祝东风） ……………………… 欧阳修（87）

— 4 —

临江仙（柳外轻雷池上雨）	欧阳修（87）
踏莎行（候馆梅残）	欧阳修（88）
蝶恋花（庭院深深深几许）	欧阳修（88）
桂枝香·金陵怀古	王安石（89）
鹧鸪天（醉拍春衫惜旧香）	晏几道（89）
鹧鸪天（小令尊前见玉箫）	晏几道（90）
临江仙（梦后楼台高锁）	晏几道（90）
卜算子·送鲍浩然之浙东	王观（91）
临江仙·夜归临皋	苏轼（91）
蝶恋花（花褪残红青杏小）	苏轼（91）
江城子·乙卯正月二十日夜记梦	苏轼（92）
江城子·密州出猎	苏轼（92）
水调歌头（明月几时有）	苏轼（93）
水调歌头·黄州快哉亭赠张偓佺	苏轼（94）
念奴娇·赤壁怀古	苏轼（94）
水龙吟·次韵章质夫杨花词	苏轼（95）
清平乐（春归何处）	黄庭坚（96）
鹧鸪天（黄菊枝头生晓寒）	黄庭坚（96）
虞美人·宜州见梅作	黄庭坚（96）
水调歌头（瑶草一何别）	黄庭坚（97）
点降唇（醉漾轻舟）	秦观（97）
踏莎行（雾失楼台）	秦观（98）
江城子（西城杨柳弄春柔）	秦观（98）
满庭芳（山抹微云）	秦观（99）
秋蕊香（帘幕疏疏风透）	张耒（99）

目录

第七单元　元曲选粹

〔双调〕小圣乐·骤雨打新荷 …………………… 元好问 (100)

〔双调〕蟾宫曲（沙三伴哥来嗏） ………………… 卢挚 (101)

〔双调〕蟾宫曲·商女 ……………………………… 卢挚 (102)

〔双调〕寿阳曲·别朱帘秀 ………………………… 卢挚 (102)

〔双调〕殿前欢（酒杯浓） ………………………… 卢挚 (103)

〔双调〕拨不断（布衣中） ………………………… 马致远 (103)

〔双调〕寿阳曲（从别后） ………………………… 马致远 (104)

〔双调〕折桂令·过多景楼 ………………………… 周文质 (104)

〔正宫〕叨叨令·自叹 ……………………………… 周文质 (105)

〔双调〕折桂令·失题 ……………………………… 阿鲁威 (105)

〔双调〕水仙子·山居自乐（二首） ……………… 孙周卿 (106)

〔双调〕殿前欢·道情 ……………………………… 刘致 (107)

〔中吕〕山坡羊·述怀 ……………………………… 张养浩 (107)

〔双调〕水仙子·咏江南 …………………………… 张养浩 (108)

〔双调〕折桂令（功名事一笔都勾） ……………… 张养浩 (108)

〔仙吕〕寄生草·感叹 ……………………………… 查德卿 (109)

〔越调〕天净沙·闲题（其二） …………………… 吴西逸 (110)

〔双调〕殿前欢·大都西山 ………………………… 唐毅夫 (110)

〔双调〕蟾宫曲·夜宴 ……………………………… 周德清 (111)

〔越调〕天净沙·即事 ……………………………… 乔吉 (111)

〔双调〕蟾宫曲·送春 ……………………………… 贯云石 (112)

〔双调〕水仙子·夜雨 ……………………………… 徐再思 (112)

〔正宫〕小梁州·九日渡江（其一） ……………… 汤式 (113)

〔双调〕雁儿落带得胜令·无题 …………………… 高克礼 (113)

第八单元　文苑菁华

- 无逸 ································· 《尚书》(115)
- 天论 ··································· 荀况 (118)
- 察今 ······························· 《吕氏春秋》(124)
- 论贵粟疏 ······························· 晁错 (127)
- 与山巨源绝交书 ························· 嵇康 (130)
- 剑阁铭 ································· 张载 (135)
- 宦者传序 ······························· 范晔 (136)
- 张中丞传后序 ··························· 韩愈 (141)
- 救沉志 ······························· 刘禹锡 (145)
- 种树郭橐驼传 ························· 柳宗元 (147)
- 阿房宫赋 ······························· 杜牧 (149)
- 蚕说 ··································· 宋庠 (151)
- 五代史伶官传序 ······················· 欧阳修 (153)
- 度支副使厅壁题名记 ··················· 王安石 (154)
- 留侯论 ································· 苏轼 (156)
- 前赤壁赋 ······························· 苏轼 (159)
- 后赤壁赋 ······························· 苏轼 (162)
- 书博鸡者事 ····························· 高启 (163)
- 指喻 ································· 方孝孺 (166)
- 尊经阁记 ····························· 王守仁 (168)
- 徐文长传 ····························· 袁宏道 (170)
- 戒浮文巧言谕 ························· 洪仁玕 (175)

第九单元　小说精选

- 促织 ································· 蒲松龄 (177)
- 失街亭 ······························· 罗贯中 (182)

目　录

虬髯客传 ……………………………………… 杜光庭（191）
附录　词的写作 …………………………………………（198）
《国学经典读本》（全十二册）**内容一览表** ……………（206）
后记 ………………………………………………………（207）

第一单元 《孟子》选读（下）

阅读提示

本单元选《孟子》中论教育、论政治两个方面的内容。

孟子的教育思想，乃以人性本善为出发点，认为教育之道应重潜移默化，使其自动自发，扩充善性，自然成德，同时还必须专心致志，持之以恒，如此才能日进有功，终底有成。

孟子的政治思想，其主轴在于"保民"，所谓"保民而王，莫之能御"。民为邦本，无人民即无国家。而得民之道，在于制恒产，使仰事俯畜，养生送死而无憾。这种"民贵君轻"的主张，在孟子政治思想中极为重要。

论 政 治

一 贵民

孟子曰："民为贵，社稷①次之，君为轻。是故得乎丘民②而

---

①社稷：土谷之神。古代帝王建国之后，往往立坛祭祀社稷，以祈丰年，后因以社稷作为国家的代称。 ②丘民：人民。赵岐《孟子注》："丘民犹言邑民、乡民、国民也。"

为天子，得乎天子为诸侯，得乎诸侯为大夫。诸侯危社稷，则变置。牺牲既成①，粢盛②既洁，祭祀以时③，然而旱干水溢，则变置社稷。"

——《尽心》下

齐宣王④问曰："汤放桀⑤，武王伐纣⑥，有诸？"孟子对曰："于传⑦有之。"曰："臣弑⑧其君，可乎？"曰："贼⑨仁者谓之贼，贼义者谓之残。残贼之人谓之一夫⑩。闻诛一夫纣矣，未闻弑君也。"

——《梁惠王》下

孟子曰："桀、纣之失天下也，失其民也。失其民者，失其心也。得天下有道，得其民，斯得天下矣；得其民有道，得其心，斯得民矣；得其心有道，所欲与之聚之⑪，所恶勿施尔也⑫。民之归仁也，犹水之就下、兽之走圹⑬也。故为渊驱鱼者，獭也⑭；为丛驱爵者，鹯也⑮；为汤、武驱民者，桀与纣也。今天下之君有好仁者，则诸侯皆为之驱矣；虽欲无王，不可得已。今之欲王者，

---

①牺牲既成：祭祀所用的牲畜养得很肥美。牛、羊、豕之属，色纯者为牺，完整者叫牲，肥美所以称成。　②粢(zī)盛(chéng)：祭祀所用的黍稷。黍稷曰粢，在器曰盛。　③祭祀以时：按照时间祭拜。　④齐宣王：姓田，名辟疆，宣为谥号。齐威王之子，在位十九年(前319—前301)。　⑤汤放桀：商汤流放夏桀王。汤，殷商开国国君。桀，夏朝末代君主。放，流放。　⑥武王伐纣：周武王讨伐殷纣王。武王，周朝开国国君。伐，讨伐。纣，商朝末代君主。　⑦传(zhuàn)：典籍、史书。　⑧弑：臣下杀害君上。　⑨贼：伤害，动词。　⑩一夫：独夫，指没有群众支持的暴君。　⑪所欲与(yǔ)之聚之：人民想要的，为他们聚集起来。与，为、替。　⑫尔也：如此而已。　⑬圹：通"旷"，旷野。　⑭为渊驱鱼者，獭也：将鱼驱赶到深渊中的是水獭。　⑮为丛驱爵(què)者，鹯(zhān)也：将雀鸟驱赶到丛林中的是鹯鸟。爵，通"雀"。鹯，喜欢吃雀鸟的猛禽。

犹七年之病，求三年之艾①也。苟为不畜，终身不得②。苟不志于仁，终身忧辱，以陷于死亡。《诗》云：'其何能淑？载胥及溺。'③此之谓也。"

——《离娄》上

庄暴④见孟子，曰："暴见于王⑤，王语⑥暴以好乐⑦，暴未有以对⑧也。"曰："好乐何如？"孟子曰："王之好乐甚，则齐国其庶几乎⑨！"

他日，见于王曰："王尝语庄子以好乐，有诸？"王变乎色，曰："寡人非能好先王之乐也，直⑩好世俗之乐⑪耳。"曰："王之好乐甚，则齐国其庶几乎！今之乐由⑫古之乐也。"

曰："可得闻与？"曰："独乐乐，与人乐乐，孰乐⑬？"曰："不若与人。"曰："与少乐乐，与众乐乐，孰乐？"曰："不若与众。"

"臣请为王言乐，今王鼓乐⑭于此，百姓闻王钟鼓之声，管籥⑮之音，举⑯疾首蹙頞⑰而相告曰：'吾王之好鼓乐，夫何使我

---

①七年之病，求三年之艾：生了七年的病，要寻求收藏三年的干艾草来治病。艾，草名，其叶可用以灸，干久益佳。 ②苟为不畜（xù），终身不得：如果平时不储存的话，就一辈子无法得到艾草了。畜，通"蓄"，储备。 ③《诗》云："其何能淑？载胥及溺。"：《诗经·大雅·桑柔》载：他能有什么好表现呢？只会让我们跟他一起淹死罢了。淑，善。载，则。胥，相。 ④庄暴：齐宣王臣子名。 ⑤暴见于王：庄暴觐见齐宣王。 ⑥语：告诉，动词。 ⑦好（hào）乐：喜欢音乐。 ⑧未有以对：没话回应。 ⑨其庶几乎：大概有希望吧。其，大概。庶几，希望。 ⑩直：只是。 ⑪世俗之乐：流行音乐。 ⑫由：同"犹"，相类似。 ⑬独乐（yuè）乐（lè），与众乐乐，孰乐：自己听音乐的快乐，比起和大家听音乐的快乐，哪一种比较快乐？乐乐，第一个"乐"字作动词用，指聆听音乐。 ⑭鼓乐：演奏音乐。鼓，敲击、演奏，动词。 ⑮管籥（yuè）：笙、笛一类的管乐器。管，笙。籥，短笛。 ⑯举：皆、都。 ⑰疾首蹙頞（è）：头痛皱着眉头。蹙，紧缩。頞，额头。

至于此极①也？父子不相见，兄弟妻子离散。'今王田猎②于此，百姓闻王车马之音，见羽旄③之美，举疾首蹙頞而相告曰：'吾王之好田猎，夫何使我至于此极也？父子不相见，兄弟妻子离散。'此无他，不与民同乐也。今王鼓乐于此，百姓闻王钟鼓之声，管籥之音，举欣欣然有喜色而相告曰：'吾王庶几无疾病与？何以能鼓乐也？'今王田猎于此，百姓闻王车马之音，见羽旄之美，举欣欣然有喜色而相告曰：'吾王庶几无疾病与？何以能田猎也？'此无他，与民同乐也。今王与百姓同乐，则王矣。"

——《梁惠王》下

齐宣王问曰："齐桓、晋文之事④，可得闻乎？"

孟子对曰："仲尼之徒，无道⑤桓、文之事者，是以后世无传焉，臣未之闻也。无以⑥，则王乎⑦！"

曰："德何如，则可以王矣？"

曰："保民⑧而王，莫之能御⑨也。"

曰："若寡人者，可以保民乎哉？"

曰："可！"

曰："何由知吾可也？"

---

①至于此极：沦落到这样惨极的地步。极，指穷困至极。　②田猎：打猎。田，通"畋"，猎也。　③羽旄（máo）：旗帜。羽，雉羽。旄，牦牛尾。二物并可做旗杆上的毛饰，因借代为旗帜。　④齐桓、晋文之事：齐桓公、晋文公称霸诸侯的事迹。齐桓公，姓吕氏，名小白，齐襄公弟。襄公无道，小白出奔莒，襄公被弑，归国即位，用管仲为相，尊周室，攘夷、狄，九合诸侯，一匡天下，为春秋五霸之一。晋文公，姬姓，名重耳，晋献公次子。献公宠爱骊姬，杀太子申生，重耳奔狄。献公既卒，数传至怀公圉（yǔ），秦穆公怨圉，乃求得重耳，发兵攻晋，纳重耳为晋侯。公任用贤人，国力大盛，继齐桓公为诸侯盟主。　⑤道：谈论。　⑥无以：不得已。以，通"已"，止的意思。　⑦则王（wàng）乎：就谈论王天下之道吧！王，指王天下之道，谓以仁义治国而统有天下。　⑧保民：保护百姓。　⑨御：阻止。

曰:"臣闻之胡龁①曰:'王坐于堂上,有牵牛而过堂下者。王见之,曰:"牛何之?"对曰:"将以衅钟②。"王曰:"舍之!吾不忍其觳觫若③无罪而就死地。"对曰:"然则废衅钟与?"曰:"何可废也!以羊易之。"'不识有诸?"

曰:"有之。"

曰:"是心足以王矣!百姓皆以王为爱④也,臣固知王之不忍⑤也。"

王曰:"然,诚有百姓者。齐国虽褊小⑥,吾何爱一牛!即不忍其觳觫若无罪而就死地,故以羊易之也。"

曰:"王无异⑦于百姓之以王为爱也。以小易大,彼恶知之⑧?王若隐⑨其无罪而就死地,则牛羊何择⑩焉?"

王笑曰:"是诚何心哉?我非爱其财而易之以羊也。宜乎百姓之谓我爱也。"

曰:"无伤⑪也,是乃仁术⑫也。见牛未见羊也。君子之于禽兽也,见其生,不忍见其死;闻其声,不忍食其肉,是以君子远庖厨也⑬。"

王说⑭曰:"《诗》云:'他人有心,予忖度之。'⑮夫子之谓也。夫我乃行之,反而求之,不得吾心;夫子言之,于我心有戚戚焉⑯。此心之所以合于王者,何也?"

---

①胡龁(hé):齐宣王之近臣。　②衅钟:祭钟。新钟铸成,杀牲取血,涂其孔隙而祭。　③觳觫(hú sù)若:恐惧战栗的样子。若,助词,等于"然"。
④爱:吝啬、爱惜。　⑤不忍:指恻隐之心。　⑥褊(biǎn)小:狭小。　⑦异:讶异、惊怪。　⑧彼恶(wū)知之:百姓怎么知道它。彼,指百姓。恶,何、怎么。之,指齐宣王以小易大的心意。　⑨隐:痛、怜悯。　⑩择:分别。　⑪无伤:没有妨害。　⑫仁术:为仁的心术。　⑬远:远离。庖厨:厨房。　⑭说:通"悦"。
⑮《诗》云:"他人有心,予忖(cǔn)度(duó)之。":《诗经·巧言·小雅》载:"别人有什么心事,我能揣摩出来。"忖度,思量揣测。　⑯戚戚焉:心动的样子,即心有同感。

第一单元

曰:"有复①于王者曰:'吾力足以举百钧②,而不足以举一羽;明足以察秋毫之末③,而不见舆薪④。'则王许⑤之乎?"

曰:"否!"

"今恩足以及禽兽,而功不至于百姓者,独何与?然则一羽之不举,为不用力焉;舆薪之不见,为不用明焉;百姓之不见保,为不用恩焉。故王之不王,不为也,非不能也。"

曰:"不为者与不能者之形⑥,何以异?"

曰:"挟太山以超北海⑦,语人曰:'我不能。'是诚不能也。为长者折枝⑧,语人曰:'我不能。'是不为也,非不能也。故王之不王,非挟太山以超北海之类也;王之不王,是折枝之类也。老吾老,以及人之老⑨;幼吾幼,以及人之幼⑩,天下可运于掌⑪。《诗》云:'刑于寡妻,至于兄弟,以御于家邦。'⑫言举斯心,加诸彼⑬而已!故推恩足以保四海,不推恩无以保妻子。古之人⑭所以大过人⑮者,无他焉,善推其所为而已矣。今恩足以及禽兽,而功不至于百姓者,独何与?权⑯,然后知轻重;度⑰,然后知长

---

①复:报告。　②百钧:三千斤。喻极重。钧,三十斤。　③秋毫之末:鸟兽到秋季,为了过冬御寒而新生毫毛,其末端极为细小。喻细而难见。　④舆薪:一车的薪柴。喻大而易见。　⑤许:相信。　⑥形:情形、现象。　⑦挟太山以超北海:挟着泰山跃过北海。喻不可能之事。太山,即泰山。超,跃过。北海,即渤海。　⑧为长者折枝:替长辈折取草木之枝。喻不难之事。　⑨老吾老,以及人之老:尊敬自己的父兄长辈,从而推广到尊敬别人的父兄长辈。第一个"老"字为动词,尊敬。第二、三个"老"字为名词,父兄长辈。及,至。　⑩幼吾幼,以及人之幼:慈爱自己的子弟晚辈,从而推广到慈爱别人的子弟晚辈。第一个"幼"字为动词,慈爱。第二、三个"幼"字为名词,子弟晚辈。　⑪运于掌:运转于手掌上。喻极其容易。　⑫《诗》云:"刑于寡妻,至于兄弟,以御于家邦。":《诗经·大雅·思齐》载:"文王能修身作为妻子的模范,再推广到兄弟的身上,更推广到治理国家。"刑,同"型",典型、模范。寡妻,国君自己谦称为寡人,谦称其妻为寡妻。御,治理。　⑬举斯心,加诸彼:以此不忍的仁心,加之于别人身上。诸,之于。　⑭古之人:指古代的圣王。　⑮大过人:远胜过常人。　⑯权:用秤称量物品。权,秤锤,此处用其引申义。　⑰度(duó):用尺丈量物品。

短，物皆然，心为甚①，王请度之！抑②王兴甲兵，危士臣，构怨③于诸侯，然后快于心与？"

王曰："否！吾何快于是？将以求吾所大欲④也。"

曰："王之所大欲，可得闻与？"王笑而不言。

曰："为肥甘⑤不足于口与？轻暖⑥不足于体与？抑为采色不足视于目与？声音不足听于耳与？便嬖⑦不足使令于前与？王之诸臣，皆足以供之，而王岂为是哉？"

曰："否！吾不为是也！"

曰："然则王之所大欲可知已：欲辟⑧土地，朝秦、楚⑨，莅⑩中国，而抚四夷也。以若所为⑪，求若所欲，犹缘木而求鱼⑫也。"

王曰："若是其甚与⑬！"

曰："殆有甚焉⑭！缘木求鱼，虽不得鱼，无后灾；以若所为，求若所欲，尽心力而为之，后必有灾。"

曰："可得闻与？"

曰："邹人与楚人战，则王以为孰胜？"

曰："楚人胜。"

曰："然则小固不可以敌大，寡固不可以敌众，弱固不可以敌

---

①物皆然，心为甚：物品的轻重长短，都要经过权与度才能知道；心的善恶是非，更要经过衡量。　②抑：相当于口语的"还是"、"或者"。　③构怨：结怨。　④所大欲：最大欲望的所在。　⑤肥甘：肥美甘甜的食物。　⑥轻暖：轻软保暖的衣服。暖，同"暖"。　⑦便嬖（pián bì）：亲近者。　⑧辟（pì）：开辟。　⑨朝秦、楚：使秦、楚来朝。　⑩莅：君临、统治。　⑪以若所为：以如此的作为。若，如此。所为，指功不至于百姓。　⑫缘木而求鱼：爬到树上去捉鱼。喻不可能。缘，攀爬。　⑬若是其甚与：像这样比喻，恐怕太严重了吧！是，代词，指"犹缘木求鱼"的比喻。其，语气助词，恐怕。与，通"欤"。　⑭殆有（yòu）甚焉：恐怕比缘木求鱼更严重。殆，恐怕。有，犹"又"。焉，于此，此指缘木求鱼。

强。海内之地，方千里者九①；齐集有其一②。以一服八，何以异于邹敌楚哉？盖亦反其本矣③！今王发政施仁，使天下仕者皆欲立于王之朝，耕者皆欲耕于王之野，商贾④皆欲藏⑤于王之市，行旅皆欲出于王之涂，天下之欲疾⑥其君者，皆欲赴愬⑦于王。其若是⑧，孰能御之？"

王曰："吾惛⑨，不能进于是矣。愿夫子辅吾志，明以教我。我虽不敏，请尝试之。"

曰："无恒产⑩而有恒心⑪者，惟士为能。若民，则无恒产，因无恒心；苟无恒心，放辟邪侈⑫，无不为已。及陷于罪，然后从而刑之，是罔民⑬也。焉有仁人在位，罔民而可为也？是故明君制民之产⑭，必使仰足以事父母，俯足以畜妻子；乐岁⑮终身饱，凶年免于死亡。然后驱而之⑯善，故民之从之也轻⑰。今也制民之产，仰不足以事父母，俯不足以畜妻子；乐岁终身苦，凶年不免于死亡。此惟救死而恐不赡⑱，奚暇⑲治礼义哉？王欲行之，则盍反其本矣！五亩之宅，树之以桑，五十者可以衣帛矣；鸡豚⑳狗

---

①海内之地，方千里者九：天下方一千里的土地有九个。海内，四海之内，即天下。方千里，一千里见方。古人认为中国内有九州，外有四海。一州方千里。　②齐集有其一：齐国土地集合起来，有天下的九分之一，共方千里。其，代词，指上文"方千里者九"。　③盍(hé)亦反其本矣：何不回到王天下的根本上来。盍，通"盍"，何不。亦，助词，无义。其，代词，指上文"则王乎"之"王"。　④商贾(gǔ)：商人的统称。　⑤藏：储藏货物。此指做生意。　⑥疾：怨恨。　⑦赴愬(sù)：跑来诉苦。赴，奔赴。愬，通"诉"。　⑧其若是：发政施仁的结果像这样。其，代词，指发政施仁的结果。若，像。是，代词，指"天下仕者皆欲立于王之朝……皆欲赴愬于王"诸事。　⑨惛：通"昏"，昏乱不明。　⑩恒产：可以长久营生的产业。　⑪恒心：人所常有的善心。　⑫放辟邪侈：放肆、乖僻、淫邪、奢侈。　⑬罔民：陷害百姓。罔，"网"之古字，此处作动词，张网捕捉之意。　⑭制之产：制定人民的产业。　⑮乐岁：丰年。　⑯之：往、向。　⑰轻：容易。　⑱不赡(shàn)：力有所不及。赡，足。　⑲奚暇(xī xiá)：怎么有闲暇。奚，何、怎么。暇，闲暇。　⑳豚(tún)：小猪。

彘①之畜②，无失其时，七十者可以食肉矣；百亩之田，勿夺其时③，八口之家，可以无饥矣；谨庠序④之教，申之以孝悌之义，颁白者⑤不负戴⑥于道路矣。老者衣帛食肉，黎民不饥不寒，然而不王者，未之有也！"

——《梁惠王》上

梁惠王⑦曰："寡人之于国也，尽心焉耳⑧矣！河内⑨凶，则移其民于河东⑩，移其粟于河内；河东凶，亦然。察邻国之政，无如寡人之用心者；邻国之民不加少⑪，寡人之民不加多，何也？"

孟子对曰："王好战，请以战喻：填然⑫鼓之，兵刃既接，弃甲曳兵⑬而走⑭，或百步而后止，或五十步而后止。以五十步笑百步，则何如？"

曰："不可，直⑮不百步耳，是亦走也！"

曰："王如知此，则无望民之多于邻国也。不违农时⑯，谷不可胜食⑰也；数罟⑱不入洿池⑲，鱼鳖不可胜食也；斧斤⑳以时入山林，材木不可胜用也。谷与鳖不可胜食，材木不可胜用，是使民养生丧死㉑无憾也。养生丧死无憾，王道之始也。五亩之宅，树之以桑，五十者可以衣帛矣；鸡豚狗彘之畜，无失其时，七十者可

---

①彘(zhì)：猪。　②畜(xù)：饲养。　③勿夺其时：不要剥夺人民耕种的时机。　④庠(xiáng)序：古代学校的名称，殷曰序，周曰庠。　⑤颁白者：头发花白的老人。颁白即斑白。　⑥负戴：以背负，以头顶。　⑦梁惠王：即魏惠王，姬姓，魏氏，名罃(yīng)，"惠"为谥号。　⑧焉耳：即"焉尔"。犹于是。焉，指称词，指国家。　⑨河内：地名，今河南黄河以北之地，旧时通称河内。　⑩河东：地名，今山西境内黄河以东之地，旧时称为河东。　⑪加少：更少。　⑫填然：鼓声。　⑬曳(yè)兵：拖着兵器。曳，拖拉。　⑭走：奔逃。　⑮直：但，只是。　⑯不违农时：不妨碍人民耕种收获的时节。　⑰不可胜(shēng)食：言食之不尽。胜，尽。　⑱数罟(cù gǔ)：细密的渔网。　⑲洿(wū)池：低洼的池子。　⑳斤：斧头的一种。　㉑丧(sàng)死：为死者治丧。丧，动词。

以食肉矣；百亩之田，勿夺其时，数口之家，可以无饥矣；谨庠序之教，申之以孝悌之义，颁白者不负戴于道路矣。七十者衣帛食肉，黎民不饥不寒，然而不王者，未之有也。狗彘食人食而不知检①，涂有饿莩②而不知发③。人死，则曰：'非我也，岁④也。'是何异于刺人而杀之，曰：'非我也，兵也。'王无罪⑤岁，斯天下之民至焉。"

——《梁惠王》上

邹⑥与鲁哄⑦。穆公⑧问曰："吾有司⑨死者三十三人，而民莫之死也。诛之，则不可胜诛；不诛，则疾视⑩其长上之死而不救，如之何则可也？"

孟子对曰："凶年饥岁，君之民老弱转乎沟壑⑪，壮者散而之四方者，几千人矣；而君之仓廪⑫实，府库⑬充，有司莫以告，是上慢⑭而残下也。曾子曰：'戒之戒之！出乎尔者，反乎尔者也⑮。'夫民今而后得反之也，君无尤⑯焉。君行仁政，斯民亲其上，死其长矣。"

——《梁惠王》下

---

①狗彘食人食而不知检：谓狗猪牲畜吃人所吃的食物，执政者却不知道在此时加以约束制止。检，通"敛"，敛制，节制约束。　②莩(piǎo)：通"殍"，饿死的人。　③发：开仓赈济。　④岁：年岁收成，指凶岁。　⑤罪：归罪。　⑥邹：国名，位于今山东邹县一带。　⑦哄(hòng)：交兵相斗。　⑧穆公：邹国国君。　⑨有司：古代官吏的通称。　⑩疾视：怒目而视。　⑪老弱转乎沟壑：年老和体弱的人民饿死，尸体被丢弃在田沟山涧中。转，弃。沟，田中沟。　⑫仓廪：储藏谷物的地方。　⑬府库：藏财货、兵甲的地方。　⑭慢：轻忽政事。　⑮出乎尔者，反乎尔者也：从你身上做出来的，最后都会回报到你身上。　⑯尤:责怪。

二　敬贤

孟子曰："离娄①之明，公输子②之巧，不以规矩③，不能成方员④；师旷⑤之聪，不以六律⑥，不能正五音⑦；尧舜之道，不以仁政，不能平治天下。今有仁心仁闻⑧，而民不被其泽，不可法于后世者，不行先王之道也。故曰：徒善⑨不足以为政，徒法不能以自行。《诗》⑩云：'不愆不忘，率由旧章。'⑪遵先王之法而过者，未之有也。

圣人既竭目力焉，继之以规矩准绳⑫，以为方员平直，不可胜用也；既竭耳力焉，继之以六律，正五音，不可胜用也；既竭心思焉，继之以不忍人之政⑬，而仁覆天下⑭矣。故曰：为高必因⑮丘陵，为下必因川泽。为政不因先王之道，可谓智乎？是以惟仁者宜在高位；不仁而在高位，是播其恶于众⑯也。

上无道揆⑰也，下无法守⑱也；朝不信道⑲，工不信度⑳；君子

---

①离娄：黄帝时人，能于百步之外，见秋毫之末。　②公输子：春秋时鲁国巧匠，名般，一作班。　③规矩：画方与圆的工具。规，圆规。矩，曲尺，可以画方。　④方员：方与圆。员，通"圆"。　⑤师旷：春秋晋平公时的乐师，听辨音律，甚为敏锐。　⑥六律：正音之器。黄帝时令伶伦作律，伦截竹为筒，以筒之长短，分别声音之清浊高下。乐器之音，即以之为准。　⑦五音：古以宫、商、角、徵、羽为五音，相当于现代音乐 do、re、mi、so、la，亦称"五声"。　⑧仁心仁闻：爱民之心与爱民之声。闻，声誉。　⑨徒善：空有善心。　⑩《诗》：指《诗经·大雅·假乐》，是一首赞美周成王的诗歌。　⑪不愆(qiān)不忘(wáng)，率由旧章：不要有错误，也不要有过失，一切遵循先王的法度。愆，过错。忘，通"亡"，遗失。率，循、由。　⑫准绳：测量水平与正直的工具。准，水平仪。绳，用以画直的墨线。　⑬不忍人之政：即仁政。　⑭仁覆天下：仁政广被天下。覆，被。　⑮因：凭借。　⑯播其恶于众：播扬其恶，贻害于众人。　⑰道揆(kuí)：用以度量事理的道德规范。揆，度。　⑱法守：可供遵守的法律制度。　⑲朝不信道：朝廷之臣，不信守正道。朝，指"朝廷"，此处借指"朝廷之臣"。　⑳工不信度：百工不信守尺度。

犯义①，小人犯刑②，国之所存者，幸也。故曰：城郭不完③，兵甲不多，非国之灾也；田野不辟④，货财不聚，非国之害也。上无礼，下无学，贼民兴，丧无日矣。

《诗》⑤云：'天之方蹶，无然泄泄。'⑥泄泄，犹沓沓⑦也。事君无义，进退无礼，言则非⑧先王之道者，犹沓沓也。故曰：责难于君⑨谓之恭，陈善闭邪⑩谓之敬，吾君不能谓之贼⑪。"

——《离娄》上

齐宣王问曰："交邻国有道乎？"

孟子对曰："有。惟仁者为能以大事小，是故汤事葛⑫、文王事昆夷⑬。惟智者为能以小事大，故大王事獯鬻⑭、勾践事吴⑮。以大事小者，乐天⑯者也；以小事大者，畏天⑰者也。乐天者，保天下；畏天者，保其国，《诗》⑱云：'畏天之威，于时⑲保之。'"

---

①君子犯义：官员违背道义。　　②小人犯刑：百姓触犯刑法。　　③完：坚固。　④辟：垦殖。　　⑤《诗》：指《诗经·大雅·板》，是一首讥讽周厉王的诗歌。⑥天之方蹶（jué），无然泄（yí）泄：上天正要颠覆这个国家，不要再多言了。蹶，颠覆。泄，通"呭"，多言。　　⑦沓沓：多言。　　⑧非：诋毁。　　⑨责难于君：要求国君实行艰难而理想的正道，指施行仁政。责难，以难为之事要求人。　　⑩陈善闭邪：陈述善道，闭塞奸邪。　　⑪吾君不能谓之贼：推说我的国君不能行善，而不谏正，这便是贼害国君。　　⑫汤事葛：汤以仁厚对待无道的葛伯。商汤定都亳邑，与葛国为邻。葛伯放纵无道，不祭祀祖先，但汤先后送牛羊供为祭祀，又派人助耕。⑬文王事昆夷：文王以礼对待无理的昆夷。昆夷，西戎国名。周文王时，昆夷曾侵犯周国，一天三次兵临周城东门，文王修德而不与战。周城受困，文王虽有愠怒，但仍派遣使者慰问，没有废掉邻国相交应有的礼节。　　⑭大王事獯鬻（xūn yù）：周太王以忍让对待来侵的獯鬻。大王，即太王，周文王之祖父古公亶（dǎn）父。獯鬻，北狄国名，秦时称匈奴。周太王居邠（bīn）地，獯鬻来犯，太王拿财货进献，却无法阻止獯鬻的不断侵犯。邠地百姓怒而欲与之战，太王因不忍百姓参与战争而受伤，于是率领私属离开邠地，迁往岐山之下。邠地百姓慕其仁而追随他，周于是日渐壮大。　　⑮勾践事吴：勾践以卑屈对待强盛的吴国。　　⑯乐天：乐行天命。　　⑰畏天：敬畏天理。⑱《诗》：指《诗经·周颂·我将》，是一首祭祀周文王的颂歌。　　⑲于时：于是、因此。

王曰:"大哉言矣!寡人有疾,寡人好勇。"

对曰:"王请无好小勇①。夫抚剑疾视②曰:'彼恶敢当我③哉!'此匹夫之勇,敌一人者也。王请大之。《诗》④云:'王赫斯⑤怒,爰整其旅⑥,以遏徂莒⑦,以笃周祜⑧,以对⑨于天下。'此文王之勇也,文王一怒而安天下之民。《书》⑩曰:'天降下民,作之君,作之师⑪,惟曰:其助上帝,宠之四方⑫,有罪无罪惟我在⑬,天下曷敢有越厥志⑭?'一人⑮衡行⑯于天下,武王耻之,此武王之勇也,而武王亦一怒而安天下之民。今王亦一怒而安天下之民,民唯恐王之不好勇也。"

——《梁惠王》下

孟子曰:"仁则荣,不仁则辱。今恶辱而居不仁,是犹恶湿而居下也。如恶之,莫如贵德而尊士⑰,贤者在位,能者在职。国家闲暇⑱,及是时明其政刑,虽大国,必畏之矣。《诗》⑲云:'迨天

---

①小勇:血气之勇。 ②抚剑疾视:手持刀剑,怒目而视。抚,持。 ③恶(wū)敢当(dāng)我:怎敢对抗我。恶,何。当,敌、抗。 ④《诗》:指《诗经·大雅·皇矣》,是一首赞美周先祖功业的诗歌。 ⑤赫斯:赫然,发怒之貌。 ⑥爰整其旅:于是整顿他的军队。爰,于是。旅,军队。 ⑦以遏徂(cú)莒:以阻止密国前往侵略阮国的军队。遏,止,《诗经》原作"按"。徂,往。莒,指密国军队,《诗经》作"旅"。此诗提到,密国出兵侵犯阮国,所以文王发兵前往制止。 ⑧以笃周祜(hù):以增厚周朝的福祉。笃,厚。祜,福。 ⑨对:报答。 ⑩《书》:指《尚书·泰誓》,或作"太誓"。为周武王伐纣,渡孟津,诸侯来会时的誓词。 ⑪作之君,作之师:为他们立君、立师。之,通"其"。 ⑫宠之四方:尊宠君师,给他崇高的地位,使四方都受他的治理与指导。 ⑬有罪无罪惟我在:言人民有罪无罪只有我君师去考察。我,指君师。在,察。 ⑭曷敢有越厥志:怎么敢放纵他的私欲。曷,何。有,或。越,放纵。厥,其。志,这里指私欲。 ⑮一人:独夫,指纣王。 ⑯衡行:横行。 ⑰贵德而尊士:重视道德,尊重贤士。 ⑱国家闲暇:国家没有内乱外患的时候。 ⑲《诗》:指《诗经·豳风·鸱鸮》。

第一单元

之未阴雨，彻彼桑土，绸缪牖户①。今此下民，或敢侮予②？'孔子曰：'为此诗者，其知道乎！能治其国家，谁敢侮之？'今国家闲暇，及是时般乐怠敖③，是自求祸也。祸福无不自己求之者。《诗》云：'永言配命，自求多福。'④ 太甲⑤曰：'天作孽，犹可违；自作孽，不可活。'⑥ 此之谓也。"

——《公孙丑》上

孟子见齐宣王，曰："所谓故国⑦者，非谓有乔木⑧之谓也，有世臣⑨之谓也。王无亲臣⑩矣；昔者所进，今日不知其亡⑪也。"

王曰："吾何以识⑫其不才而舍之？"

曰："国君进贤，如不得已，将使卑逾尊，疏逾戚⑬，可不慎与？左右皆曰贤，未可也；诸大夫皆曰贤，未可也；国人皆曰贤，然后察之，见贤焉，然后用之。左右皆曰不可，勿听；诸大夫皆曰不可，勿听；国人皆曰不可，然后察之，见不可焉，然后去之。左右皆曰可杀，勿听；诸大夫皆曰可杀，勿听；国人皆曰可杀，然后察之，见可杀焉，然后杀之。故曰：国人杀之也。如此，然后可以为民父母。"

---

①迨天之未阴雨，彻彼桑土（dù），绸缪牖（yǒu）户：趁着天还没阴雨的时候，取那桑树根，缠结起来以修补门窗。迨，及，犹言趁着。彻，通"撤"，取。土，通"杜"，齐国一带的方言称树根为杜。绸缪，缠结修补。牖，窗子。　②今此下民，或敢侮予：那些在下面的人们，有谁还敢来欺侮我。予，鸱鸮自称。　③般（pán）乐怠敖（ào）：享乐怠惰骄傲。般，通"盘"，乐。敖，通"傲"，骄傲。　④《诗》云："永言配命，自求多福"：《诗经·大雅·文王》说："长久地配合天命而行，自己去寻求更多的福气。"永，长久。言，助词。配命，配合天命。　⑤太甲：指《尚书·商书·太甲》。　⑥天作孽（niè），犹可违；自作孽，不可活：上天造成的灾祸，我们还可以避开；自己造成的灾祸，就活不成了。孽，灾祸。　⑦故国：传世久远的旧国。　⑧乔木：指年代久远的高大树木。乔，高大。　⑨世臣：累世立功的大臣。　⑩亲臣：亲信之臣。　⑪亡：亡失、亡匿。　⑫识：知，此处有预先知道的意思。　⑬卑逾（yú）尊，疏逾戚：卑贱者职位超过尊贵者，疏远者职位超过亲近者。逾，超越。戚，亲近。

——《梁惠王》下

三　尚仁

孟子曰："天时不如地利，地利不如人和①。三里之城、七里之郭②，环而攻之而不胜。夫环而攻之，必有得天时者矣，然而不胜者，是天时不如地利也。城非不高也，池非不深也，兵革③非不坚利也，米粟非不多也，委而去之④，是地利不如人和也。故曰：域民不以封疆之界⑤，固国不以山溪之险⑥，威天下不以兵革之利⑦。得道者多助，失道者寡助⑧。寡助之至，亲戚畔之⑨；多助之至，天下顺之。以天下之所顺，攻亲戚之所畔，故君子有不战，战必胜矣⑩。"

——《公孙丑》下

梁惠王曰："晋国，天下莫强焉⑪，叟之所知也。及寡人之身，

---

①天时不如地利，地利不如人和：用兵作战，只是靠天象时令，还不如据有险要而有利的地势；只是据有险要而有利的地势，还不如上下和谐，得到民心的支持。天时，指天象时令，如风雪、晴雨、寒暑等。地利，指地势有利，如城池、山河、关隘等。人和，上下和睦而团结。　②三里之城、七里之郭：三里见方的内城，七里见方的外城。指城郭之小者。郭，外城。　③兵革：兵器铠甲。　④委而去之：舍弃而离开它。之，指上文"三里之城、七里之郭"。委，弃也。去，逃离。　⑤域民不以封疆之界：守住人民不是依靠疆土封记的界限。域，界别，此处用作动词，引申有限制的意思。封疆，疆界上的封记。封，聚土。疆，界。封土为台，用以标示疆界。　⑥固国不以山溪之险：巩固国防不是只凭借山河形势的险要。　⑦威天下不以兵革之利：威服天下不是只凭恃强大的军事力量。　⑧得道者多助，失道者寡助：施行仁民爱物之道的君王，会得到很多人民的协助；违反王道的君王，很少有人帮助他。得道，得仁政之道。　⑨寡助之至，亲戚畔之：帮助他的人少到极点时，连他自己的亲戚都会背叛他。至，极。畔，通"叛"，背叛。　⑩君子有不战，战必胜矣：仁君不战则已，要是非战不可，一定是会取胜的。　⑪晋国，天下莫强焉：当年天下没有一个诸侯国比晋国强大。周威烈王二十三年（前403），韩、赵、魏三家分晋，各自建立诸侯国。魏独得晋国的故都，所以梁惠王还自称其国为晋国。

东败于齐，长子死焉①；西丧地于秦七百里②；南辱于楚③。寡人耻之，愿比死者一洒之④，如之何则可？"孟子对曰："地方百里，而可以王⑤。王如施仁政于民，省刑罚⑥，薄税敛⑦，深耕易耨⑧，壮者以暇日修其孝、悌、忠、信⑨，入以事其父兄，出以事其长上，可使制梃以挞秦、楚之坚甲利兵矣⑩。彼夺其民时⑪，使不得耕耨以养其父母，父母冻饿，兄弟妻子离散。彼陷溺其民⑫，王往而征之，夫谁与王敌⑬？故曰：'仁者无敌。'王请勿疑。"

——《梁惠王》上

谈 教 育

一　因材施教

孟子曰："君子之所以教者五：有如时雨化之者⑭，有成德⑮

---

①东败于齐，长子死焉：在东方，于马陵之战被齐国打败，我的长子魏申被俘虏而殉国。　②西丧地于秦七百里：在西方，被秦国袭击，割去河西七百平方里的土地给秦国。　③南辱于楚：在南方，又在襄陵被楚国打败，失去八座城池，饱受侮辱。　④愿比(bì)死者一洒(xǐ)之：愿意替那些为国捐躯的将士完全洗雪耻辱。比，为，替。一，全部。洒，洗也，洗雪。　⑤地方百里，而可以王(wàng)：只要有一百平方里的土地，就足以实行王道政治了。王，作动词用，称王于天下。　⑥省刑罚：减轻刑罚。　⑦薄税敛：少征赋税。　⑧深耕易耨(nòu)：耕田时，翻土翻得深；耘田时，锄草锄得尽。易，治，用心整理。耨，锄田。　⑨壮者以暇日修其孝、悌、忠、信：让少壮子弟在闲暇时讲求孝、悌、忠、信的道理。　⑩可使制(chè)梃(tǐng)以挞(tà)秦、楚之坚甲利兵矣：可以让他们拿着棍子去打退秦国、楚国的坚甲利兵了。制，掣也，拿着。梃，木棍。挞，攻击。　⑪彼夺其民时：秦、楚等国剥夺了人民的农时。时，农时。　⑫彼陷溺其民：秦、楚等国残虐人民，使人民陷入水深火热之中。　⑬夫谁与王敌：有谁能和大王为敌呢？　⑭有如时雨化之者：君子教育的方法，有像及时的雨水滋润化育草木的情形。时雨，及时的雨。　⑮成德：顺着学生本有的德性加以引导。

者,有达财①者,有答问②者,有私淑艾③者。此五者,君子之所以教也。"

——《尽心》上

孟子曰:"教亦多术矣。予不屑之教诲④也者,是亦教诲之而已矣。"

——《告子》下

孟子曰:"无或乎王之不智也⑤。虽有天下易生之物也,一日暴之,十日寒之⑥,未有能生者也。吾见亦罕矣,吾退而寒之者至矣⑦。吾如有萌焉,何哉⑧?今夫弈之为数⑨,小数⑩也,不专心致志,则不得也。弈秋⑪,通国⑫之善弈者也。使弈秋诲二人弈,其一人专心致志,惟弈秋之为听⑬;一人虽听之,一心以为有鸿鹄⑭将至,思援弓缴⑮而射之,虽与之俱学,弗若之矣。为是其智弗若与⑯?曰:非然也。"

——《告子》上

---

①达财:就着学生本有的才质加以指点,使学生能充分发挥。财,通"材"。 ②答问:针对所问的问题加以答复指导。 ③私淑艾(yì):闻君子之道于人,而私下拾取以修养自身。淑,善。艾,治。 ④不屑之教诲:轻视其人,而不加以教诲。屑,洁。不屑,谓不以为洁而轻视他,拒绝他,表示轻视之意。 ⑤无或乎王之不智也:不要怪大王不聪明。或,通"惑",疑怪。朱熹《孟子集注》:"王,疑指齐王。" ⑥一日暴(pù)之,十日寒之:晒一天太阳,却有十天遭到阴寒。暴,曝晒。 ⑦吾见亦罕矣,吾退而寒之者至矣:我见大王的时候本来就很少,我退出之后,那些对大王谄媚迷惑的人就来到大王周围了。寒之,指对大王谄媚迷惑。 ⑧吾如有萌焉,何哉:我如果使他有一点善端萌生出来,又能怎样呢? ⑨弈之为数:围棋这种技艺。数,技术、技艺。 ⑩小数:微不足道的技艺。 ⑪弈秋:古代精于围棋的人,名秋。 ⑫通国:全国。 ⑬惟弈秋之为听:只是专心听从弈秋的教导。 ⑭鸿鹄:禽鸟名。羽毛光泽纯白,即天鹅。 ⑮缴(zhuó):系在箭上的生丝绳,引申为系有丝线的箭。 ⑯为(wèi)是其智弗若与:说这是他的才智不如人吗?为,通"谓"。是,此、这种情况。弗若,不如。

第一单元

孟子谓高子①曰:"山径之蹊②间,介然③用之而成路。为间不用④,则茅塞之矣⑤。今茅塞子之心矣。"

——《尽心》下

孟子曰:"子路人告之以有过则喜,禹闻善言则拜⑥。大舜有大焉⑦,善与人同⑧,舍己从人⑨,乐取于人以为善⑩。自耕、稼、陶、渔,以至为帝,无非取于人者⑪。取诸人以为善,是与人为善者也⑫。故君子莫大乎与人为善。"

——《公孙丑》上

孟子曰:"羿⑬之教人射,必志于彀⑭。大匠⑮诲人,必以规矩⑯。学者亦必以规矩。"

——《告子》上

---

①高子:齐国人,曾经学于孟子。　②蹊(xī):人行处。　③介然:专一的样子。　④为间(jiàn)不用:间隔一些时日不去行走。间,间隔。用,行。　⑤茅塞之矣:生出茅草塞住道路了。之,代词,指"道路"。　⑥禹闻善言则拜:夏禹听到别人提供的美言,就加以拜谢。善言,嘉言、有道理的话。　⑦大舜有(yòu)大焉:大舜又更伟大了。有,又也。焉,于此,"此"指上文"子路人告之以有过则喜,禹闻善言则拜"。　⑧善与人同:善为通行天下的公理,是大家所共有的。朱熹《孟子集注》:"善与人同,公天下之善而不为私也。"　⑨舍己从人:牺牲自己的见解,遵从大众的公理。　⑩乐取于人以为善:乐于采取别人的优点来行善。为善,行善。　⑪自耕、稼、陶、渔,以至为帝,无非取于人者:舜从微贱时在历山耕种,在河边烧制陶器,在雷泽捕鱼,直到做了天子,往往都是取法别人的优点来行善的。　⑫取诸人以为善,是与人为善者也:采取别人的优点来行善,这就是鼓励别人行善。是,此,这。与,赞许、鼓励。　⑬羿(yì):人名,古代善射者。　⑭志于彀(gòu):用心把弓拉满。彀,弓满。　⑮大匠:技艺高超的工匠。　⑯以规矩:使用规矩画方圆。

孟子曰："孔子登东山而小鲁①，登太山而小天下②。故观于海者难为水③，游于圣人之门者难为言④。观水有术，必观其澜⑤；日月有明，容光必照焉⑥。流水之为物也，不盈科不行⑦。君子之志于道也，不成章不达⑧。"

——《尽心》上

孟子曰："君子深造之以道⑨，欲其自得之也⑩。自得之，则居之安⑪；居之安，则资之深⑫；资之深，则取之左右逢其原⑬。故君子欲其自得之也。"

——《离娄》下

孟子曰："有为者⑭，辟若⑮掘井。掘井九仞⑯而不及泉，犹为

---

①孔子登东山而小鲁：孔子登上鲁国的东山顶看鲁国，就觉得鲁国小了。东山，在今山东费县西北。小，作动词用，以……为小。下一句"登太山而小天下"的"小"，词性和用法与此相同。　②登太山而小天下：登上太山顶看天下，就觉得天下小了。太山，即泰山，主峰在山东泰安县北，为五岳中的东岳。　③观于海者难为水：观看大海壮阔波澜的人，就觉得江、河、湖、潭等便难以称得上是水了。难为水，难以算得上是水。　④游于圣人之门者难为言：在圣人门下接受圣学启迪的人，就觉得天下其他的言论便不足观了。　⑤澜：水中大波。　⑥容光必照焉：只要是能够透过光线的缝隙，一定会照得明亮。容光，透过光线的缝隙。焉，代词，指容光。　⑦流水之为物也，不盈科不行：流水这种东西的特性呀，它是不把坑洞填满就不会向前流的。盈，满。科，坎，坑洞。　⑧君子之志于道也，不成章不达：君子立志行道，不到文理成就蓄积深厚而斐然可观的境界，是不能通达圣学的。成章，文理成就斐然可观。达，通达圣学。　⑨深造之以道：按照事物的道理，不断研究进取。造，诣，至。道，事物的道理。朱熹《孟子集注》："深造之者，进而不已之意。"之，所学的道理。下文各"之"字的意思与此相同。　⑩欲其自得之也：要让他自己体验道理而有所得。　⑪居之安：所学的道理居处于心中，安固而不疑惑。　⑫资之深：可凭借使用的道理深远无尽。资，凭借。　⑬取之左右逢其原：拿身边周围的事理来印证，都能遇到其根源。朱熹《孟子集注》："左右，身之两旁，言至近而非一处也。"逢，值、遇。原，本源。　⑭有为者：要有所作为。者，助词。　⑮辟（pì）若：譬如。　⑯仞：古制八尺为仞。

弃井也。"

——《尽心》上

徐子①曰:"仲尼亟②称于水曰:'水哉!水哉!'何取于水也?"孟子曰:"原泉混混③,不舍昼夜④,盈科而后进,放乎四海⑤。有本者如是,是之取尔⑥。苟为无本⑦,七、八月⑧之间,雨集,沟浍⑨皆盈。其涸⑩也,可立而待也。故声闻过情⑪,君子耻之。"

——《离娄》下

二 环境育人

孟子谓戴不胜⑫曰:"子欲子之王之善与⑬?我明告子:有楚大夫于此,欲其子之齐语也,则使齐人傅诸?使楚人傅诸⑭?"曰:"使齐人傅之。"曰:"一齐人傅之,众楚人咻⑮之,虽日挞而求其齐也⑯,不可得矣。引而置之庄岳⑰之间数年,虽日挞而求其楚,亦不可得矣。子谓薛居州⑱善士也,使之居于王所,在于王所者,

---

①徐子:徐辟,孟子弟子。 ②亟(qì):屡次。 ③原泉混(gǔn)混:有源头的水不断地涌出。原泉,有源头的水。混混,水不断涌出的样子。 ④不舍昼夜:指水日夜不停地流。 ⑤放乎四海:流到大海。放,至。 ⑥是之取尔:即"取是尔",就是取这一点罢了。是,此。尔,罢了。 ⑦苟为无本:假使是没有源头的水。苟,若。 ⑧七八月:周历七、八月相当于夏历五、六月。换言之,也就相当于现代农历的五、六月,正是仲夏、季夏的时序。 ⑨沟浍(kuài):田间水道。 ⑩涸(hé):水干。 ⑪声闻(wèn)过情:名气超过了实际的学养。声闻,名气。闻,名声。情,实情。 ⑫戴不胜:人名,战国时宋国大夫。 ⑬子欲子之王之善与:您想要您的国君向善吗?之善,往善、向善。 ⑭使齐人傅诸?使楚人傅诸:让齐国人教他呢,还是让楚国人教他?傅,教。 ⑮咻(xiū):喧扰。 ⑯虽日挞(tà)而求其齐也:虽然每天责备他希望他说齐国话。挞,责打。 ⑰庄岳:战国时齐国最繁华的街里。 ⑱薛居州:人名,战国时宋国的善士。

长幼卑尊皆薛居州也①,王谁与为不善②?在王所者,长幼卑尊皆非薛居州也,王谁与为善?一薛居州独如宋王何③?"

——《滕文公》下

孟子曰:"中也养不中④,才也养不才,故人乐有贤父兄也。如中也弃不中,才也弃不才,则贤不肖之相去,其间不能以寸⑤。

——《离娄》下

孟子曰:"舜发于畎亩之中⑥,傅说举于版筑之间⑦,胶鬲举于鱼盐之中⑧,管夷吾举于士⑨,孙叔敖举于海⑩,百里奚举于市⑪。故天将降大任于是人也,必先苦其心志,劳其筋骨,饿其体

---

①在于王所者,长幼卑尊皆薛居州也:在大王身边的人,无论年长年幼,无论地位尊卑,都是像薛居州一般的善士。 ②王谁与为不善:王和哪一个人去做不善的事呢? ③一薛居州独如宋王何:一个薛居州,对宋王又能有什么影响呢?王引之《经传释词》:"独,犹'将'也。" ④中也养不中:能行中道的人,教养不合中道的人。朱熹《孟子集注》:"养,谓涵育熏陶,俟其自化也。"也,语气助词。 ⑤贤不肖之相去,其间不能以寸:指贤德和不肖,其中的距离相差不多。前句所谓贤父、兄,若不能教养子弟,也就算不上有贤德了。 ⑥舜发于畎(quǎn)亩之中:舜发迹于历山的田野中。畎亩,田野。畎,田沟。 ⑦傅说(yuè)举于版筑之间:傅说在捣土筑墙的生涯中被殷高宗所举用。傅说,殷代贤士,隐于版筑,殷高宗举以为相,国大治。版筑,古人筑墙的方法,以版夹土,将土捣实以筑墙。 ⑧胶鬲(gé)举于鱼盐之中:胶鬲在贩售鱼、盐的商场中被周文王举用。胶鬲,殷代贤臣,遭纣之乱,隐世经商,周文王知其贤而加以举用。 ⑨管夷吾举于士:管仲在牢狱中被齐桓公举用。管夷吾,字仲,齐桓公尊称他为"仲父",谥敬。士,狱官,此处指狱官所掌理的囚系人犯之事。 ⑩孙叔敖举于海:孙叔敖隐居在海边耕种,被楚庄王举用为令尹。孙叔敖,字叔,名敖,春秋时楚国人。 ⑪百里奚举于市:百里奚在交易货物的市场中被秦穆公所举用。百里奚,春秋时人。原为虞国大夫,晋献公消灭虞国,俘虏了百里奚,把他作为陪嫁奴隶送往秦国。百里奚逃到宛,被楚国人抓到,秦穆公听说他贤能,用五张公羊皮把他赎回,授以国政,相秦七年而秦霸。

第一单元

肤①，空乏其身②，行拂乱其所为③，所以动心忍性④，曾⑤益其所不能。人恒过，然后能改⑥。困于心，衡于虑，而后作⑦。征于色，发于声，而后喻⑧。入则无法家拂士⑨，出则无敌国外患者，国恒亡。然后知生于忧患，死于安乐⑩也。"

——《告子》下

---

①饿其体肤：让他身体受到饥饿。　　②空乏其身：使他困穷。空乏，穷困缺乏。③行拂乱其所为：做事时，拂逆扰乱他的所作所为。行，行事。拂，违戾。　　④动心忍性：耸动他的心志，坚忍他的性情。动，耸动、警动。　　⑤曾：同"增"。⑥人恒过，然后能改：一般人常是有了不当的言行之后才能改正。　　⑦困于心，衡于虑，而后作：心中困苦，思虑阻塞，然后才能奋起振作。赵岐《孟子注》："衡，横也，横塞其意于胸臆中。"作，奋起。　　⑧征于色，发于声，而后喻：从别人的脸色来验证，从别人的声音来听取，然后才能警悟知晓自己的过失。　　⑨法家拂（bì）士：遵守法度的世臣与辅弼的贤士。拂，弼也。　　⑩生于忧患，死于安乐：处在忧患中才知奋斗生存，处在安乐中易于放纵而败亡。

第二单元 《诗经》选读（下）

阅读提示

本单元共选6篇。其中《国风》4篇，《小雅》1篇，《大雅》1篇。

这些诗篇中有写爱情的，有写士卒团结战斗的，有赞扬大臣德美忠直的，更有从侧面揭露统治者残暴无道的。读之使人多生感慨。

国风·王风·黍离

周幽王无道，犬戎攻破镐京，杀死幽王。平王东迁洛邑，是为东周。东周初年，有王朝大夫到镐京来，见到宗庙宫殿均已毁坏，长了庄稼，不胜感慨，因作此诗。

彼黍离离①，彼稷②之苗。行迈③靡靡④，中心摇摇⑤。知我者，

---

①离离：繁茂貌。　②稷：俗称谷子，其实称小米。　③迈：行。　④靡靡：步行迟缓的样子。　⑤摇摇：心神不定。

谓我心忧,不知我者,谓我何求①。悠悠②苍天③!此④何人哉?

彼黍离离,彼稷之穗。行迈靡靡,中心如醉。知我者,谓我心忧,不知我者,谓我何求。悠悠苍天!此何人哉?

彼黍离离,彼稷之实。行迈靡靡,中心如噎⑤。知我者,谓我心忧,不知我者,谓我何求。悠悠苍天!此何人哉?

国风·王风·君子于役

这首诗书写妻子怀念在外服役的丈夫的心情。

君子于役⑥,不知其期,曷⑦至哉?鸡栖于埘⑧,日之夕矣,羊牛下来。君子于役,如之何勿思!

君子于役,不日不月⑨,曷其有佸⑩?鸡栖于桀⑪,日之夕矣,羊牛下括⑫。君子于役,苟⑬无饥渴!

国风·秦风·蒹葭

这篇似是爱情诗。诗的主人公是男是女,看不出来。叙

---

①何求:找什么东西。　②悠悠:遥远。　③苍天:青天。　④此:指把宗庙宫殿变为黍稷这件事,即是使西周王朝灭亡这件事。又解:此,借为訾(zǐ),指责什么人呢?　⑤噎:食物堵住喉间。　⑥于役(yì):去服徭役。于,往,去。　⑦曷(hé):曷,何。此言何时回来。　⑧埘(shí):鸡窝。　⑨不日不月:指没有限定日数月数。　⑩佸(huó):相会。　⑪桀(jié):鸡楼的木架。　⑫括:至,来。　⑬苟:或。

写他（或她）在大河边追寻恋人，但未得会面。

蒹葭①苍苍②，白露为霜。所谓伊人③，在水一方。溯洄④从之，道阻⑤且长。溯游⑥从之，宛⑦在水中央。

蒹葭凄凄⑧，白露未晞⑨。所谓伊人，在水之湄⑩。溯洄从之，道阻且跻⑪。溯游从之，宛在水中坻⑫。

蒹葭采采⑬，白露未已⑭。所谓伊人，在水之涘⑮。溯洄从之，道阻且右⑯。溯游从之，宛在水中沚⑰。

国风·秦风·无衣

这是秦国劳动人民的参军歌，也是士卒团结友爱、同仇敌忾的战歌。

岂曰无衣？与子同袍⑱。王于⑲兴师，修⑳我戈矛，与子同仇㉑！

岂曰无衣？与子同泽㉒。王于兴师，修我矛戟，与子偕作㉓！

---

①蒹：草名，又名荻。葭：芦。　②苍苍：青色，一说，茂盛。　③所谓伊人：所说的那个人，即意中所指之人。谓，说。伊，那，那个，指示代词。　④溯洄：沿着河流向上走。下文说"道阻且长，道阻且跻，道阻且右"可证"溯洄""溯游"是陆行，不是水行。　⑤阻：险阻。　⑥溯游：顺着河流向下走。　⑦宛：宛然，仿佛。　⑧凄凄：湿润的样子。　⑨晞：晒干。　⑩湄：水边。　⑪跻：登高。　⑫坻（chí）：水中的小沙洲。　⑬采采：茂盛。　⑭已：完。　⑮涘：水边。　⑯右：迂回曲折。　⑰沚：水中的沙滩。　⑱袍：古代的袍一般指长袍。士兵的袍要短一些。士兵穿一样的衣服，所以说"同袍""同泽""同裳"。　⑲于：句中助词，无义。　⑳修：整治。　㉑同仇：共同对敌人。　㉒泽：贴身的内衣。　㉓偕作：一同出征作战。偕，共同。作，行动。

岂曰无衣？与子同裳①。王于兴师，修我甲兵②，与子偕行！

小雅·鹿鸣

《毛诗》序："鹿鸣，燕（宴）群嘉宾也。"周代国君宴会群臣和宾客，要奏乐为娱，所以特撰《鹿鸣》诗，以备歌唱。

呦呦鹿鸣③，食野之苹④。我有嘉宾，鼓瑟吹笙。吹笙鼓簧⑤，承筐是将⑥。人之好我⑦，示我周行⑧。

呦呦鹿鸣，食野之蒿⑨。我有嘉宾，德音孔昭⑩。视民不恌⑪，君子是则是效⑫。我有旨酒⑬，嘉宾式燕以敖⑭。

呦呦鹿鸣，食野之芩⑮。我有嘉宾，鼓瑟鼓琴。鼓瑟鼓琴，和乐且湛⑯。我有旨酒，以燕乐嘉宾之心。

大雅·烝民

周宣王的大臣尹吉甫作这首诗，赠给仲山甫，大力赞扬

---

①裳：裤子。　②甲兵：铠甲，武器。　③呦呦：指鹿鸣声。　④苹：《大戴礼·夏小正》："苹也者，马帚也。"马帚今名扫马草，草本，形似小树。　⑤簧：一种乐器，形似摇鼓。　⑥承：捧。将：献。此句言将筐中礼品献给嘉宾。　⑦之：语气助词。好我：犹其爱我。　⑧周行（háng）：周国的大道，用来比喻周朝的制度礼义。
⑨蒿：青蒿，有香味。　⑩孔：很。昭：明，著。　⑪恌：与"佻"相同。《尔雅·释言》："佻，偷也。"偷是轻佻、奸巧之意。此句言嘉宾能够以不恌的榜样，昭示人民。
⑫则：法。此言人民都效仿君子。　⑬旨酒：美酒。　⑭式、以：均是"从而"之意。燕：通"宴"，宴饮。敖：古遨字，遨游。　⑮芩：草名。　⑯湛：深厚。

《诗经》选读

仲山甫的美德及其辅佐宣王的忠直，并描述了仲山甫往东方去筑城的事迹。

天生烝①民，有物②有则③。民之秉彝④，好是懿德⑤。天监有周⑥，昭假于下⑦，保兹天子，生仲山甫⑧。

仲山甫之德，柔嘉维则⑨。令仪令色⑩，小心翼翼。古训是式⑪，威仪是力⑫。天子是若⑬，明命使赋⑭。

王命仲山甫，式是百辟⑮。缵戎祖考⑯，王躬是保⑰。出纳王命，王之喉舌⑱。赋政于外⑲，四方爰发⑳。

肃肃王命㉑，仲山甫将之㉒。邦国若否㉓，仲山甫明之。既明且哲，以保其身。夙夜匪解㉔，以事一人㉕。

人亦有言，柔则茹之㉖，刚则吐之；维仲山甫，柔亦不茹，刚亦不吐。不侮矜寡㉗，不畏强御㉘。

人亦有言："德輶如毛㉙，民鲜克举之㉚。"我仪图之㉛，维仲

---

①烝：众。　②物：事物。　③则：法则。　④民之秉彝：人之常情。彝，常理。　⑤是：助词，以下同。懿德：美德。　⑥监：观察。有周：周朝。　⑦昭：祈祷。假：借为佑，福。些二句言上帝看到周王在下方祷告。　⑧仲山甫：周宣王的大臣。　⑨嘉：美。维：犹有。则：法度。　⑩令：善。仪：态度。　⑪式：榜样。此句言遵循古人遗教。　⑫威仪：礼节。力：勤。　⑬若：顺，言顺承天子。一说：若，善，天子认为他好。　⑭赋：通"敷"，颁布。此句言天子使他颁布命令。　⑮辟(bì)：国君。百辟，指诸侯。此句言令仲山甫做诸侯的榜样。　⑯缵：继续。戎：汝，你。　⑰王躬：指周王。　⑱喉舌：代言人之意。　⑲赋政：颁布政令。　⑳爰：乃，则。发：施行，执行。　㉑肃肃：严肃。　㉒将：执行。　㉓若否：好坏。若，善。　㉔夙：早晨。匪：非。解：通"懈"，怠慢，懒惰。　㉕事：奉侍。一人：指周宣王。　㉖茹：吃。　㉗侮：欺侮。矜：鳏（《左传·昭公元年》引作"鳏"），男老而无妻。寡：妇老而无夫。　㉘强御：强悍。　㉙輶(yóu)：古代轻车名，引申为轻。　㉚鲜：少。克：能。　㉛仪图：揣度。

— 27 —

山甫举之，爱莫助之①。衮职有阙②，维仲山甫补之③。

仲山甫出祖④，四牡业业⑤。征夫捷捷⑥，每怀靡及⑦。四牡彭彭⑧，八鸾锵锵⑨。王命仲山甫，城彼东方⑩。

四牡骙骙⑪，八鸾喈喈⑫。仲山甫徂齐⑬，式遄其归⑭。吉甫作诵⑮，穆如清风⑯，仲山甫永怀⑰，以慰其心。

---

①莫：疑借为"慔"。《说文》："慔，勉也。"此句指仲山甫爱民，努力帮助他们，使他们有德。　②衮（gǔn）：古代王侯所穿的礼服。上面绣有龙纹。此指周王的衮衣。职：俞樾《群经平议》："职，犹适也。"适即"偶然"之意。阙：缺也。　③此二句言周王的衮衣偶有缺破，仲山甫把它补上。比喻周王的政治偶有缺失，仲山甫加以匡正。　④祖：借为"徂"。徂，往。出徂，出行。指出镐京而往东方。旧说祖是祭祀路神。　⑤业业：马高大貌。　⑥捷捷：行动敏捷貌。　⑦每怀靡及：指征夫常常想起他们还没有完成的任务。　⑧彭彭：马强壮貌。　⑨鸾：车铃。锵锵：铃声。　⑩城：筑城。　⑪骙骙：马强壮貌。　⑫喈喈：铃声和谐。　⑬齐：当读为"济"，水名，源出河南济源县西王屋山。仲山甫为樊邑国君，樊邑正在济水附近，所以说仲山甫徂济。　⑭式：犹"乃"。遄（chuán）：速。此句言仲山甫很快回到镐京。　⑮吉甫：即尹吉甫，周宣王大臣。诵：歌。　⑯穆：和美。　⑰永怀：指一起怀念着樊邑。

第三单元 《左传》选读（下）

阅读提示

本单元共选了6篇文章，分别描写了重耳、曹刿、子鱼等六个历史人物。他们形形色色，身份不同，作者通过个性化的语言及细节描写，把他们写得栩栩如生。

其次，在战争的描写方面，作者主要抓战争的起因和对战争胜负的各种因素的揭示，从而头绪分明，井井有条，值得细细品味。

重耳之亡①

晋公子重耳之及于难②也，晋人伐诸蒲城③。蒲城人欲战，重耳不可④，曰："保君父之命而享其生禄⑤，于是乎得人⑥；有人而

---

①选自《左传·僖公二十三年、二十四年》，标题是编者所加，下同。晋公子重耳，晋献公的儿子。亡，逃亡。　②及于难：僖公四年十二月，晋献公听信骊姬的谗言，逼迫太子申生自缢而死，其余二子重耳、夷吾也同时出奔。　③伐诸蒲城：在蒲城讨伐重耳。诸，"之于"的合音。蒲城，在今山西隰县。重耳出奔后住于此。　④可：允许，许可。　⑤保君父之命而享其生禄：倚仗君父的天命而享受养生的俸禄。保，倚仗、依靠。君父，指晋献公。生禄，养生的禄邑，古代贵族从封地中取得生活资料。　⑥得人：得到人民的拥戴。

第三单元

校①,罪莫大焉。吾其奔也②!"遂奔狄③。从者狐偃④、赵衰⑤、颠颉、魏武子⑥、司空季子⑦。

狄人伐廧咎如⑧,获其二女叔隗、季隗,纳诸公子⑨。公子娶季隗,生伯儵⑩、叔刘;以叔隗妻⑪赵衰,生盾。将适齐⑫,谓季隗曰:"待我二十五年,不来而后嫁。"对曰:"我二十五年矣,又如是而嫁,则就木⑬焉。请待子。"处狄十二年而行。

过卫,卫文公不礼焉⑭。出于五鹿⑮,乞食于野人,野人与之块⑯。公子怒,欲鞭之。子犯曰:"天赐⑰也。"稽首,受而载之⑱。

及齐,齐桓公妻之,有马二十乘⑲。公子安之。从者以为不可,将行,谋于桑下。蚕妾⑳在其上,以告姜氏。姜氏杀之,而谓公子曰:"子有四方之志㉑,其闻之者,吾杀之矣!"公子曰:"无之。"姜曰:"行也,怀与安,实败名㉒!"公子不可。姜与子犯谋,醉而遣之㉓。醒,以戈逐子犯。

及曹,曹共公㉔闻其骈胁㉕,欲观其裸㉖。浴,薄㉗而观之。

---

①校:较量、抵抗。 ②吾其奔也:我还是逃亡吧!其,语气助词,表希望、劝告之类的语气。 ③狄:当时北方的少数民族。 ④狐偃:晋大夫,字子犯,重耳的舅父。 ⑤赵衰(cuī):晋大夫,字子余。 ⑥魏武子:晋大夫,名犨(chóu)。 ⑦司空季子:晋大夫,名胥臣。 ⑧廧(qiáng)咎(gāo)如:狄族的别种,姓隗(wěi)。 ⑨纳诸公子:交给晋公子重耳。纳,上交,交纳。诸,相当于"之于"。 ⑩儵:念chóu。 ⑪妻:以女嫁人。 ⑫将适齐:将要到齐国去。适,到……去。 ⑬就木:意思是"被装进棺材"。就,接近、靠近。 ⑭卫文公不礼焉:卫文公没有以礼相待。卫文公,名燬(duàn),是卫国的中兴之主。鲁僖公元年(前659)即位,在位二十四年。 ⑮五鹿:卫国地名,在今河南濮阳东。 ⑯块:土块。 ⑰天赐:上天的赏赐。古人认为,土地是建立国家的预兆,所以叫"天赐"。 ⑱稽首,受而载之:重耳向野人叩头致谢,收下土块,装在车上。稽首,一种礼节,行礼时以头抵地。首,头。 ⑲二十乘:二十辆马车。 ⑳蚕妾:采桑叶养蚕的女奴隶。 ㉑四方之志:远大的志向。 ㉒怀与安,实败名:贪恋享乐,安于现状,是足可以摧毁一个人的名声的。 ㉓醉而遣之:把重耳灌醉,打发他上路。之,代重耳。 ㉔曹共公:名襄,鲁僖公七年(前653)即位,在位三十五年。 ㉕骈胁:肋骨连在一起。 ㉖裸:裸体。 ㉗薄:迫近。

僖负羁①之妻曰:"吾观晋公子之从者,皆足以相国②;若以相③,夫子必返其国④;返其国,必得志⑤于诸侯;得志于诸侯而诛无礼⑥,曹其首也。子盍蚤自贰焉⑦?"乃馈盘飧⑧,寘璧焉⑨。公子受飧返璧⑩。

及宋,宋襄公赠之以马二十乘。

及郑,郑文公亦不礼焉。叔詹⑪谏曰:"臣闻天之所启⑫,人弗及也。晋公子有三焉⑬,天其或者将建诸⑭?君其礼焉!男女同姓,其生不蕃⑮,晋公子,姬出也⑯,而至于今,一也;离外之患⑰,而天不靖⑱晋国,殆⑲将启之,二也;有三士足以上人而从之⑳,三也。晋、郑同侪㉑,其过子弟㉒,固将礼焉㉓;况天之所启乎?"弗听。

及楚,楚子飨之㉔,曰:"公子若返晋国㉕,则何以报不谷㉖?"

---

①僖负羁:曹国大夫。　②相国:辅佐国家。　③若以相:如果以他们为辅佐。相,辅佐君主。　④夫子必返其国:那人一定会返回晋国。夫,那。子,指重耳。　⑤得志:这里指称霸。　⑥无礼:对重耳无礼的国家。上文曹共公偷看重耳骈胁,是非常无礼的行为。　⑦子盍蚤自贰焉:您何不早些表示您和曹国人有所不同呢? 盍,何不。蚤,通"早"。　⑧乃馈盘飧(sūn):于是送去一盘熟食。飧,晚餐。　⑨寘(zhì)璧焉:把璧藏在晚餐里。寘,同"置"。大夫是不能私自来往的,"寘璧"是为了向重耳表示敬意,同时又不致被人发现。　⑩受飧返璧:接受晚餐(表示领情),退回璧玉(表示不贪)。　⑪叔詹:郑国大夫。　⑫天之所启:上天所开导、赞助的人。启,开。　⑬有三焉:有三件不同寻常的事。　⑭天其或者将建诸:上天或许要立他为国君吧。其,表推测的语气。建,建立、树立。诸,"之乎"的合音。　⑮男女同姓,其生不蕃:中国古代有同姓不婚的说法,认为夫妻同姓,所生的后代不能繁盛。蕃,繁盛。　⑯姬出也:指重耳的父母都姓姬。　⑰离外之患:遭到出亡在外的患难。离,同"罹",遭遇。　⑱靖:安定,平定。这里用作动词。　⑲殆:大概　⑳有三士足以上人而从之:有三个够得上上等人的贤士跟随他。据《国语》,"三士"指狐偃、赵衰和贾佗。　㉑晋、郑同侪(chái):晋国和郑国都是姬姓国。侪,辈、类。　㉒子弟:指重耳是晋国国君的儿子。　㉓固将礼焉:本来就应以礼相待。　㉔楚子飨(xiǎng)之:楚成王设酒宴款待他。楚子,楚成王。飨,用酒食招待。　㉕若返晋国:如果回到晋国做国君。　㉖何以报不谷:用什么来报答我呢? 不谷,诸侯自称。谷,善、好。

对曰:"子女玉帛,则君有之;羽毛齿革①,则君地生焉;其波及晋国者,君之余也。其何以报君?"曰:"虽然②,何以报我?"对曰:"若以君之灵③,得返晋国,晋、楚治兵,遇于中原,其辟君三舍④;若不获命⑤,其左执鞭弭⑥,右属櫜鞬⑦,以与君周旋。"子玉⑧请杀之。楚子曰:"晋公子广而俭⑨,文而有礼;其从者肃而宽⑩,忠而能力。晋侯无亲,外内恶之⑪。吾闻姬姓,唐叔之后,其后衰者也⑫。其将由晋公子乎?天将兴之,谁能废之?违天,必有大咎⑬。"乃送诸⑭秦。

秦伯纳女五人⑮,怀嬴与焉⑯。奉匜沃盥⑰,既而挥之⑱。怒曰⑲:"秦、晋匹⑳也,何以卑我㉑?"公子惧,降服而囚㉒。他日,公享之㉓。子犯曰:"吾不如衰之文㉔也,请使衰从。"公子赋《河水》㉕,公赋《六月》㉖。赵衰曰:"重耳拜赐㉗!"公子降㉘,拜,稽

---

①羽毛齿革:鸟羽、兽毛、象牙、牛皮等物。 ②虽然:尽管如此。 ③若以君之灵:如果托您的福。 ④其辟君三舍:当撤军九十里。其,语气词。辟,同"避"。舍,三十里为一舍。 ⑤若不获命:如果得不到您退兵的命令。 ⑥鞭弭(mǐ):马鞭和不加装饰的弓。 ⑦櫜(tuó)鞬(jiān):装弓箭的口袋。 ⑧子玉:楚丞相成得臣。 ⑨广而俭:心胸广阔而谦逊。 ⑩肃而宽:精神集中、恭敬而待人宽厚。 ⑪晋侯无亲,外内恶(wù)之:晋惠公众叛亲离,不得人心。 ⑫唐叔之后,其后衰者也:唐叔之后的晋国,将会最后衰亡。 ⑬违天,必有大咎:违背天意,一定会有大的灾祸。咎,灾祸。 ⑭诸:"之于"的合音。 ⑮纳女五人:送给他五名女子。 ⑯怀嬴与焉:怀嬴也在其中。怀嬴,秦穆公之女,曾嫁给晋怀公(晋惠公之子圉),怀公自秦逃归后,又作为媵妾送给重耳。 ⑰奉匜(zā)沃(wò)盥(guàn):怀嬴捧着盛水器浇水给重耳洗手。奉,同"捧"。匜,盛水器。沃,浇水。盥,洗手。 ⑱既而挥之:重耳洗完后,用带水的手向怀嬴挥甩,使水溅在她身上。之,代怀嬴。 ⑲怒曰:这句话的主语是怀嬴。 ⑳匹:相当,相等。 ㉑卑我:以我为卑。即看不起我。 ㉒降服而囚:重耳脱去上衣,自己拘囚向怀嬴谢罪。 ㉓公享之:秦穆公设宴款待他。 ㉔文:言辞的文采。 ㉕公子赋《河水》:重耳朗诵《河水》诗。赋,朗诵。《河水》,应是《诗经》中的《沔(miǎn)水》。 ㉖《六月》:《诗经》中篇名。诗中歌颂了尹吉甫辅佐周宣王北伐获胜的事。 ㉗拜赐:拜谢秦穆公的好意。赐,恩赐,好意。 ㉘降:下台阶。

首。公降一级①而辞焉。衰曰:"君称所以佐天子者命重耳②,重耳敢不拜!"

二十四年,春,王正月③,秦伯纳之④。……及河,子犯以璧授公子,曰:"臣负羁绁⑤从君巡于天下,臣之罪甚多矣。臣犹知之,而况君乎?请由此亡。"公子曰:"所不与舅氏同心者,有如白水⑥!"投其璧于河。济河⑦,围令狐⑧,入桑泉⑨,取臼衰⑩。二月,甲午,晋师军于庐柳⑪,秦伯使公子絷如晋师⑫。师退,军于郇⑬。辛丑,狐偃及秦、晋之大夫盟⑭于郇。壬寅,公子入于晋师。丙午,入于曲沃⑮。丁未,朝于武宫⑯。戊申,使杀怀公于高梁。

烛之武退秦师⑰

晋侯、秦伯⑱围郑,以其无礼于晋⑲,且贰于楚⑳也。晋军函陵㉑,秦军氾南㉒。

---

①公降一级:秦穆公下一级台阶,表示不敢接受。　②君称所以佐天子者命重耳:您用尹吉甫辅佐天子的诗篇教导重耳。　③王正月:周历的正月。王,指周天子。　④秦伯纳之:秦穆公派人护送重耳回到晋国。纳,使接纳,送。　⑤负羁(jī)绁(xiàn):背着马笼头和马缰绳。负,背。羁,马笼头。绁,马缰绳。　⑥所不与舅氏同心者,有如白水:我如不和舅父您同心,请白水作证。这是指河神发誓。　⑦济河:渡过黄河。　⑧令狐:地名,在今山西临猗西。　⑨桑泉:地名,在今山西运城市西。　⑩臼衰:地名,在今山西运城市东南。　⑪晋师军于庐柳:晋怀公的军队驻扎在庐柳。意思是说,晋怀公用武力阻止重耳回国。庐柳,地名,在今山西临猗境内。　⑫秦伯使公子絷(zhí)如晋师:秦穆公派公子絷去晋国军营。　⑬郇(xún):地名,在今山西运城市西北。　⑭盟:结盟,订立盟约。　⑮曲沃:地名,在今山西闻喜县县东北。　⑯武宫:重耳的祖父晋武公的神庙。宫,宗庙。　⑰节选自《左传·僖公三十年》。　⑱晋侯、秦伯:指晋文公(公子重耳)和秦穆公。春秋时期有公、侯、伯、子、男五等爵位。　⑲以其无礼于晋:指晋文公出亡过郑时,郑国没有以应有的礼遇接待他。以,因为。　⑳贰于楚:从属于晋的同时又从属于楚。贰,从属二主。　㉑晋军函陵:晋军驻扎在函陵。军,驻军。函陵,郑国地名,在现在河南新郑市北。　㉒氾(sì)南:氾水的南面,也属郑地。

佚之狐①言于郑伯曰："国危矣，若②使烛之武见秦君，师必退。"公从之。辞③曰："臣之壮也④，犹⑤不如人；今老矣，无能为也已⑥。"公曰："吾不能早用子⑦，今急而求子，是寡人之过也⑧。然⑨郑亡，子亦有不利焉。"许之⑩。

夜缒⑪而出，见秦伯，曰："秦、晋围郑，郑既⑫知亡矣。若亡郑而有益于君，敢以烦执事⑬。越国以鄙远⑭，君知其难也。焉用亡郑以陪邻⑮？邻之厚，君之薄也⑯。若舍郑以为东道主⑰，行李⑱之往来，共其乏困⑲，君亦无所害。且君尝为晋君赐矣⑳，许君焦、瑕㉑，朝济而夕设版焉㉒，君之所知也。夫晋，何厌之有？既东封郑㉓，又欲肆其西封㉔，若不阙秦㉕，将焉取之㉖？阙秦以利晋，唯君图之㉗。"秦伯说㉘，与郑人盟。使杞子、逢孙、扬

---

①佚（yì）之狐：郑国大夫。　②若：假如。　③辞：推辞。　④臣之壮也：我壮年的时候。　⑤犹：尚且。　⑥无能为也已：不能干什么了。已，同"矣"。　⑦子：古代对人的尊称。　⑧是寡人之过也：这是我的过错。是，这。过，过错。　⑨然：然而。　⑩许之：答应了这件事。许，答应。　⑪缒（zhuì）：用绳子拴着人（或物）从上往下送。　⑫既：已经。　⑬敢以烦执事：冒昧地用这件事麻烦您。这是客气的说法。执事，对对方的敬称。　⑭越国以鄙远：越过别国而把远地当作边邑。鄙，边邑，这里用作动词。远，指郑国。　⑮焉用亡郑以陪邻：为什么要灭掉郑国而给邻国增加土地呢？焉，何。用，介词，表原因。陪，增加。邻，邻国，指晋国。　⑯邻之厚，君之薄也：邻国的势力雄厚了，您秦国的势力也就相对削弱了。　⑰若舍郑以为东道主：如果您放弃围攻郑国而把郑国作为东方道路上（招待过客）的主人。舍，放弃（围郑）。　⑱行李：指出使的人。原写作"行吏"，后习惯写作"行李"。　⑲共（gòng）其乏困：供给他们缺少（的东西）。共，通"供"，供给。其，指代使者。　⑳尝为晋君赐矣：曾经给予晋君恩惠。尝，曾经。为，给予。赐，恩惠。这句指秦穆公曾派兵护送晋惠公回国的事。　㉑许君焦、瑕：（晋惠公）曾经答应给您焦、瑕这两座城池。　㉒朝济而夕设版焉：指晋惠公早上渡过黄河回国，晚上就修筑防御工事。济，渡河。设版，修筑防御工事。版，筑土墙用的夹板。　㉓东封郑：在东边使郑国成为它的边境。封，疆界。这里用作动词。　㉔肆其西封：往西扩大边界。意思是晋国灭了郑国以后，必将灭秦。肆，延伸、扩张。　㉕阙（què）秦：使秦国土地减少。阙，侵损、削减。　㉖将焉取之：将从哪里取得它所贪求的土地呢？焉，哪里。之，指代土地。　㉗唯君图之：希望您考虑这件事。唯，句首语气词，表示希望。之，指阙秦以利晋这件事。　㉘说：通"悦"。

孙戍之①，乃还②。

子犯请击之③，公④曰："不可。微夫人之力不及此⑤。因人之力而敝之，不仁⑥；失其所与，不知⑦；以乱易整，不武⑧。吾其还也⑨。"亦去之⑩。

曹 刿 论 战⑪

十年⑫春，齐师伐我⑬。公⑭将战，曹刿请见。其乡人曰："肉食者⑮谋之，又何间⑯焉？"刿曰："肉食者鄙⑰，未能远谋。"乃入见。问："何以战⑱？"公曰："衣食所安，弗敢专也⑲，必以分人⑳。"对㉑曰："小惠未徧㉒，民弗从也。"公曰："牺牲玉帛㉓，弗

---

①杞（qǐ）子、逢（féng）孙、扬孙戍之：杞子等三人都是秦国大夫。戍，戍守，即守卫郑国。　②乃还：于是秦国就撤军了。　③子犯请击之：子犯请求袭击秦军。子犯，晋国大夫狐偃的字。之，指秦军。　④公：指晋文公。　⑤微夫人之力不及此：假如没有那个人的力量，我是不会到这个地步的。晋文公曾在外流亡十九年，得到秦穆公的帮助，才回到晋国做了国君。微，非，没有。用来表示一种否定的假设或条件。夫人，那人，指秦穆公。　⑥因人之力而敝之，不仁：依靠别人的力量，又反过来损害他，这是不仁道的。因，依靠。敝，损害。　⑦失其所与，不知：失掉自己的同盟者，这是不明智的。与，结交，亲附。知，通"智"。　⑧以乱易整，不武：用散乱代替整编，这是不武的。乱，指打完仗后军队散乱。易，替代。武，指使用武力时所应遵守的道义准则。　⑨吾其还也：我们还是回去吧。其，表商量或希望语气，还是。　⑩去之：离开郑国。之，指代郑国。　⑪选自《左传·庄公十年》。本文所写的战争是齐鲁之间的一次战争，因战场在长勺（sháo），故又称"长勺之战"。　⑫十年：鲁庄公十年（前684）　⑬我：《左传》是据鲁史写的，所以称鲁国为"我"。　⑭公：指鲁庄公。　⑮肉食者：这里指居高位、享厚禄的人。　⑯间（jiān）参与。　⑰鄙：鄙陋。这里指目光短浅。　⑱何以战：就是"以何战"，凭借什么作战？以，凭、靠。　⑲衣食所安，弗敢专也：衣食这类养生的东西，不敢独自享受。安，有"养"的意思。弗，不。专，个人专有。　⑳必以分人：就是"必以之分人"，一定把它分给别人。　㉑对：回答。　㉒徧（biàn）：通"遍"，遍及，普遍。　㉓牺牲玉帛（bó）：古代祭祀用的祭品。牺牲，指猪、牛、羊等。帛，丝织品。

敢加①也，必以信②。"对曰："小信未孚③，神弗福④也。"公曰："小大之狱⑤，虽⑥不能察⑦，必以情⑧。"对曰："忠之属也⑨。可以一战⑩。战则请从⑪。"

公与之乘⑫，战于长勺。公将鼓⑬之。刿曰："未可。"齐人三鼓。刿曰："可矣。"齐师败绩⑭。公将驰⑮之。刿曰："未可。"下视其辙⑯，登轼⑰而望之，曰："可矣。"遂逐⑱齐师。

既克⑲，公问其故⑳。对曰："夫战，勇气也㉑。一鼓作气㉒，再㉓而衰，三而竭。彼竭我盈㉔，故克之。夫大国，难测㉕也，惧有伏㉖焉。吾视其辙乱，望其旗靡㉗，故逐之。"

子鱼论战㉘

楚人伐宋以救郑。宋公㉙将战。大司马㉚固谏曰："天之弃商久矣，君将兴之，弗可赦也已。"弗听。冬十一月己巳朔，宋公及

---

①加：虚报。　②信：实情。　③小信未孚(fú)：(这只是)小信用，未能让神灵信服。孚，为人所信服。　④福：赐福，保佑。　⑤狱：案件。　⑥虽：即使。　⑦察：明察。　⑧情：(以)实情判断。　⑨忠之属也：(这是)尽了职分的事情。忠，尽力做好分内的事。　⑩可以一战：可凭借这个条件打仗。　⑪战则请从：(如果)作战，就请允许（我）跟随着去。　⑫公与之乘：鲁庄公和他共坐一辆战车。之，指曹刿。　⑬鼓：击鼓进军。古代作战，击鼓命令进军。下文的"三鼓"，就是三次击鼓命令军队出击。　⑭败绩：大败。　⑮驰：驱车（追赶）。　⑯辙(zhé)：车轮轧出的痕迹。　⑰登轼：登上车前的横木。轼，古代车子前边的横木。　⑱逐：追赶、追击。　⑲既克：战胜齐军后。既，已经。　⑳故：原因，缘故。　㉑夫(fú)战，勇气也：作战，要靠勇气。夫，发语词，议论或说明时，用在句子开头，没有实在意义。　㉒一鼓作气：第一次击鼓能够振作士气。作，振作。　㉓再：第二次。　㉔盈：充满。这里指士气正旺盛。　㉕测：推测，估计。　㉖伏：埋伏。　㉗靡(mí)：倒下。　㉘选自《左传·僖公二十二年》。子鱼，名目夷，宋襄公的庶兄。　㉙宋公：宋襄公，名兹父。前638年，宋伐郑，楚救郑，这年冬天宋、楚两军交战于泓。　㉚大司马：掌管军政、军赋的官职，这里指公孙固，字子鱼。

《左传》选读（下）

楚人战于泓①。宋人既成列②，楚人未既济③。司马④曰："彼众我寡，及其未既济也，请击之。"公曰："不可。"既济而未成列，又以告。公曰："未可。"既陈⑤而后击之，宋师败绩。公伤股，门官歼焉⑥。

国人皆咎公⑦。公曰："君子不重伤⑧，不禽二毛⑨。古之为军⑩也，不以阻隘⑪也。寡人虽亡国之余⑫，不鼓不成列。"

子鱼曰："君未知战。勍敌之人⑬，隘而不列⑭，天赞⑮我也。阻而鼓之⑯，不亦可乎⑰？犹有惧焉⑱！且今之勍者⑲，皆吾敌也。虽及胡耇⑳，获则取之㉑，何有于二毛㉒？明耻教战㉓，求杀敌也。伤未及死，如何勿重㉔？若爱㉕重伤，则如㉖勿伤；爱其二毛，则

---

①宋公及楚人战于泓：跟楚国人在泓水作战。宋公，即宋襄公，春秋时宋国国君，前650—前637年在位。及，同，跟。　②既成列：已经排成战斗的行列（摆开阵势）。　③未既济：还没有完全渡过（泓水）。济，渡河。　④司马：主管军事的官，这里指子鱼。　⑤陈（zhèn）：通"阵"，这里是动词，意为摆好了阵势。　⑥门官歼焉：守门的官被楚国军队歼灭。门官，给国君守门的禁卫军官（平时给国君守门，战时随从国君担任卫士）。歼，被杀尽。　⑦国人皆咎公：国都里的人都责怪襄公。咎，责怪。　⑧不重(chóng)伤：不再杀伤已经受伤的敌人。重，再。　⑨不禽二毛：不擒头发花白的老人。禽，通"擒"。俘虏。二毛，头发斑白的老人。　⑩为军：用兵打仗。　⑪不以阻隘：不靠险阻（取胜）。以，凭借。阻、隘，都有险的意思，两字全用表示险阻之地。　⑫亡国之余：亡国者的后代。宋是商朝的后代，商朝早以为周朝所灭，所以襄公这样说。这句话有自谦的意味。　⑬勍（qíng）敌之人：强敌的军队。勍，强。　⑭隘而不列：受阻于险要之地而未摆好阵势。　⑮赞：助。　⑯阻而鼓之：趁其受阻而进攻。　⑰不亦可乎：不也可以吗？"不亦……乎"是方言中常用的一种句式，表示反问。　⑱犹有惧焉：意思是害怕不能取胜呢。　⑲今之勍者：当前的强有力的人。　⑳虽及胡耇（gǒu）：即使年纪特别大的。及，达到。胡，老；耇，寿。胡耇，指很老的人。　㉑获则取之：擒获了就带回来。　㉒何有于二毛：意思是还管什么头发是不是斑白的老人？何有，有什么、管什么。　㉓明耻教战：说明什么是耻辱（败阵），激励士兵勇敢作战。　㉔如何勿重：为什么不可以再杀伤他们（那些受伤没死，继续作战的敌人）呢？　㉕爱：怜惜。　㉖则如：何如，不如。

如服①焉。三军以利用也②，金鼓以声气也③。利而用之，阻隘可也④；声盛致志⑤，鼓儳可也⑥。"

庆父不死，鲁难未已⑦

初，公筑台临党氏，见孟任，从之。閟⑧。而以夫人言，许之，割臂盟公，生子般焉。雩⑨，讲于梁氏，女公子观之。圉人荦自墙外与之戏⑩。子般怒，使鞭之。公曰："不如杀之，是不可鞭。荦有力焉，能投盖于稷门⑪。"

公疾，问后于叔牙。对曰："庆父材。"问于季友。对曰："臣以死奉般。"公曰："乡者牙曰庆父材。"成季使以君命僖叔，待于针巫氏，使针季鸩之。曰："饮此，则有后于鲁国；不然，死且无后。"饮之，归，及逵泉而卒，立叔孙氏。八月癸亥，公薨于路寝。子般即位，次于党氏。冬十月己未，共仲使圉人荦贼子般于党氏。成季奔陈。立闵公。

秋八月，公及齐侯盟于落姑⑫，请复季友也。齐侯许之，使召诸陈，公次于郎以待之。"季子来归"，嘉之也。

---

①服：对敌人屈服。服，服从、屈服。　②三军以利用也：军队应按照有利的时机而行动。这里的三军泛指军队。以，凭借，按照。用，施用，这里指作战。　③金鼓以声气也：金鼓是用来鼓舞士卒的气势的。古代作战，击鼓以进兵，鸣金（金属制成的响器）以退兵。　④利而用之，阻隘可也：意思是既然军队作战是根据有利的时机，那么敌人遇到险阻，我们是可以进击的。　⑤声盛致志：声气充沛盛大，增强士兵的战斗意志。致，招致、引起。　⑥鼓儳（chán）可也：攻击未成列的敌人是可以的。儳，不整齐，这里是说"未成列"。　⑦选自《左传·闵公元年》。　⑧閟（bì）：闭门也。庄公追至，孟氏闭门不纳。　⑨雩：一种求雨的祭祀活动。　⑩圉人：养马者。　⑪盖：借为"盍"，门扇也。　⑫落姑：齐地。

冬，齐仲孙湫来省难，书曰“仲孙”，亦嘉之也。

仲孙归，曰：“不去庆父，鲁难未已。”公曰：“若之何而去之？”对曰：“难不已，将自毙，君其待之。”公曰：“鲁可取乎？”对曰：“不可。犹秉周礼[①]。周礼，所以本也。臣闻之，国将亡，本必先颠，而后枝叶从之。鲁不弃周礼，未可动也。君其务宁鲁难而亲之，亲有礼，因重固[②]，间携贰[③]，覆昏乱，霸、王之器也。”

初，公傅夺卜齮田，公不禁。秋八月辛丑，共仲使卜齮贼公于武闱。成季以僖公适邾，共仲奔莒，乃入，立之。以赂求共仲于莒，莒人归之。及密，使公子鱼请。不许，哭而往。共仲曰：“奚斯之声也！”乃缢。

闵公，哀姜之娣叔姜之子也，故齐人立之。共仲通于哀姜，哀姜欲立之。闵公之死也，哀姜与知之，故孙于邾。齐人取而杀之于夷，以其尸归，僖公请而葬之。

宫之奇谏虞假道[④]

晋荀息请以屈产之乘与垂棘之璧假道于虞以伐虢。公曰：“是吾宝也。”对曰：“若得道于虞，犹外府也。”公曰：“宫之奇存焉。”对曰：“宫之奇之为人也，懦而不能强谏。且少长于君，君昵之[⑤]。虽谏，将不听。”乃使荀息假道于虞，曰：“冀为不道，入自颠軨，伐鄍三门。冀之既病，则亦唯君故。今虢为不道，保于

①秉周礼：遵行周礼。　②因重固：亲依厚重稳固之国。　③间携贰：分裂上下离心之国。　④选自《左传·僖公五年》。　⑤昵：亲近。

逆旅①，以侵敝邑之南鄙。敢请假道，以请罪于虢。"虞公许之，且请先伐虢。宫之奇谏。不听，遂起师。夏，晋里克、荀息帅师会虞师伐虢，灭下阳。

晋侯复假道于虞以伐虢。宫之奇谏曰："虢，虞之表也。虢亡，虞必从之。晋不可启，寇不可玩②。一之谓甚，其可再乎？谚所谓'辅车相依③，唇亡齿寒'者，其虞、虢之谓也。"公曰："晋，吾宗也，岂害我哉？"对曰："大伯、虞仲，大王之昭也。大伯不从，是以不嗣。虢仲、虢叔，王季之穆也；为文王卿士，勋在王室，藏于盟府。将虢是灭，何爱于虞？且虞能亲于桓、庄乎？其爱之也？桓、庄之族何罪，而以为戮，不唯偪乎④？亲以宠偪，犹尚害之，况以国乎？"公曰："吾享祀丰洁，神必据我⑤。"对曰："臣闻之：鬼神非人实亲，惟德是依。故《周书》曰：'皇天无亲，惟德是辅。'又曰：'黍稷非馨，明德惟馨。'又曰：'民不易物，唯德繄物⑥。'如是，则非德民不和、神不享矣。神所冯依，将在德矣。若晋取虞，而明德以荐馨香，神其吐之乎？"弗听，许晋使。宫之奇以其族行，曰："虞不腊矣⑦！在此行也，晋不更举矣。"

冬十二丙子朔，晋灭虢。虢公丑奔京师。师还，馆于虞。遂袭虞，灭之。执虞公及其大夫井伯，以媵秦穆姬。而修虞祀，且归其职贡于王⑧。

---

①逆旅：客舍。　②玩：忽视。　③辅：车轮的两条直木，以增强轮辐的载重支力。　④偪：同"逼"，逼迫。　⑤据：依，从。　⑥繄：才是。　⑦腊：岁终大祭之名。　⑧归：赠送。

第四单元

《战国策》选读（下）

阅读提示

  本单元共选了6篇文章，涉及当时五个国家的内政外交。其中劝谏为本单元的主要内容。

  邹忌、触龙和庄辛可算是讽谏大师，邹忌从妻、妾、宾客的一片赞誉中，体察出闻直言之不易，以此讽谏齐王应除蔽纳谏，广开言路，喜欢吹捧的人是听不到真话的。触龙直言"位尊而无功，奉厚而无劳"，何能立身而挟重器？真有振聋发聩之感。庄辛以生动的设喻，说明国君必须励精图治，才能振兴国家。若抗颜直谏，不但无效果，反有性命之忧，庄辛的高明之处，值得借鉴。

  其他如荆轲欲挽狂澜于既倒，铤而走险，行刺秦廷，可谓慷慨悲壮，惊心动魄，此种英雄豪气，令人钦佩之至。鲁仲连反对妥协投降的精神，值得肯定。

  总之，读此单元，古人之形象感人，古人之精神更为感人。

荆轲刺秦王[①]

  秦将王翦破赵，虏赵王[②]，尽收其地，进兵北略[③]地，至燕南

[①]选自《战国策·燕策三》。《战国策》是记西周、东周及秦、齐、楚、赵、魏、韩、燕、宋、卫、中山诸国历史的著作，主要记载战国时期谋臣策士纵横捭阖的斗争及有关的谋议或辞说。 [②]秦将王翦破赵，虏赵王：这是公元前228年的事。荆轲刺秦王是在第二年。 [③]略：掠夺，夺取。

界。

太子丹恐惧，乃请荆卿①曰："秦兵旦暮渡易水②，则虽欲长侍足下，岂可得哉？"荆卿曰："微太子言，臣愿得谒之③。今行而无信，则秦未可亲也④。夫今樊将军⑤，秦王购之金千斤，邑万家⑥。诚能得樊将军首，与燕督亢⑦之地图献秦王，秦王必说⑧见臣，臣乃得有以报太子。"太子曰："樊将军以穷困来归丹，丹不忍以己之私，而伤长者之意，愿足下更虑之⑨！"

荆轲知太子不忍，乃遂私见樊於期，曰："秦之遇将军，可谓深⑩矣。父母宗族，皆为戮没⑪。今闻购将军之首，金千斤，邑万家，将奈何？"樊将军仰天太息流涕曰："吾每念，常痛于骨髓，顾计不知所出耳⑫！"轲曰："今有一言，可以解燕国之患，而报将军之仇者，何如？"樊於期乃前曰："为之奈何？"荆轲曰："愿得将军之首以献秦，秦王必喜而善⑬见臣。臣左手把⑭其袖，而右手揕⑮其胸，然则将军之仇报，而燕国见陵之耻⑯除矣。将军岂有意乎？"樊於期偏袒扼腕而进⑰曰："此臣日夜切齿拊心⑱也，乃今得

---

①荆卿：燕人称荆轲为荆卿。卿，对人的敬称。　②旦暮渡易水：很快就要渡过易水。旦暮，早晚，极言时间短暂。易水，在今河北西部，发源于易县，在定兴县汇入南拒马河。　③微太子言，臣愿得谒之：即使太子不说，我也要请求行动。微，假如没有。谒，请。　④今行而无信，则秦未可亲也：现在去却没有什么凭信之物，那就无法接近秦王。　⑤樊将军：即下文的樊於（wū）期，秦国将领，因得罪秦王，逃到燕国。　⑥秦王购之金千斤，邑万家：秦王用一千斤金（当时以铜为金）和一万户人口的封地做赏格，购取他的头。购，重赏征求，重金收买。邑，封地。　⑦督亢：今河北涿州东南一带，是燕国土地肥沃的地方　⑧说：同"悦"，喜欢，高兴。　⑨更虑之：再想想别的办法。更，改变。　⑩深：这里是刻毒的意思。　⑪戮没：杀戮和没收。重要的杀，其他的没收入官为奴婢。　⑫顾计小知所出耳：只是想不出什么办法罢了。顾，表轻微的转折，不过、只是。　⑬善：副词，好好地。　⑭把：握，抓住。　⑮揕（zhèn）：刺。　⑯见陵之耻：被欺侮的耻辱。见，被。陵，侵犯、欺侮。　⑰偏袒扼腕而进：脱下一只衣袖，握住手腕，进一步。这里形容激动愤怒的样子。偏袒，袒露一只臂膀。　⑱拊（fǔ）心：拊胸，这里形容非常痛心。

闻教！"遂自刎。

太子闻之，驰往，伏尸而哭，极哀。既已，无可奈何，乃遂收盛①樊於期之首，函封之②。

于是太子预求天下之利匕首，得赵人徐夫人③之匕首，取之百金，使工以药淬之④。以试人，血濡缕⑤，人无不立死者。乃为装遣荆轲。

燕国有勇士秦武阳，年十二，杀人，人不敢与忤视⑥。乃令秦武阳为副⑦。

荆轲有所待，欲与俱⑧，其人居远未来，而为留待。

顷之未发，太子迟之⑨，疑其有改悔，乃复请之曰："日以尽矣，荆卿岂无意哉？丹请先遣秦武阳！"荆轲怒，叱太子曰："今日往而不反者，竖子也⑩！今提一匕首入不测⑪之强秦，仆所以留者，待吾客与俱。今太子迟之，请辞决矣⑫！"遂发。

太子及宾客知其事者，皆白衣冠以送之。至易水上，既祖，取道⑬。高渐离⑭击筑，荆轲和而歌，为变徵之声⑮，士皆垂泪涕泣。又前而为歌曰："风萧萧兮易水寒，壮士一去兮不复还！"复

---

①盛：念chéng。　②函封之：用匣子装起来。函，匣子。之，代樊於期的头。　③徐夫人：姓徐，名夫人。　④以药淬（cuì）之：把毒药在淬火时浸入匕首上。淬，把烧红了的铁器浸入水或其他液体中，急速冷却，使之硬化。　⑤濡（rú）缕：沾湿衣缕。濡，浸渍、沾湿。　⑥忤（wǔ）视：正眼看。忤，逆。意思是迎着目光看。　⑦为副：做助手。　⑧荆轲有所待，欲与俱：荆轲等待另一个人，想同（他）一起去。　⑨迟之：嫌荆轲动身晚了。迟，作动词。　⑩往而不反者，竖子也：去了而不能好好回来复命的，那是没用的人。反，同"返"。竖子，对人的蔑称。　⑪不测：难以预料，不可知。　⑫请辞决矣：我就辞别了。请，表示客气，无义。　⑬既祖，取道：祭过路神，就要上路。祖，临行祭路神，引申为饯行送别。　⑭高渐离：荆轲的朋友。秦始皇统一中国后，高渐离因为擅长击筑（竹制的乐器），秦始皇叫他在左右侍奉。一天，高渐离得着机会，用筑去打秦始皇，要为燕国报仇，没打中，被杀。　⑮为变徵（zhǐ）之声：发出变徵的声音。古时音乐分宫、商、角、徵、羽、变宫、变徵七音，变徵是徵音的变调，声调悲凉。

为慷慨羽声①,士皆瞋目②,发尽上指冠。于是荆轲遂就车而去,终已不顾③。

既至秦,持千金之资币物④,厚遗秦王宠臣中庶子蒙嘉⑤。

嘉为先言于秦王曰:"燕王诚振怖⑥大王之威,不敢兴兵以拒大王,愿举国为内臣,比⑦诸侯之列,给贡职如郡县⑧,而得奉守先王之宗庙⑨。恐惧不敢自陈,谨斩樊於期头,及献燕之督亢之地图,函封,燕王拜送于庭,使使⑩以闻大王。唯大王命之⑪。"

秦王闻之,大喜。乃朝服,设九宾,见燕使者咸阳宫。

荆轲奉⑫樊於期头函,而秦武阳奉地图匣,以次进⑬。至陛⑭下,秦武阳色变振恐,群臣怪之,荆轲顾笑武阳⑮,前为谢曰:"北蛮夷之鄙人,未尝见天子,故振慴,愿大王少假借之⑯,使毕使于前⑰。"秦王谓轲曰:"起,取武阳所持图!"

轲既取图奉之,发⑱图,图穷而匕首见。因左手把秦王之袖,而右手持匕首揕之。未至身,秦王惊,自引而起,绝袖⑲。拔剑,剑长,操其室⑳。时恐急,剑坚㉑,故不可立拔。

---

①慷慨羽声:声调激愤的羽声。 ②瞋(chēn)目:形容发怒时瞪大眼睛的样子。 ③终已不顾:始终不曾回头。形容意志坚决。 ④持千金之资币物:拿着价值千金的礼物。币,礼品。 ⑤厚遗(wèi)秦王宠臣中庶子蒙嘉:优厚地赠送给秦王的宠臣中庶子蒙嘉。中庶子,管理国君的车马之类的官。 ⑥振怖:惧怕。振,通"震"。 ⑦比:并,齐。 ⑧给贡职如郡县:像秦国的郡县那样贡纳赋税。给,供。 ⑨奉守先王之宗庙:守住祖先的宗庙。意思是保存祖先留下的国土。 ⑩使使:派遣使者。前一"使"是动词,后一"使"是名词。 ⑪唯大王命之:意思是,一切听大王的吩咐。唯,"希望"的意思。 ⑫奉:两手捧着。 ⑬以次进:按先后顺序进来。 ⑭陛(bì):殿前的台阶。 ⑮顾笑武阳:回头冲武阳笑。顾,回头看。 ⑯少假借之:稍微原谅他些。假借,宽容,原谅。 ⑰使毕使于前:让他在大王面前完成使命。 ⑱发:打开。 ⑲自引而起,绝袖:自己挣着站起来,袖子断了。引,伸、挣。 ⑳操其室:握住剑鞘。室,指剑鞘。 ㉑剑坚:剑插得紧。

荆轲逐秦王，秦王还①柱而走。群臣惊愕，卒起不意，尽失其度②。而秦法，群臣侍殿上者，不得持尺兵③；诸郎中④执兵，皆陈殿下，非有诏不得上。方急时，不及召下兵，以故荆轲逐秦王，而卒惶急无以击轲，而乃以手共搏之。

是时，侍医夏无且以其所奉药囊提⑤轲。秦王方还柱走，卒惶急不知所为。左右乃曰："王负剑⑥！王负剑！"遂拔以击荆轲，断其左股。荆轲废⑦，乃引⑧其匕首提秦王，不中，中柱。秦王复击轲，被八创⑨。

轲自知事不就，倚柱而笑，箕踞⑩以骂曰："事所以不成者，乃欲以生劫⑪之，必得约契以报太子也。"

左右既前，斩荆轲。秦王目眩良久。

邹忌讽齐王纳谏⑫

邹忌修⑬八尺⑭有余，而形貌昳丽⑮。朝服衣冠⑯，窥镜⑰，谓其妻曰："我孰与城北徐公美⑱？"其妻曰："君美甚，徐公何能

---

①还：通"环"，绕。　②卒(cù)起不意，尽失其度：事情突然发生，没意料到，大家都失去常态。卒，同"猝"。　③尺兵：指尺寸之兵器。　④郎中：宫廷的侍卫。　⑤提(dǐ)：掷击。　⑥负剑：推剑于背。　⑦废：残废，伤残倒地。　⑧引：举起。　⑨被八创：(荆轲)受了八处剑伤。被，受。创，伤。　⑩箕踞：两脚张开，两膝微曲地坐着，形状像簸箕。这是一种轻慢傲视对方的姿态。　⑪劫：强取、威逼（其订立盟约）。　⑫选自《战国策·齐策》。邹忌，齐国人，善鼓琴，后封成侯。讽，用含蓄的话暗示或劝告。齐王，指齐威王，姓田氏，名婴齐，又作因齐。在位期间，改革政治，使齐国国力逐渐增强。　⑬修：长，这里指身高。　⑭尺：战国时一尺约合现在的23.1厘米。　⑮昳(yì)丽：光艳美丽。　⑯朝(zhāo)服衣冠：早晨穿戴好衣帽。朝，早晨。服，穿戴。　⑰窥镜：照镜子。　⑱我孰与城北徐公美：我与城北徐公谁漂亮？

及①君也!"城北徐公,齐国之美丽者也。忌不自信,而复问其妾曰:"吾孰与徐公美?"妾曰:"徐公何能及君也!"旦日②,客从外来,与坐谈,问之客曰:"吾与徐公孰美?"客曰:"徐公不若③君之美也。"明日,徐公来,孰视④之,自以为不如;窥镜而自视,又弗如远甚。暮寝而思之,曰:"吾妻之美我⑤者,私⑥我也;妾之美我者,畏我也;客之美我者,欲有求于我也。"

于是入朝⑦见威王,曰:"臣诚⑧知不如徐公美。臣之妻私臣,臣之妾畏臣,臣之客欲有求于臣,皆以⑨美于徐公。今齐地方千里⑩,百二十城,宫妇左右莫不私王,朝廷之臣莫不畏王,四境之内⑪莫不有求于王。由此观之,王之蔽⑫甚⑬矣!"

王曰:"善。"乃下令:"群臣吏民,能面刺⑭寡人之过者,受上赏;上书谏寡人者,受中赏;能谤讥于市朝⑮,闻寡人之耳者,受下赏。"令初下,群臣进谏,门庭若市⑯;数月之后,时时而间进⑰;期年⑱之后,虽欲言,无可进者。

燕、赵、韩、魏闻之,皆朝于齐⑲。此所谓战胜于朝廷⑳。

---

①及:比得上。 ②旦日:第二天。 ③若:如。 ④孰视:仔细端详。孰,同"熟",仔细。 ⑤美我:认为我美。 ⑥私:偏爱。 ⑦朝(cháo):朝廷。 ⑧诚:确实,的确。 ⑨以:以为,认为。 ⑩齐地方千里:齐国的土地纵横各千里。 ⑪四境之内:指整个齐国的范围之内。四境,四方疆界。 ⑫蔽:蒙蔽。 ⑬甚:厉害,严重。 ⑭面刺:当面指责。 ⑮谤讥于市朝:在公共场所批评议论(君王的过失)。市朝,本指市场和朝廷,这里指公共场所。 ⑯门庭若市:门前和院子里像集市一样。形容进谏的人多。 ⑰时时而间(jiàn)进:隔一段时间偶有进谏。间,间或,断断续续地。 ⑱期年:满一年。 ⑲朝(cháo)于齐:到齐国朝见(齐王)。朝,朝见。 ⑳战胜于朝廷:在朝廷上战胜别国。意思是内政修明,不必用兵就能使别的国家畏服。

触龙说赵太后①

赵太后新用事②,秦急攻之。赵氏求救于齐,齐曰:"必以长安君为质③,兵乃④出。"太后不肯,大臣强谏⑤。太后明谓左右⑥:"有复言令长安君为质者⑦,老妇⑧必唾其面!"

左师⑨触龙言愿见太后。太后盛气而揖之⑩。入而徐趋⑪,至而自谢⑫曰:"老臣病足,曾不能疾走⑬,不得见久矣,窃自恕⑭,而恐太后玉体⑮之有所郄⑯也,故愿望见太后。"太后曰:"老妇恃辇⑰而行。"曰:"日食饮得无衰乎⑱?"曰:"恃粥耳。"曰:"老臣今者⑲殊⑳不欲食,乃自强步㉑,日三四里,少益耆食㉒,和㉓于身也。"太后曰:"老妇不能。"太后之色少解㉔。

---

①选自《战国策·赵策》。触龙,人名。说(shuì),劝说,说服。赵太后,赵惠文王的妻子赵威后。赵惠文王死后,子孝成王被立为国君,因年少,由威后执政。 ②新用事:刚执政。 ③以长安君为质:把长安君作为人质。长安君,赵太后最小的儿子的封号。质,人质。 ④乃:才。 ⑤强(qiǎng)谏:竭力劝说。 ⑥明谓左右:明确地对大臣说。谓,告诉,对……说。左右,指代身边的大臣。 ⑦有复言……者:有再说……的人。复,再。 ⑧老妇:赵太后自称。 ⑨左师:官名。 ⑩盛(shèng)气而揖之:气冲冲地等着他。盛气,怒气很盛。揖,当作"胥",等待。 ⑪徐趋:徐步,徐行。意思是一步一步向前慢走。徐,慢。趋,向前行走。 ⑫谢:道歉。 ⑬老臣病足,曾(zēng)不能疾走:我脚有毛病,不能快跑。病足,脚有毛病。曾不能,连……都不能。疾,快。走,跑。 ⑭窃自恕:私下原谅自己。窃,私意,表示谦虚。 ⑮玉体:贵体。表示尊重对方。 ⑯郄(xì):病痛。 ⑰恃(shì)辇(niǎn):依靠车子。恃,依靠,依赖。辇,人拉的车子,秦汉以后专指皇帝乘坐的车子。 ⑱日食饮得无衰乎:每天的饮食该不会减少吧?得无,该不会,表示揣测的疑问词。衰,减少。 ⑲今者:近来。 ⑳殊:很。 ㉑乃自强步:自己只勉强走走。步,慢走。 ㉒少益耆食:稍微渐渐喜欢吃东西。少,稍微。益,渐渐。耆,通"嗜",喜爱。 ㉓和:舒适。 ㉔色少解:怒色稍微消解了一些。

第四单元

左师公①曰:"老臣贱息②舒祺,最少,不肖③,而臣衰,窃爱怜之④,愿令得补黑衣之数⑤,以卫王宫。没死以闻⑥!"太后曰:"敬诺。年几何矣?"对曰:"十五岁矣。虽少,愿及未填沟壑而托之⑦。"太后曰:"丈夫⑧亦爱怜其少子乎?"对曰:"甚于妇人。"太后笑曰:"妇人异甚⑨!"对曰:"老臣窃以为媪⑩之爱燕后⑪,贤⑫于长安君。"曰:"君过矣,不若长安君之甚。"左师公曰:"父母之爱子,则为之计深远⑬。媪之送燕后也,持其踵为之泣⑭,念悲其远也⑮,亦哀之矣。已行,非弗思也,祭祀必祝⑯之,祝曰:'必勿使反。'⑰岂非计久长有子孙相继为王也哉?"太后曰:"然。"

左师公曰:"今三世⑱以前,至于赵之为赵⑲,赵王之子孙侯者,其继⑳有在者乎?"曰:"无有。"曰:"微独㉑赵,诸侯有在者乎㉒?"曰:"老妇不闻也。""此其近者祸及身,远者及其子孙,岂人主之子孙则必不善哉?位尊而无功,奉㉓厚而无劳㉔,而挟重

---

①左师公:指触龙。公,这里是敬称。　②贱息:对自己儿子的谦称。息,子。　③不肖:不贤,不成材。肖,贤。　④窃爱怜之:私意宠爱他。之,指代舒祺。　⑤愿令得补黑衣之数:希望让他能补充卒士的数目。即希望让他当一名卫士。黑衣,当时王宫的卫士都穿黑衣,所以用黑衣指代卫士。　⑥没(mò)死以闻:冒着死罪把这话告诉您。没死,冒着死罪。闻,使闻,即禀告。　⑦愿及未填沟壑(hè)而托之:希望趁我还没死的时候把他托付了。及,趁。填沟壑,指死后没人埋葬,尸体扔在山沟里。这里是谦称自己的死。之,指代舒祺。　⑧丈夫:男子。　⑨异甚:特别厉害。　⑩媪(ǎo):对年老妇人的尊称。　⑪燕后:赵太后的女儿,嫁到燕国为王后,所以称为燕后。　⑫贤:胜过,超过。　⑬计深远:作长远打算。　⑭持其踵为之泣:握着她的脚后跟为她哭泣。持,握。踵,脚后跟。　⑮念悲其远也:为她远嫁而伤心。　⑯祝:祈祷。　⑰必勿使反:一定不要让她回来。古代诸侯之女出嫁别国,只有遭到休弃或所嫁之国灭亡时,才能回娘家。反,同"返"。　⑱三世:三代。父子相继为一世。　⑲赵之为赵:赵氏由晋国的一个大夫之家被封为国君。　⑳继:继承人,后嗣。　㉑微独:不仅,不但。　㉒诸侯有在者乎:即诸侯(之子孙侯者,其继)有在者乎?承前省略。　㉓奉:俸禄。　㉔劳:功劳。

器①多也。今媪尊长安君之位②,而封之以膏腴之地③,多予之重器,而不及今令有功于国,一旦山陵崩④,长安君何以自托于赵⑤?老臣以媪为长安君计短也,故以为其爱不若燕后。"太后曰:"诺。恣君之所使之⑥。"

于是为长安君约车百乘⑦,质于齐。齐兵乃出。

唐雎不辱使命⑧

秦王⑨使⑩人谓安陵君⑪曰:"寡人欲以五百里之地易⑫安陵,安陵君其⑬许寡人!"安陵君曰:"大王加惠⑭,以大易小,甚善;虽然⑮,受地于先王,愿终守之,弗⑯敢易!"秦王不悦。安陵君因使唐雎使于秦。

秦王谓唐雎曰:"寡人以五百里之地易安陵,安陵君不听寡人,何也?且秦灭韩亡魏⑰,而君以五十里之地存者,以君为长

---

①挟重器:拥有珍贵的器物。 ②尊……之位:使……的地位尊贵。 ③膏腴之地:肥沃的土地。膏,脂肪。腴,腹下肥肉。 ④山陵崩:古代用来比喻国王或王后的死,是一种委婉的说法。 ⑤自托于赵:使自己在赵国立身。托,寄托。 ⑥恣君之所使之:任凭您派遣他。恣,恣意,任凭。使之,派遣他。之,指代长安君。 ⑦约车百乘(shèng):置办一百辆车子。约,置办,配备。 ⑧选自《战国策·魏策四》。唐雎(jū),也作唐且,人名。不辱使命,意思是完成了出使的任务。辱,辱没、辜负。 ⑨秦王:即秦始皇帝。 ⑩使:派遣。 ⑪安陵君:安陵国的国君。安陵是当时的一个小国,在现在河南鄢(yān)陵西北,原是魏国的附属国。战国时魏襄王封其弟为安陵君。 ⑫易:交换。 ⑬其:句中用来加重语气的助词。 ⑭加惠:给予恩惠。 ⑮虽然:虽然这样。虽,虽然。然,这样。 ⑯弗:不。 ⑰秦灭韩亡魏:秦灭韩国在始皇十七年(前230),灭魏国在始皇二十二年(前225)。

第四单元

者，故不错意也①。今吾以十倍之地，请广于君②，而君逆③寡人者，轻寡人与④？"唐雎对曰："否，非若是也⑤。安陵君受地于先王而守之，虽千里不敢易也，岂直⑥五百里哉？"

秦王怫然⑦怒，谓唐雎曰："公⑧亦尝闻天子之怒乎？"唐雎对曰："臣未尝闻也。"秦王曰："天子之怒，伏尸百万，流血千里。"唐雎曰："大王尝闻布衣⑨之怒乎？"秦王曰："布衣之怒，亦免冠徒跣，以头抢地耳⑩。"唐雎曰："此庸夫⑪之怒也，非士⑫之怒也。夫专诸之刺王僚也，彗星袭月⑬；聂政之刺韩傀也，白虹贯日⑭；要离之刺庆忌也，仓鹰击于殿上⑮。此三子者，皆布衣之士也，怀怒未发，休祲降于天⑯，与臣而将四矣⑰。若⑱士必⑲怒⑳，伏尸二人，流血五步，天下缟素㉑，今日是㉒也。"挺剑而起。

---

①以君为长者，故不错意也：把安陵君看做忠厚长者，所以不打他的主意。错意，置意。错，通"措"，安放，安置。　②请广于君：意思是让安陵君扩大领土。广，扩充。　③逆：违背。　④与：语气助词。　⑤非若是也：不是这样的。非，不是。是，代词，指秦王说的情况。　⑥直：只，仅仅。　⑦怫（fú）然：盛怒的样子。　⑧公：相当于"先生"，古代对人的客气称呼。　⑨布衣：平民。古代没有官职的人都穿布衣服，所以称布衣。　⑩亦免冠徒跣（xiǎn），以头抢（qiāng）地耳：也不过是摘掉帽子，光着脚，用头撞地罢了。抢，撞。徒：光着。跣，赤足。　⑪庸夫：平庸无能的人。　⑫士：这里指有才能有胆识的人。　⑬专诸之刺王僚也，彗星袭月：专诸刺杀吴王僚（的时候），彗星的尾巴扫过月亮。专诸，春秋时吴国人。公子光想杀王僚自立，就使专诸把匕首藏在鱼肚子里，借献鱼为名，刺杀了王僚。"彗星袭月"和下文的"白虹贯日"、"苍鹰击于殿上"都是自然现象，本文把这些现象同人事联系起来，是古代迷信的说法。　⑭聂政之刺韩傀（guī）也，白虹贯日：聂政刺杀韩傀（的时候），一道白光直冲上太阳。聂政，战国时韩国人。韩傀是韩国的相国。韩国的大夫严仲子同韩傀有仇，就请聂政去把韩傀刺杀了。　⑮要离之刺庆忌也，仓鹰击于殿上：要离刺杀庆忌（的时候），苍鹰扑到宫殿上。庆忌是吴王僚的儿子。公子光杀死王僚以后，庆忌逃到卫国，公子光派要离去把他杀了。仓，通"苍"。　⑯怀怒未发，休祲（jìn）降于天：心里的愤怒还没有发作出来，上天就降示了征兆。休祲，吉凶的征兆。休，吉祥。祲，不祥。　⑰与臣而将（jiāng）四矣：（专诸、聂政、要离）加上我，将成为四个人了。这是唐雎暗示秦王，他将效法专诸、聂政、要离三人，刺杀秦王。　⑱若：如果。　⑲必：将要。　⑳怒：发怒，动词。　㉑缟（gǎo）素：白色的丝织品，这里指穿丧服。　㉒是：这样，代词。

秦王色挠①，长跪而谢之②曰："先生坐！何至于此！寡人谕③矣：夫韩、魏灭亡，而安陵以五十里之地存者，徒以有先生也。"

鲁仲连义不帝秦④

秦围赵之邯郸⑤。魏安釐王使将军晋鄙⑥救赵，畏秦，止于荡阴⑦，不进。魏王使客将军⑧辛垣衍间入⑨邯郸，因平原君⑩谓赵王曰："秦所以急围赵者，前与齐闵王争强为帝⑪，已而复归帝，以齐故。今齐闵王已益弱，方今唯秦雄天下，此非必贪邯郸，其意欲求为帝。赵诚发使尊秦昭王⑫为帝，秦必喜，罢兵去。"平原君犹豫未有所决。

此时，鲁仲连适游赵，会秦围赵，闻魏将欲令赵尊秦为帝，乃见平原君曰："事将奈何矣？"平原君曰："胜⑬也何敢言事！百万之众折于外⑭，今又内⑮围邯郸而不能去。魏王使客将军辛垣衍令赵帝秦，今其人在是，胜也何敢言事！"鲁连曰："始吾以君为天下之贤公子也，吾乃今然后知君非天下之贤公子也。梁客辛垣衍安在？吾请为君责而归之。"平原君曰："胜请召而见之于先

---

①秦王色挠：秦王变了脸色。挠，屈服。　②长跪而谢之：直身而跪，向唐雎道歉。古人席地而坐，坐时两膝着地，臀部靠在脚跟上。跪时上身挺直，表示庄重。谢，道歉。　③谕：明白，懂得。　④选自《战国策·赵策》。　⑤邯郸：赵国都城，今河北邯郸市。　⑥晋鄙：魏国大将。　⑦荡阴：地名，今河南汤阴。　⑧客将军：原籍不在某国而任该国将军。　⑨间入：潜入。　⑩因：通过。平原君：赵国公子赵胜，封平原君，时为赵相。　⑪前与齐闵王争强为帝：前288年，秦昭王称西帝，齐闵王称东帝。　⑫秦昭王：秦国国君。曾多次打败敌国，奠定了秦统一六国的基础。　⑬胜：平原君赵胜自称名。　⑭百万之众折于外：前260年，秦将白起在长平大破赵兵。　⑮内：指深入国境。

生。"

平原君遂见辛垣衍曰:"东国有鲁连先生,其人在此,胜请为绍介而见之于将军。"辛垣衍曰:"吾闻鲁连先生,齐国之高士也。衍,人臣也,使事有职,吾不愿见鲁连先生也。"平原君曰:"胜已泄之矣。"辛垣衍许诺。

鲁连见辛垣衍而无言。辛垣衍曰:"吾视居此围城之中者,皆有求于平原君者也。今吾视先生之玉貌,非有求于平原君者,曷①为久居此围城之中而不去也?"鲁连曰:"世以鲍焦无从容②而死者,皆非也。今众人不知,则为一身。彼秦者,弃礼义而上③首功④之国也,权使其士,虏使其民。彼则肆然而为帝,过⑤而遂正于天下⑥,则连有赴东海而死矣,吾不忍为之民也。所为见将军者,欲以助赵也。"

辛垣衍曰:"先生助之奈何?"

鲁连曰:"吾将使梁⑦及燕助之,齐、楚则固助之矣。"

辛垣衍曰:"燕则吾请以从矣。若乃⑧梁,则吾乃梁人也,先生恶⑨能使梁助之耶?"

鲁连曰:"梁未睹秦称帝之害故也。使梁睹秦称帝之害,则必助赵矣。"

辛垣衍曰:"秦称帝之害将奈何?"

鲁仲连曰:"昔齐威王⑩尝为仁义矣,率天下诸侯而朝周。周贫且微,诸侯莫朝,而齐独朝之。居岁余,周烈王崩,诸侯皆吊,

---

①曷:什么。　②鲍焦:春秋时隐士,因对现实不满,抱树而死。无从容:心胸不开阔。　③上:同"尚",崇尚。　④首功:按照斩敌人首级多少来论功。
⑤过:甚至。　⑥正:通"政",统治。　⑦梁:梁国,即魏国。　⑧若乃:至于。
⑨恶:怎么。　⑩齐威王:齐国国君,姓田氏,名婴齐。

齐后往。周怒，赴①于齐曰：'天崩地坼②，天子下席③，东藩之臣田婴齐后至则斮之④。'威王勃然怒曰：'叱嗟⑤！而⑥母，婢也！'卒为天下笑。故生则朝周，死则叱之，诚不忍其求⑦也。彼天子固然，其无足怪。"

辛垣衍曰："先生独未见夫仆乎？十人而从一人者，宁⑧力不胜，智不若耶？畏之也！"

鲁仲连曰："然梁之比于秦，若仆耶？"

辛垣衍曰："然。"

鲁仲连曰："然则吾将使秦王烹醢⑨梁王。"

辛垣衍怏然不悦，曰："嘻，亦太甚矣，先生之言也！先生又恶能使秦王烹醢梁王？"

鲁仲连曰："固也⑩。待吾言之。昔者，鬼侯、鄂侯、文王，纣之三公也。鬼侯有子⑪而好⑫，故入之于纣，纣以为恶，醢鬼侯；鄂侯争之急，辨之疾，故脯⑬鄂侯；文王闻之，喟然而叹，故拘之于牖里⑭之库⑮，百日而欲令之死。曷为与人俱称帝王，卒就脯醢之地也？齐闵王将之鲁，夷维子执策⑯而从，谓鲁人曰：'子将何以待吾君？'鲁人曰：'吾将以十太牢待子之君。'夷维子曰：'子安取礼而来待吾君？彼吾君者天子也。天子巡狩，诸侯辟舍⑰，纳于管键，摄衽抱几⑱，视膳于堂下，天子已食，退而听朝也。'

---

①赴：同"讣"，报丧。　②天崩地坼：比喻天子死。坼：裂。　③下席：新君走下坐席，寝于草席上守丧，以示哀悼。　④东藩：指齐国。斮：斩。　⑤叱嗟：怒斥声。　⑥而：同"尔"，你的。　⑦不忍其求：不能忍受他（周王）的苛求。　⑧宁：难道。　⑨烹：煮杀。醢：剁成肉酱。　⑩固也：当然啰。　⑪子：女儿。　⑫好：貌美。　⑬脯：把人杀死做成肉干。　⑭牖里：地名，今河南汤阴县北。　⑮库：监狱。　⑯策：马鞭。　⑰巡狩：天子出巡。辟舍：宫室让给天子。　⑱纳于管键：把钥匙交出来。管键：钥匙。衽：衣襟。几：座旁的小桌子。

鲁人投其钥,不果纳,不得入于鲁。将之薛,假涂于邹①。当是时,邹君死,闵王欲入吊。夷维子谓邹之孤曰:'天子吊,主人必将倍殡柩②,设北面于南方,然后天子南面吊也。'邹之群臣曰:'必若此,吾将伏剑而死。'故不敢入于邹。邹、鲁之臣,生则不得事养,死则不得饭含③,然且欲行天子之礼于邹、鲁之臣,不果纳④。今秦万乘之国,梁亦万乘之国,俱据万乘之国,交有称王之名。睹其一战而胜,欲从而帝之,是使三晋⑤之大臣,不如邹、鲁之仆妾也!

且秦无已⑥而帝,则且变易⑦诸侯之大臣。彼将夺其所谓不肖⑧,而予其所谓贤,夺其所憎,而与其所爱。彼又将使其子女谗妾⑨为诸侯妃姬,处梁之宫,梁王安得晏然⑩而已乎?而将军又何以得故宠乎?"

于是,辛垣衍起,再拜,谢曰:"始以先生为庸人,吾乃今日而知先生为天下之士也。吾请去,不敢复言帝秦。"

秦将闻之,为却⑪军五十里。适会魏公子无忌夺晋鄙军⑫以救赵击秦,秦军引⑬而去。

于是平原君欲封鲁仲连。鲁仲连辞让者三,终不肯受。平原君乃置酒,酒酣,起前,以千金为鲁连寿⑭,鲁连笑曰:"所贵于

---

①涂:同"途"。邹:战国时小国,今山东邹县。　②主人必将倍殡柩:古代丧礼,主人在东,灵柩在西,正面对着灵柩。天子来吊,主人就要背着灵柩。倍,同"背"。　③饭含:人死后,把饭放死人口中称"饭",把珠玉放死人口中称"含"。　④这句话的意思说:即使邹、鲁这样贫弱的小国,齐闵王企图对其臣下行天子之礼,尚且不被接受。　⑤三晋:晋国原是春秋强国,后被韩、赵、魏三家瓜分,后因称韩、赵、魏为三晋。　⑥无已:没有人阻止。　⑦变易:更换。　⑧夺其所谓不肖:夺去他所认为不好的人(的官爵)。不肖,不好的人。　⑨谗妾:嫉贤妒能的妇人。　⑩晏然:太太平平地。　⑪却:撤退。　⑫适会公子无忌夺晋鄙军:魏公子无忌为救赵国,托魏王爱姬盗得兵符,又假传王命,杀晋鄙夺兵权。　⑬引:撤退。　⑭为鲁连寿:祝鲁仲连长寿。

天下之士者，为人排患、释难、解纷乱而无所取也。即有所取者，是商贾①之人也，仲连不忍为也。"遂辞平原君而去，终身不复见。

庄辛说楚襄王②

庄辛谓楚襄王曰："君王左州侯，右夏侯③，辇从④鄢陵君与寿陵君，专⑤淫逸⑥侈靡⑦，不顾国政，郢都⑧必危矣！"襄王曰："先生老悖⑨乎？将⑩以为楚国祅祥⑪乎？"庄辛曰："臣诚⑫见其必然者也，非敢以为⑬国祅祥也。君王卒⑭幸⑮四子者不衰⑯，楚国必亡矣！臣请辟⑰于赵，淹留⑱以观之。"

庄辛去之⑲赵，留五月，秦果举⑳鄢、郢、巫上蔡、陈之地。襄王流揜㉑于城阳㉒。于是使人发驺㉓征㉔庄辛于赵。庄辛曰："诺。"

庄辛至。襄王曰："寡人不能用先生之言，今事至于此，为之㉕

---

①商贾（gǔ）：泛指商人。贾，坐商。　②庄辛：楚庄王之后，因以庄为氏。说（shuì）：劝说。楚襄王：楚顷襄王，名横。楚怀王之子。　③州侯、夏侯、鄢陵君、寿陵君：都是襄王宠臣。　④辇（niǎn）从（cóng）：车后跟随。　⑤专：一味地，专门地。　⑥淫逸：行为放荡。淫：雨水过多，这里指越过常度。逸：放纵。　⑦侈靡：奢侈浪费。侈：奢侈。靡：浪费。　⑧郢都：楚国都城，在今湖北江陵县北。　⑨老悖（bèi）：年老而糊涂。　⑩将：还是。选择连词。《庄子·至乐》："将子有亡国之事，斧钺之诛而为此乎？将子有不善之行，愧遗父母妻子之丑而为此乎？"　⑪祅祥：不祥的预兆。祅，同"妖"。祥：吉凶的预兆。　⑫诚：确实，的确。　⑬以为：以我为，认为我是。　⑭卒：最终。　⑮幸：宠幸。　⑯衰：减。今有"衰减"一词。　⑰辟：避。　⑱淹留：停留。淹亦停留义。《楚辞·离骚》："日月忽其不淹兮，春与秋其代序。"唐孟浩然诗《赠王九》："日暮田家远，山中勿久淹。"　⑲去之：离开楚国前往赵国。　⑳举：攻下。　㉑流揜（yǎn）：流亡困迫。《礼记·表记》："君子慎比辟祸，笃以不揜，恭以远耻。"郑玄注："揜，犹困迫也。"　㉒城阳：河南息县西北。　㉓发驺（zōu）：派遣骑士。　㉔征：征召。　㉕为之：对这件事。

奈何[1]？”庄辛对曰：“臣闻鄙语[2]曰：‘见兔而顾[3]犬，未为晚也；亡[4]羊而补牢[5]，未为迟也。’臣闻昔汤武[6]以百里昌[7]，桀纣[8]以天下亡[9]。今楚国虽小，绝长续短[10]，犹以[11]数千里，岂特[12]百里哉？

王独[13]不见夫蜻蛉[14]乎？六足四翼，飞翔[15]乎天地之间，俛[16]啄蚊虻而食之，仰承[17]甘露[18]而饮之。自以为无患[19]，与人无争也；不知夫五尺童子，方将[20]调饴胶丝[21]，加己[22]乎四仞[23]之上，而下为蝼蚁[24]食也。

夫蜻蛉其小者[25]也，黄雀因是以[26]。俯噣[27]白粒[28]，仰栖[29]茂树，鼓[30]翅奋[31]翼。自以为无患，与人无争也；不知夫公子[32]王孙[33]，左挟弹[34]，右摄丸[35]，将加己乎十仞之上，以其类[36]为招[37]。昼游乎茂树，夕调乎酸醎[38]。倏忽之间，坠于公子之手。

夫黄雀其小者也，黄鹄[39]因是以。游于江海，淹[40]乎大沼[41]，

---

①奈何：怎么办。　②鄙语：俗语。汉桓宽《盐铁论·备胡》：“鄙语曰：‘贤者容不辱。’”　③顾：回头看。　④亡：丢失。　⑤牢：羊圈。　⑥汤武：商的开国之君和周的开国之君。　⑦以百里昌：凭借百里之地昌盛发达。　⑧桀纣：夏代最后的国君和商代最后的国君。　⑨以天下亡：拥有整个天下却灭亡。　⑩绝长续短：截长补短。　⑪以：凭借。　⑫特：只、仅、但。　⑬独：难道。《礼记·乐记》：“且汝独未闻牧野之语乎？”《左传·襄公二十六年》：“夫独无族姻乎？”《后汉书·孔融传》：“兄虽在外，吾独不能为君主邪？”　⑭蜻蛉（líng）：蜻蜓。　⑮翔：盘旋地飞。　⑯俛：即俯。　⑰承：接。　⑱甘露：甜美的露水。　⑲无患：无忧患。　⑳方将：正要。　㉑调饴胶丝：调和糖浆，粘在丝网上。　㉒加己：施加在自己身上。己：蜻蛉。　㉓仞：八尺为一仞。　㉔蝼蚁：蝼蛄和蚂蚁。　㉕其小者：其中的小事。㉖因是以：如同这样啊。因：犹，如。是：这，指示代词。以，同“矣”，语气词。㉗噣：同“啄”。　㉘白粒：米粒。　㉙栖：止息。　㉚鼓：鼓动。　㉛奋：张开，拍动，振动。　㉜公子：泛指官宦人家的儿子。　㉝王孙：泛指贵族人家的儿子。　㉞挟（xié）弹：把着弹弓。　㉟摄丸：按上弹丸并拉紧弓带。　㊱类：为“颈”之误。类、颈字形相近。　㊲招：射击的目标。　㊳酸醎：醋和盐。醎，同“咸”。㊴黄鹄（hú）：天鹅。　㊵淹：停留。　㊶沼（zhǎo）：池。

俯噣鳝鲤,仰啮①薐衡②,奋其六翮③,而凌④清风,飘摇乎⑤高翔,自以为无患,与人无争也。不知夫射者,方将修其碆卢⑥,治其矰⑦缴⑧,将加己乎百仞之上,被磻磻⑨,引⑩微缴,折⑪清风而殒⑫矣。故昼游乎江河,夕调乎鼎鼐⑬。

夫黄鹄其小者也,蔡灵侯之事因是以。南游乎高陂⑭,北陵⑮乎巫山,饮茹溪⑯之流,食湘波之鱼,左抱幼妾,右拥嬖女⑰,与之驰骋⑱乎高蔡⑲之中,而不以国家为事。不知夫子发⑳方受命乎灵王㉑,系己以朱丝㉒而见㉓之也。

蔡灵侯之事其小者也,君王之事因是以。左州侯,右夏侯,辇从鄢陵君与寿陵君,饭㉔封禄之粟㉕,而载方府之金㉖,与之驰骋乎云梦㉗之中,而不以天下国家为事;不知夫穰侯㉘方受命乎秦王㉙,填㉚黾塞㉛之内,而投㉜己乎黾塞之外。"

襄王闻之,颜色变作㉝,身体战栗㉞。于是乃以执珪㉟而授之为阳陵君㊱,与㊲淮北之地也。

---

①啮(niè):咬。 ②衡:菱角和水荇。衡:就是荇(xìng),水草。 ③奋其六翮:张开它的翅膀。翮:鸟翅膀上的大羽毛的茎。 ④凌:乘,驾。 ⑤飘摇:飞翔貌,"乎"为词尾。又可写作"飘飘"。 ⑥修:通"修",整治。碆(bō)卢:箭头和弓。碆,石制的箭头。卢,黑弓。 ⑦矰(zēng):小箭,短箭,一般带线。 ⑧缴(zhuó):系在箭上的线,一般用生丝制成。 ⑨磻磻(jiàn bō):遭受锐利的箭头。磻同"碆"。 ⑩引:拖拉。 ⑪折:飞行方向转变。这里指突然从空中落下,犹如折断。 ⑫殒(yǔn):通"陨",坠落。 ⑬鼎鼐(nài):古代烹煮器具。 ⑭高陂(bēi):高丘。陂:山坡。 ⑮陵:升,登。 ⑯茹溪:水名,在巫山县北。 ⑰嬖(bì)女:宠爱的女人。 ⑱驰骋:快马加鞭地赶车。 ⑲高蔡:河南上蔡县。 ⑳子发:楚大夫。 ㉑灵王:楚灵王。楚灭蔡。 ㉒朱丝:红绳。 ㉓见:使……见。使动用法。 ㉔饭:吃。名词用为动词。 ㉕封禄之粟:封地所交纳用作俸给的谷物。 ㉖方府之金:四方所贡纳于国库的金银。 ㉗云梦:云梦泽。今湖北江陵至蕲春之间的大湖区域。 ㉘穰(ráng)侯:秦昭王母弟。 ㉙秦王:秦昭王。 ㉚填:布满军队。 ㉛黾(méng)塞:平靖关。近河南信阳市南。 ㉜投:抛掷。 ㉝变作:改变。 ㉞战栗:哆嗦。 ㉟执珪:楚国的爵位名。 ㊱阳陵君:庄辛的封号。 ㊲与:通"举",攻下。

第五单元 古诗选粹

阅读提示

本单元选了古诗 50 首,其中五绝 3 首,七绝 14 首,五律 9 首,七律 13 首,五古 7 首,杂言诗 4 首。项羽的慷慨悲歌,李白的汪洋浪漫,杜甫的沉郁严谨,白居易的兼济天下,苏轼的神悟妙论,文天祥的大义凛然,郑燮的清廉淡雅……都给人以人文的感悟,难忘的印象。

长安听百舌①

韦 鼎

万里风烟异,一鸟忽相惊。
那能对远客②,还作故乡声!

山中送别③

王 维

山中相送罢,日暮掩柴扉。

---

①百舌:群鸟鸣叫。作者韦鼎,生卒年不详,字超盛,京兆杜陵人,仕梁、陈、隋三朝,博经史,明阴阳,能诗。 ②那:即"哪"。 ③作者王维(701—761),字摩诘,祖籍祁州(今山西祁县),生于蒲州(今山西永济县),唐代杰出诗人、画家。

春草年年绿,王孙归不归?

宫 词①

张 祜

故国三千里,深宫二十年。
一声河满子②,双泪落君前。

黄鹤楼闻笛③

李 白

一为迁客去长沙,西望长安不见家。
黄鹤楼中吹玉笛,江城五月落梅花④。

逢入京使⑤

岑 参

故园东望路漫漫,双袖龙钟泪不干⑥。
马上相逢无纸笔,凭君传语报平安。

---

①作者张祜(hù),生卒年不详,南阳(今属河南)人,一说清河(今属河北)人,唐代诗人。　②河满子:又作"何满子",舞曲名。　③作者李白(701—762),字太白,号青莲居士,唐代伟大诗人,世称"诗仙"。　④江城:武汉市别名。落梅花:即古笛曲"梅花落"。　⑤作者岑参(约715—约770),南阳人,唐代著名诗人。⑥龙钟:沾濡湿润。

南园①（二首）
李 贺

男儿何不带吴钩②，收取关山五十州③。
请君暂上凌烟阁④，若个书生万户侯⑤？

寻章摘句老雕虫，晓月当帘挂玉弓⑥。
不见年年辽海上，文章何处哭秋风？

陇西行⑦
陈 陶

誓扫匈奴不顾身，五千貂锦丧胡尘⑧。
可怜无定河边骨，犹是春闺梦里人⑨。

采莲子⑩
皇甫松

舡动湖光艳艳秋⑪，贪看少年信舡流。
无端隔水抛莲子，遥被人知半日羞。

---

①作者李贺(790—816)，字长吉，福昌(今河南宜阳县)人，唐代著名诗人。 ②吴钩：刀名，刃稍弯。 ③关山五十州：指当时中央不能指挥的藩镇地区。 ④凌烟阁：在长安，阁内陈列着唐太宗钦定的二十四位开国功臣画像。 ⑤若个：哪个，几个。 ⑥玉弓：下弦的残月。 ⑦作者陈陶(约803—约879)，字嵩伯，长江以北人，唐代诗人。 ⑧貂锦：这里指装备精良的精锐之师。 ⑨春闺：指少妇。 ⑩作者皇甫松，生卒年不详，字子奇，睦州新安(今浙江建德市)人。唐代诗人。 ⑪舡：同"船"。

赤　壁①

杜　牧

折戟沉沙铁未销，自将磨洗认前朝②。
东风不与周郎便③，铜雀春深锁二乔④。

西　施⑤

罗　隐

家国兴亡自有时，时人何苦咎西施！
西施若解亡吴国，越国亡来又是谁？

题 西 林 壁⑥

苏　轼

横看成岭侧成峰，远近高低各不同。
不识庐山真面目，只缘身在此山中。

---

①赤壁：今湖北蒲圻县西北，长江南岸，相传是三国时吴、蜀联军火烧曹军之处。作者杜牧（803—约852），字牧之，京兆万年（今属陕西西安市）人。晚唐著名诗人。
②将：拿起。　　③不与：等于"若不与"。　　④铜雀：台名，建安十五年（210）曹操建于邺城（在今河北临漳县西），以楼顶铸有大铜雀而得名。二乔：即大乔、小乔姐妹，分嫁孙策和周瑜，后人称为"二乔"。　　⑤作者罗隐（833—909），字昭谏，新城（今属浙江）人，晚唐诗人。　　⑥西林：西林寺，在江西庐山北麓。作者苏轼（1037—1101），字子瞻，号东坡居士，眉山（今属四川）人，北宋杰出文学家、书画家。

琴 诗
苏 轼

若言琴上有琴声，放在匣中何不鸣？
若言声在指头上，何不于君指上听？

题临安邸①
林 升

山外青山楼外楼，西湖歌舞几时休。
暖风熏得游人醉，直把杭州作汴州。

偶 成②
朱 熹

少年易老学难成，一寸光阴不可轻。
未觉池塘春草梦，阶前梧叶已秋声。

---

①临安：南宋都城，即今浙江杭州市。邸：官府，客栈。作者林升（1106—1170），字岂尘，号肇殷，福建晋江人，南宋诗人。　②作者朱熹（1130—1200），字元晦，一字仲晦，号晦庵，又号晦翁，别称紫阳，徽州婺源（今属江西）人，南宋理学家、教育家。

扬子江①

文天祥

几日随风北海游，回从扬子大江头。
臣心一片磁针石，不指南方不肯休。

予告归里，画竹别潍县绅士民②

郑 燮

乌纱掷去不为官，囊橐萧萧两袖寒③。
写取一枝清瘦竹，秋风江上作渔竿。

读《山海经》④

陶渊明

精卫衔微木⑤，将以填沧海。

---

①作者文天祥（1236—1283），字履善、宋瑞，号文山，庐陵（今江西吉安市）人，南宋著名政治家、文学家。　②作者郑燮（1693—1765），字克柔，号板桥，江苏兴化人，清代著名书画家、文学家。　③囊橐：口袋，袋子。萧萧：空空的样子。 ④《山海经》：约成书于战国，经秦汉增删，列入《汉书·艺文志》，共18篇，书中记述各地山川、道里、部族、物产、祭祀、医巫、原始风俗，往往掺杂怪异，保存远古的神话传说和史地文献材料甚多。《读〈山海经〉》共13首，本诗是第10首。作者陶渊明（365—427），一名陶潜，字元亮，世称靖节先生，浔阳柴桑（今江西九江市）人，东晋杰出诗人。　⑤精卫：古代神话中的鸟名。据《山海经·北山经》及《述异记》载，古代炎帝之女精卫，因游东海淹死，灵魂化为鸟，经常衔木石去填东海。

刑天舞干戚①，猛志固常在。
同物既无虑②，化去不复悔③。
徒设在昔心，良辰讵可待④！

关山月⑤

徐 陵

关山三五月，客子忆秦川⑥。
思妇高楼上，当窗应未眠。
星旗映疏勒⑦，云阵上祁连⑧。
战气今如此，从军复几年？

从 军 行⑨

杨 炯

烽火照西京⑩，心中自不平。

---

①刑天：《山海经·海外西经》中的神话人物，因和天帝争权，失败后被砍去了头，埋在常羊山，但他不甘屈服，以两乳为目，以肚脐当嘴，仍然挥舞着盾牌和板斧。 ②同物：精卫既然淹死而化为鸟，就和其他物相同，即使再死也不过从鸟化为另一种物，所以没有什么忧虑。 ③化去：刑天已被杀死，化为异物，但他对以往和天帝争神之事并不悔恨。 ④讵：岂。 ⑤关山月：乐府《横吹曲》题，本篇写关山客子的室家之思。作者徐陵（507—582），字孝穆，东海郯人（今山东郯城县），南朝文学家。 ⑥秦川：指关中，就是从陇山东至函谷关一带地方。 ⑦旗：星名。疏勒：西汉时期诸国之一，王都疏勒城在今新疆维吾尔自治区疏勒县。 ⑧祁连：山名，即天山。 ⑨从军行：乐府《相和歌·平调曲》旧题，多写军旅生活。作者杨炯（650—?），弘农华阴（今属陕西）人。唐代诗人，为"初唐四杰之"一。 ⑩西京：长安。

牙璋辞凤阙①，铁骑绕龙城②。
雪暗凋旗画③，风多杂鼓声。
宁为百夫长④，胜作一书生。

塞 下 曲

李 白

五月天山雪，无花只有寒。
笛中闻折柳，春色未曾看。
晓战随金鼓，宵眠抱玉鞍。
愿将腰下剑，直为斩楼兰⑤。

赠 孟 浩 然⑥

李 白

吾爱孟夫子⑦，风流天下闻。
红颜弃轩冕⑧，白首卧松云⑨。

---

①牙璋：古代发兵所用的兵符，分为两块，相合处呈牙状，朝廷和主帅各执其半。这里指代奉命出征的将帅。凤阙：皇宫。 ②龙城：汉代匈奴聚会祭天之处，此处指匈奴汇聚处。 ③凋：原意指草木枯败凋零，此指失去了鲜艳的色彩。 ④百夫长：一百个士兵的头目，泛指下级军官。 ⑤斩楼兰：据《汉书·傅介子传》载，汉代地处西域的楼兰国经常杀死汉朝使节。傅介子出使西域，楼兰王贪他所献金帛，被他诱至帐中杀死，遂持王首而还。 ⑥作者孟浩然(689—740)，襄州襄阳(今属湖北)人，唐代著名诗人，因与王维齐名，并称为"王孟"。 ⑦孟夫子：即孟浩然，称"夫子"以表推崇尊重。 ⑧红颜：青年时代。轩冕：仕宦荣华。 ⑨白首：白头，指老年。

醉月频中圣①,迷花不事君②。
高山安可仰③,徒此揖清芬④。

望 岳⑤

杜 甫

岱宗夫如何⑥,齐鲁青未了⑦。
造化钟神秀⑧,阴阳割昏晓⑨。
荡胸生曾云⑩,决眦入归鸟⑪。
会当凌绝顶⑫,一览众山小。

春 望

杜 甫

国破山河在⑬,城春草木深。
感时花溅泪,恨别鸟惊心。
烽火连三月⑭,家书抵万金。

---

①醉月:月下醉饮。 ②迷花:迷恋花草,指陶醉于自然美景。事君:侍奉皇帝。 ③高山:言孟品格高尚,令人敬仰。 ④徒此:专程拜访而未能见面,深表遗憾。揖:致敬。清芬:清高的人品。 ⑤岳:指东岳泰山。作者杜甫(712—770),字子美,自称少陵野老或杜陵野客,河南巩县人,唐代伟大诗人,世称"诗圣"。 ⑥岱宗:五岳之首,是对泰山的尊称。 ⑦齐鲁:原是春秋时两个国名,在今山东境内,后作为一个地区的代称。未了:不尽,意谓泰山的青色在齐鲁广大区域内都能望见。 ⑧造化:即大自然。钟:聚集。这句说泰山是天地之间一切神奇、秀丽的结晶。 ⑨阴:山北。阳:山南。割:分。这句说山南山北在同一时间判若晨昏,极言泰山的高大。 ⑩曾:同"层"。这句说云气叠起,涤荡胸襟。 ⑪决:裂开。眦(zì):眼眶。决眦:形容极力张大眼睛。入:收入眼里,看到。 ⑫会当:应当,定要。凌:登上。 ⑬国破:国都长安被攻破。 ⑭烽火:借指战争。

白头搔更短①，浑欲不胜簪②。

前出塞

杜 甫

挽弓当挽强，用箭当用长。
射人先射马，擒贼先擒王。
杀人亦有限③，列国自有疆④。
苟能制侵陵⑤，岂在多杀伤！

天末怀李白

杜 甫

凉风起天末⑥，君子意如何⑦？
鸿雁几时到？江湖秋水多。
文章憎命达⑧，魑魅喜人过⑨。
应共冤魂语⑩，投诗赠汨罗⑪。

---

①白头搔更短：白头发越抓越少了。搔，用手指抓。　②浑：简直。欲：将要，就要。簪：用来绾住头发的一种针形首饰。古代男子束发，所以用簪。这句说，连簪子也插不上了。　③亦有限：也应该有个限度。　④列：分立，建立。疆：边界，领土。　⑤苟：如果。制侵陵：制止侵略。陵：同"凌"，欺侮的意思。　⑥天末：天的尽头。这里指夜郎。　⑦君子：指李白。　⑧命：命运。达：通达。这句说：有文才的人总是薄命遭忌。　⑨魑魅：鬼怪，代指邪恶势力。过：过错，过失。　⑩冤魂：指屈原。　⑪汨罗：汨罗江，屈原投水处，在湖南湘阴县东北。

黄鹤楼①

崔 颢

昔人已乘黄鹤去②,此地空余黄鹤楼。
黄鹤一去不复返,白云千载空悠悠。
晴川历历汉阳树③,芳草萋萋鹦鹉洲④。
日暮乡关何处是?烟波江上使人愁。

蜀 相⑤

杜 甫

丞相祠堂何处寻⑥?锦官城外柏森森⑦。
映阶碧草自春色,隔叶黄鹂空好音。
三顾频烦天下计⑧,两朝开济老臣心⑨。
出师未捷身先死,长使英雄泪满襟。

---

①黄鹤楼:故址在湖北武昌县,民国初年被火焚,1985年重建。作者崔颢(704—754),汴州(今河南开封市)人,唐代诗人。 ②昔人:指传说中骑鹤的仙人。黄鹤:一作"白云"。 ③历历:分明的样子。 ④鹦鹉洲:唐朝时在汉阳西南长江中,后逐渐被水冲没。 ⑤蜀相:三国时蜀汉丞相,指诸葛亮。 ⑥丞相祠堂:今称武侯祠,在四川成都市。 ⑦锦官城:今四川成都市。森森:茂盛繁密。 ⑧三顾:指刘备三顾茅庐。顾,拜访,探望。频烦:同"频繁"。 ⑨两朝:刘备、刘禅父子两朝。开济:开创大业,匡济危时。

登柳州城楼寄漳汀封连四州刺史①

柳宗元

城上高楼接大荒②,海天愁思正茫茫。
惊风乱飐芙蓉水③,密雨斜侵薜荔墙④。
岭树重遮千里目,江流曲似九回肠。
共来百越文身地,犹自音书滞一乡⑤。

雁门太守行⑥

李 贺

黑云压城城欲摧⑦,甲光向日金鳞开⑧。
角声满天秋色里⑨,塞上燕脂凝夜紫⑩。

---

①柳州:今广西马平县。漳:漳州,今福建漳州市。汀:汀州,今福建长汀县。封:封州,今广东封川县。连:连州,今广东连县。作者柳宗元(773—819),字子厚,河东(今山西永济县)人,中唐杰出思想家、散文家、诗人,为"唐宋八大家"之一。 ②大荒:旷远的广野,泛指荒僻的边远地区。 ③惊风:狂风。乱飐:吹动。芙蓉:荷花。 ④薜荔:一种常绿的蔓生植物,常缘壁而生。 ⑤音书:音讯,书信。滞:阻隔。 ⑥雁门:古郡名,占有今山西省西北部之地。雁门太守行:乐府《相和歌·瑟调曲》旧题。 ⑦黑云:厚厚的乌云。代指攻城敌军的气势。摧:毁坏。 ⑧甲光:铠甲迎着太阳闪出的光。金鳞:像金子一样颜色和光泽的鱼鳞。 ⑨角:古代军中一种吹奏乐器,多用兽角制成,也是号角。 ⑩燕脂:即胭脂,一种红色化妆品,喻指暮色霞光。凝夜紫:暮色渐深,云山都成紫色。

半卷红旗临易水①,霜重鼓寒声不起②。

报君黄金台上意③,提携玉龙为君死④。

题宣州开元寺水阁,阁下宛溪,夹溪居人⑤

杜 牧

六朝文物草连空⑥,天淡云闲今古同。

鸟去鸟来山色里,人歌人哭水声中。

深秋帘幕千家雨,落日楼台一笛风。

惆怅无日见范蠡⑦,参差烟树五湖东⑧。

无 题⑨

李商隐

相见时难别亦难,东风无力百花残。

春蚕到死丝方尽,蜡炬成灰泪始干⑩。

晓镜但愁云鬓改⑪,夜吟应觉月光寒⑫。

---

①易水:河名,大清河上源支流,源出今河北易县,向东南流入大清河。代指边塞河流。 ②这句说,夜寒霜重,战鼓声低沉而不响亮。 ③黄金台:故址在今河北易县东南,相传为战国燕昭王所筑,曾置千金于台上,以招聘天下贤士。 ④玉龙:一种珍贵的宝剑,代指剑。 ⑤宣州:治所在今安徽宣城县。开元寺:在宣州城中,东晋时建。宛溪:在宣州城东。 ⑥六朝:指吴、东晋、宋、齐、梁、陈。 ⑦范蠡:春秋时越国主要谋臣,辅佐越王勾践打败吴王夫差,功成之后,乘扁舟归隐五湖。 ⑧五湖:太湖及相属的四个小湖,也作太湖别称。 ⑨作者李商隐(813—858),字义山,号玉溪生,怀州河内(今河南泌阳县)人。晚唐杰出诗人。 ⑩蜡炬:蜡烛。蜡烛燃烧时流下的蜡油称烛泪。 ⑪镜:照镜,名词用作动词。云鬓:青年女子的头发,代指青春年华。 ⑫夜吟:夜晚吟诗。

蓬山此去无多路①,青鸟殷勤为探看②。

咏 史

李商隐

历览前贤国与家,成由勤俭破由奢。
何须琥珀方为枕③,岂得真珠始是车。
远去不逢青海马④,力穷难拔蜀山蛇⑤。
几人曾预南薰曲⑥,终古苍梧哭翠华⑦。

登快阁⑧

黄庭坚

痴儿了却公家事⑨,快阁东西倚晚晴。
落木千山天远大,澄江一道月分明。

---

①蓬山:指海上仙山蓬莱山。代指对方的住处。　②青鸟:传说中西王母的使者,有意为情人传递消息。　③琥珀:松柏树脂的化石。　④青海马:青海产良马,喻指能担当军国大事的人才。　⑤蜀山蛇:蜀国灭亡的祸胎。相传五壮士拔蛇而蜀路开,导致蜀国灭亡。　⑥南薰曲:即舜唱的《南风歌》。　⑦苍梧:舜埋葬的地方。翠华:皇帝仪仗中顶上的华盖。　⑧快阁:在太和县(今属江西)城东澄江上。作者黄庭坚(1045—1105),字鲁直,号山谷道人,晚号涪翁,洪州分宁(今江西修水)人,北宋著名文学家、书法家,为"苏门四学士"之首。　⑨痴儿:作者自指。

朱弦已为佳人绝①,青眼聊因美酒横②。
万里归船弄长笛,此心吾与白鸥盟③。

书 愤④

陆 游

早岁那知世事艰⑤,中原北望气如山。
楼船夜雪瓜洲渡⑥,铁马秋风大散关⑦。
塞上长城空自许⑧,镜中衰鬓已先斑。
出师一表真名世⑨,千载谁堪伯仲间⑩。

过扬子江⑪

杨万里

只有清霜冻太空,更无半点荻花风⑫。

---

①朱弦:琴弦。佳人:喻指知音。这句用的是钟子期死,俞伯牙以为世无知音,便"破琴绝弦"的典故。 ②青眼:表示有好感。《晋书·阮籍传》说阮籍能作青白眼,对有恶感的人作白眼,对有好感的人作青眼。 ③与白鸥盟:表示要退隐田园。古人常把鸥、鹭看成隐逸之士的伴侣。 ④作者陆游(1125—1210),字务观,号放翁,山阴(今浙江绍兴市)人。南宋伟大诗人。 ⑤早岁:早年,指年轻的时候。那:同"哪"。世事艰:指抗金大计屡受投降派破坏,无法实行。 ⑥楼船:高大的兵舰。瓜洲渡:地名,在今江苏镇江市对岸的长江边上。 ⑦铁马:披着铁甲的战马。大散关:在陕西宝鸡市西南,是当时南宋与金的西边关界。 ⑧塞上长城:南朝宋文帝将杀名将檀道济,檀道济怒说:"乃坏汝万里长城。"作者以之自比。空自许:自许落空。
⑨出师一表:诸葛亮在兴兵伐魏前给后主上的一篇《出师表》。名世:名传后世。
⑩伯仲间:兄弟之间,意为相差无几。这句说,有谁能与鞠躬尽瘁的诸葛亮并驾齐驱呢?
⑪扬子江:长江在江苏扬州至镇江之间,因其地有扬子津、扬子县缘故,名扬子江。作者杨万里(1127—1206),字廷秀,号诚斋,吉州吉水(今属江苏)人。南宋著名诗人。
⑫荻:生长在水边的一种植物。

天开云雾东南碧，日射波涛上下红。
千载英雄鸿去外①，六朝形胜雪晴中②。
携瓶自汲江心水③，要试煎茶第一功。

又酬傅处士次韵④

顾炎武

愁听关塞遍吹笳⑤，不见中原有战车。
三户已亡熊绎国⑥，一成犹启少康家⑦。
苍龙日暮还行雨，老树春生更著花。
等得汉廷明诏近⑧，五湖同见钓鱼槎⑨。

除 日 抵 京⑩

陈 沆

四千余里舟车马，九十日程雨雪霜。
短景常行兼昼夜⑪，长安到亦抵家乡⑫。

---

①这句话说，岳飞、张浚等名将贤相，虽"千载英雄"，然如飞鸿一去，邈然难追，空留"雪泥鸿爪"而已。　②这句说，六朝山川形胜地，映照在雪停后的阳光中，异常明媚雄伟。　③汲：取水。　④酬：答。傅处士：傅山，明末清初诗人、学者、书画家，明末换道士装，隐居山西青羊山。作者顾炎武（1613—1682），初名绛，后改名炎武，字忠清，后字宁人，学者称亭林先生，江苏昆山人。清初著名学者、诗人。
⑤吹笳：指清兵吹的号角。　⑥三户：《史记·项羽本纪》："楚虽三户，亡秦必楚。"熊绎：楚武王名。　⑦一成：土地方十里为"成"。少康：夏朝中兴的国君，传说他"有田一成，有众一旅"，终能恢复夏朝。　⑧明诏：明宗室复国诏书。　⑨此句暗用范蠡复兴越国后，功成身退去游五湖的典故。　⑩除日：除夕。作者陈沆（1785—1826），字太初，号秋舫，湖北蕲水（今湖北浠水县）人。清代诗人。　⑪短景：指冬天日短。景，同"影"，日影。　⑫长安：代指北京。

转无往岁追逋苦①,奈此流年过客忙。
儿女今宵知忆我,只应欢笑慰高堂②。

黄海舟中日人索句,并见日俄战争地图③

秋 瑾

万里乘风去复来④,只身东海挟春雷⑤。
忍看图画移颜色⑥,肯使江山付劫灰⑦。
浊酒不销忧国泪,救时应仗出群才⑧。
拼将十万头颅血,须把乾坤力挽回。

行行重行行⑨

无名氏

行行重行行,与君生别离。相去万余里,各在天一涯⑩。道路阻且长,会面安可知。胡马依北风⑪,越鸟巢南枝⑫。相去日已远,衣带日已缓。浮云避白日⑬,游子不顾⑭返。思君令人老,岁月忽已晚。弃捐忽复道⑮,努力加餐饭。

---

①追逋:索取拖欠的债务。此指年关需要归还欠款。　②高堂:父母。诗中指"儿女"的祖父母。　③作者秋瑾(1875—1907),女,字璇卿,又字竞雄,自号鉴湖女侠,浙江绍兴人。清末著名女革命家、文学家。　④去复来:作者于光绪三十年(1904)仲夏东渡,翌年春回国,是年六月再次赴日,同年12月返国,故言"去复来"。　⑤只身:单身。春雷:喻指革命活动。　⑥忍看:哪忍看。图画:指地图。移颜色:指中国的领土被日俄帝国主义侵吞。　⑦肯使:岂能让。劫灰:佛家语,劫火之灰,喻指被侵略者战火毁坏。　⑧救时:挽救国家危亡的局势。出群才:超群拔萃的杰出人才。　⑨行行:走个不停。此诗选自汉魏时期的《古诗十九首》,作者不详。　⑩天一涯:天的一边。　⑪胡:北方少数民族。　⑫越:南方少数民族。　⑬避:同"蔽"。　⑭顾:念。　⑮捐:弃。

丁都护歌①

李 白

云阳上征去，两岸饶商贾②。吴牛喘月时③。拖船一何苦！水浊不可饮，壶浆半成土④。一唱都护歌，心摧泪如雨。万人凿盘石⑤，无由达江浒⑥。君看石芒砀⑦，掩泪悲千古。

下终南山过斛斯山人宿置酒⑧

李 白

暮从碧山下，山月随人归。却顾所来径⑨，苍苍横翠微。相携及田家，童稚开荆扉。绿竹入幽径，青萝拂行衣⑩。欢言得所憩，美酒聊共挥⑪。长歌吟松风，曲尽河星稀⑫。我醉君复乐，陶然共忘机⑬。

---

①丁都护歌：即《丁督护歌》，乐府《清商曲·吴歌》曲名，大多咏叹戎马生活的辛苦和思妇的怨叹。李白用旧题创新意，写当时官吏为从云阳拖船运送盘石至上游，役使众多劳动人民，突出描写拖船者的悲苦。 ②饶：众多。贾(gǔ)：商人。 ③吴牛喘月：南方的牛畏热，见月疑是日，所以见月即喘。 ④壶浆半成土：水浑浊如泥浆，盛入壶中，一半沉淀为土，不堪饮用。 ⑤盘石：大石。 ⑥浒：江边。 ⑦芒砀(dàng)：即茫荡，叠韵连绵形容词，极言盘石广大。 ⑧终南山：即秦岭，在今西安市南。过：拜访。斛(hú)斯山人：复姓斛斯的一位隐士。 ⑨却顾：回头望。所来径：下山的小路。 ⑩青萝：攀缘在树枝上下垂的藤蔓。行衣：行人的衣服。 ⑪挥：举杯。 ⑫河星稀：银河中的星光稀微，意谓夜已深了。 ⑬陶然：欢乐的样子。忘机：忘记世俗的机心，不谋虚名蝇利。

羌 村 三首①

杜 甫

　　峥嵘赤云西②,日脚下平地③。柴门鸟雀噪,归客千里至④。妻孥怪我在⑤,惊定还拭泪。世乱遭飘荡,生还偶然遂⑥。邻人满墙头⑦,感叹亦歔欷⑧。夜阑更秉烛⑨,相对如梦寐。

　　晚岁迫偷生⑩,还家少欢趣。娇儿不离膝,畏我复却去。忆昔好追凉⑪,故绕池边树⑫。萧萧北风劲,抚事煎百虑。赖知禾黍收⑬,已觉糟床注⑭。如今足斟酌⑮,且用慰迟暮⑯。

　　群鸡正乱叫,客至鸡斗争。驱鸡上树木,始闻叩柴荆⑰。父老四五人,问我久远行⑱。手中各有携,倾榼浊复清⑲。苦辞酒味薄⑳,黍地无人耕。兵革既未息㉑,儿童尽东征㉒。请为父老歌,艰难愧深情㉓。歌罢仰天叹,四座泪纵横。

---

①羌村:在今陕西富县南,当时杜甫家居于此。　②峥嵘:山高峻貌,这里形容赤云的重叠。　③日脚:从云缝中射下来的太阳光线。　④归客:作者指自己。　⑤妻孥:妻子。　⑥遂:成功。这句说,偶然得以生还。　⑦满墙头:古时农村墙矮,所以邻人能凭墙相望。　⑧歔欷:悲泣的声音。　⑨夜阑:夜深。秉烛:点起蜡烛。　⑩晚岁:晚年。追偷生:在战乱的逼迫下苟且偷生。　⑪追凉:纳凉。　⑫故:常常。　⑬赖知:幸知。　⑭糟床:制酒用的榨床。注:流注,指酒已酿成。　⑮足:足够。斟酌:喝酒。　⑯迟暮:即"晚岁"。这句是说,以酒解忧,强自宽慰。　⑰柴荆:用树枝、荆条编成的门。　⑱问:慰问。　⑲榼(kē):酒器。浊复清:指浊酒和清酒。　⑳苦辞:指父老们再三地满含歉意地说。　㉑兵革:战乱。　㉒儿童:长辈对年轻人的称呼。　㉓艰难愧深情:在这艰难的日子里,见出毗邻父老们一片深情,使我受之有愧。

新制布裘①

白居易

桂布白似雪②,吴绵软于云③。布重绵且厚,为裘有余温。朝拥坐至暮,夜覆眠达晨。谁知严冬月,支体暖如春④。中夕忽有念⑤,抚裘起逡巡⑥。丈夫贵兼济⑦,岂独善一身⑧。安得万里裘⑨,盖裹周四垠⑩?稳暖皆如我⑪,天下无寒人。

垓下歌⑫

项羽

力拔山兮气盖世。时不利兮骓不逝⑬。骓不逝兮可奈何!虞兮虞兮奈若何⑭!

---

①布裘:棉衣。作者白居易(722—846),字乐天,晚号香山居士,祖籍山西太原,后迁居下邽(今陕西渭南县),生于河南新郑。唐代伟大诗人。　②桂:唐代"桂管"地区,属于当时的岭南道(今广西一带)。当地出产的棉布叫"桂布",因那时还不普遍,比较珍贵。　③吴绵:吴郡(今苏州一带)所产的丝绵。　④支:同"肢",四肢。　⑤中夕:半夜。　⑥逡巡:有所思虑而徘徊。　⑦兼济:兼济天下,做利国利民之事。　⑧独善:注重个人的思想品德修养。　⑨安得:如何能得到。　⑩周:遍。四垠:四边,指全国范围以内,与"天下"同意。　⑪稳暖:安稳、和暖。　⑫垓下:古地名。在今安徽省灵璧县东南。作者项羽(前232—前202),下相(今属江苏)人。秦末随叔父项梁起义,自封为西楚霸王,与刘邦争天下,后在垓下被围,突围至乌江自刎身亡。　⑬骓:骏马。　⑭虞:项羽的爱妃。

大风歌①

刘 邦

大风起兮云飞扬。威加海内兮归故乡。安得猛士兮守四方!

龟虽寿②

曹 操

神龟虽寿③,犹有竟时④。腾蛇乘雾⑤,终为土灰。老骥伏枥⑥,志在千里。烈士暮年⑦,壮心不已⑧。盈缩之期⑨,不但在天;养怡之福⑩,可得永年⑪。幸甚至哉!歌以咏志⑫。

将进酒⑬

李 白

君不见,黄河之水天上来⑭,奔流到海不复回。君不见,高堂

---

①作者刘邦(前256—前195),即汉高祖,字季,号沛公,秦末沛县丰邑人。
②这首诗是《步出夏门行》的最后一章。作者曹操(155—220),字孟德,小名阿瞒,沛国谯(今安徽亳县)人。三国时杰出的政治家、军事家、文学家,魏国创始人,被谥封为魏武帝。　③神龟:传说中的通灵之龟,能活几千岁。　④竟:终结,这里指死亡。　⑤腾蛇:传说中与龙同类的神物,能腾云驾雾。腾,同"腾"　⑥骥(jì):良马,千里马。枥:马槽。　⑦烈士:有远大抱负的人。暮年:晚年。　⑧已:停止。
⑨盈:满,引申为长。缩:亏,引申为短。盈缩:指人寿命的长短。　⑩养怡:保养身心。　⑪永:长久。永年:长寿。　⑫幸甚至哉!歌以咏志:乐府诗合乐时加的一种形式性结尾,与正文没关系。　⑬将(qiāng):请。将进酒:乐府旧题。
⑭天上来:黄河发源于青海的巴颜喀拉山,那里地势极高,故称。

明镜悲白发①,朝如青丝暮成雪。人生得意须尽欢,莫使金樽空对月。天生我材必有用,千金散尽还复来。烹羊宰牛且为乐,会须一饮三百杯②。岑夫子,丹丘生③,将进酒,杯莫停。与君歌一曲,请君为我倾耳听。钟鼓馔玉不足贵④,但愿长醉不复醒。古来圣贤皆寂寞,惟有饮者留其名。陈王昔时宴平乐⑤,斗酒十千恣欢谑⑥。主人何为言少钱,径须沽取对君酌⑦。五花马⑧、千金裘⑨,呼儿将出换美酒,与尔同销万古愁!

---

①高堂:高大的厅堂。　②会须:正应当。　③岑夫子:岑勋。丹丘生:元丹丘。二人均为李白的好友。　④钟鼓:富贵人家宴会中奏乐使用的乐器。馔玉:形容食物如玉一样精美。　⑤陈王:陈思王曹植。平乐:观名,在洛阳西门外,为富豪显贵的娱乐场所。　⑥恣(zì):纵情任意。谑:游戏。　⑦径须:干脆,只管。　⑧五花马:指名贵的马。　⑨裘:皮衣。

第六单元 宋词选粹（上）

阅读提示

　　本单元选了宋词 40 首，名家云集，名作荟萃。如柳永的"杨柳岸，晓风残月"，张先的"心中事，眼中泪，意中人"，晏殊的"无可奈何花落去，似曾相识燕归来"，宋祁的"红杏枝头春意闹"，晏几道的"花落人独立，微雨燕双飞"，苏轼的"但愿人长久，千里共婵娟"，秦观的"便做春江都是泪，流不尽，许多愁"。脍炙人口的佳作，流传千古的名句，认真阅读，定会让你痴迷，让你陶醉，让你折服。

点降唇·感兴[①]

王禹偁

　　雨恨云愁，江南依旧称佳丽[②]。水村渔市，一缕孤烟细。
　　天际征鸿，遥认行如缀[③]。平生事，此时凝睇，谁会凭栏意！

[①]作者王禹偁（954—1001），字元之，济州巨野（今属山东）人。北宋文学家。
[②]佳丽：风光秀美。　　[③]行（háng）：飞鸿的行列。缀：连接。

凤栖梧①

柳 永

伫倚危楼风细细。望极春愁,黯黯生天际。草色烟光残照里,无言谁会凭栏意。　　拟把疏狂图一醉。对酒当歌,强乐还无味。衣带渐宽终不悔,为伊消得人憔悴。

八声甘州

柳 永

对潇潇暮雨洒江天,一番洗清秋。渐霜风凄紧,关河冷落②,残照当楼。是处红衰翠减,苒苒物华休③。惟有长江水,无语东流。　　不忍登高临远,望故乡渺邈④,归思难收。叹年来踪迹,何事苦淹留⑤!想佳人、妆楼颙望⑥,误几回、天际识归舟。争知我、倚阑干处⑦,正恁凝愁⑧!

---

①作者柳永(约987—1053),字耆卿,初名三变,行七,人称柳七,崇安(今属福建)人。北宋著名词人。　②关河:关口和津渡。　③苒苒:渐渐地。物华休:景物凋残。　④渺邈:遥远。　⑤淹留:久留。　⑥颙(yóng)望:举头凝望。　⑦争:怎。　⑧恁:如此。凝愁:愁结不解。

雨霖铃

柳 永

寒蝉凄切,对长亭晚①,骤雨初歇。都门帐饮无绪②,方留恋处、兰舟催发③。执手相看泪眼,竟无语凝噎④。念去去、千里烟波,暮霭沈沈楚天阔⑤。　　多情自古伤离别,更那堪、冷落清秋节!今宵酒醒何处?杨柳岸、晓风残月。此去经年⑥,应是良辰好景虚设。便纵有千种风情⑦,更与何人说!

望海潮

柳 永

东南形胜,三吴都会⑧,钱塘自古繁华。烟柳画桥,风帘翠幕,参差十万人家。云树绕堤沙⑨,怒涛卷霜雪,天堑无涯。市列珠玑,户盈罗绮,竞豪奢。　　重湖叠巘清嘉⑩,有三秋桂子,十

---

①长亭:古代大道上每五里设一短亭,十里设一长亭,供行人休息,常作送别之处。晚:傍晚时分。　②都门帐饮:在京城门外设帐举酒饯别。无绪:心怀惆怅,没有情绪。③兰舟:对旅船的美称。　④凝噎(yē):喉头哽塞地说不出话来。　⑤暮霭:傍晚的云气。沈沈:同"沉沉",深沉。楚天:泛指南方天空。　⑥经年:经过一年或多年,指年复一年。　⑦风情:风流情意。　⑧三吴:旧称吴兴郡、吴郡、会稽郡为"三吴",此泛指江浙地区。　⑨堤:指钱塘江防潮汛的大堤。　⑩重湖:西湖以白堤为界,分为外湖、里湖,故称"重湖"。叠巘(yǎn):重叠的山峰。清嘉:清秀美丽。

里荷花。羌管弄晴①,菱歌泛夜②,嬉嬉钓叟莲娃。千骑拥高牙③,乘醉听箫鼓,吟赏烟霞④。异日图将好景⑤,归去凤池夸⑥。

苏幕遮⑦

范仲淹

碧云天,黄叶地,秋色连波,波上寒烟翠。山映斜阳天接水,芳草无情,更在斜阳外。　黯乡魂⑧,追旅思⑨,夜夜除非、好梦留人睡。明月楼高休独倚,酒入愁肠,化作相思泪。

青门引·春思⑩

张　先

乍暖还轻冷,风雨晚来方定。庭轩寂寞近清明,残花中酒⑪,又是去年病。　楼头画角风吹醒。入夜重门静。那堪更被明月,隔墙送过秋千影。

---

①羌管:笛子,此处泛指乐器。弄晴:在晴空中悠扬不断。　②菱歌:采菱的歌。泛夜:在月夜的湖面上荡漾。　③高牙:以象牙装饰的高大军旗。　④烟霞:山水景色。　⑤图:描绘。　⑥凤池:即凤凰池,本为皇帝禁苑中池沼,此处泛指朝廷。　⑦作者范仲淹(989—1052),字希文,苏州吴县(今属江苏苏州市)人。北宋著名的政治家、文学家。　⑧黯乡魂:因思念家乡而黯然销魂。　⑨追旅思(sì):羁旅的愁思缠绕不休。追,追随,纠缠。思,心绪,情怀。　⑩作者张先(990—1078),字子野,乌程(今浙江湖州市)人。北宋著名词人。　⑪中(zhòng)酒:喝酒过量。

木兰花·乙卯吴兴寒食①

张 先

龙头舴艋吴儿竞②,笋柱秋千游女并③。芳洲拾翠暮忘归④,秀野踏青来不定⑤。　行云去后遥山暝⑥,已放笙歌池院静⑦。中庭月色正清明,无数杨花过无影。

天 仙 子

张 先

时为嘉禾小倅⑧,以病眠,不赴府会。

《水调》数声持酒听⑨,午醉醒来愁未醒。送春春去几时回?临晚镜,伤流景⑩,往事后期空记省⑪。　沙上并禽池上暝⑫,云破月来花弄影。重重帘幕密遮灯,风不定,人初静,明日落红应满径。

---

①吴兴:今属浙江。寒食:在清明节前两天,禁火三日,称寒食。　②龙头舴艋:状如舴艋的轻便龙舟。吴儿:泛指南方参与龙舟竞渡的年轻人。　③笋柱秋千:粗竹竿做的秋千。　④芳洲拾翠:在长满花卉的洲渚采集百草。　⑤踏青:春游。来不定:往来不绝。　⑥行云:喻指游女。　⑦放:停止。　⑧小倅(cuì):小官。　⑨《水调》:曲调名。　⑩流景:流逝光景。　⑪后期:后会的约期。　⑫并禽:成对的鸟儿。暝:夜色。

行 香 子

张　先

舞雪歌云①，闲淡妆匀。蓝溪水、深染轻裙。酒香醺脸，粉色生春。更巧谈话，美情性，好精神。　　江空无畔，凌波何处。月桥边、青柳朱门。断钟残角②，又送黄昏。奈心中事，眼中泪，意中人。

浣 溪 沙③

晏　殊

一曲新词酒一杯，去年天气旧亭台。夕阳西下几时回？无可奈何花落去，似曾相识燕归来。小园香径独徘徊。

鹊 踏 枝

晏　殊

槛菊愁烟兰泣露。罗幕轻寒，燕子双飞去。明月不谙离恨

---

①舞雪歌云：跳舞如雪花飞卷，放歌如轻云荡漾。　②断钟残角：断断续续的晚钟、号角声。　③作者晏殊（991—1055），字同叔，抚州临川（今江西抚州市）人，北宋著名词人。

苦①，斜光到晓穿朱户。　　昨夜西风凋碧树，独上高楼，望尽天涯路。欲寄彩笺兼尺素②，山长水阔知何处。

玉楼春③

宋　祁

东城渐觉风光好，縠皱波纹迎客棹④。绿杨烟外晓寒轻，红杏枝头春意闹。　　浮生长恨欢娱少⑤，肯爱千金轻一笑⑥？为君持酒劝斜阳，且向花间留晚照。

苏幕遮·草⑦

梅尧臣

露堤平，烟墅杳。乱碧萋萋，雨后江天晓。独有庾郎年最少。窣地春袍⑧，嫩色宜相照。　　接长亭，迷远道。堪怨王孙，不记归期早。落尽梨花春又了。满地残阳，翠色和烟老。

---

①谙：熟悉，了解。　②彩笺：诗笺。尺素：书信。　③作者宋祁（998—1061），字子京，安州安陆（今属湖北）人。北宋著名史学家、词人。　④縠（hú）皱波纹：形容水波细小粼粼。縠，皱纱一类丝织品。　⑤浮生：飘浮无定的人生。　⑥肯爱：岂肯吝惜。　⑦作者梅尧臣（1002—1060），字圣俞，宣城（今属安徽）人。北宋文学家。　⑧窣地：拂地。

浪淘沙[①]

欧阳修

把酒祝东风,且共从容。垂杨紫陌洛城东。总是当时携手处,游遍芳丛。 聚散苦匆匆,此恨无穷。今年花胜去年红。可惜明年花更好,知与谁同。

临 江 仙

欧阳修

柳外轻雷池上雨,雨声滴碎荷声。小楼西角断虹明。阑干倚处,待得月华生[②]。 燕子飞来窥画栋,玉钩垂下帘旌[③]。凉波不动簟纹平[④]。水精双枕[⑤],傍有堕钗横。

[①]作者欧阳修(1007—1072),字永叔,号醉翁、六一居士,吉州永丰(今属江西)人。北宋杰出文学家、史学家,"唐宋八大家"之一。此词一作朱淑真作。 [②]月华:月色之美丽。这里指月亮。 [③]帘旌:帘幕。 [④]簟(diàn):竹席。 [⑤]水精:即水晶。

踏莎行

欧阳修

候馆梅残①,溪桥柳细,草薰风暖摇征辔②。离愁渐远渐无穷,迢迢不断如春水。　　寸寸柔肠,盈盈粉泪③,楼高莫近危栏倚④。平芜尽处是春山⑤,行人更在春山外。

蝶恋花

欧阳修

庭院深深深几许。杨柳堆烟,帘幕无重数。玉勒雕鞍游冶处⑥,楼高不见章台路⑦。　　雨横风狂三月暮。门掩黄昏,无计留春住。泪眼问花花不语,乱红飞过秋千去。

---

①候馆:迎候宾客的馆舍,即旅舍。　②摇征辔(pèi):骑马远行。辔,驾驭马的嚼子和缰绳。　③粉泪:女子的眼泪。　④危栏:高楼上的栏杆。　⑤平芜:平坦的草地。　⑥玉勒雕鞍:玉质的马衔,雕花的马鞍,代指华美的车骑。　⑦章台路:代指歌妓聚居的花街柳巷。

桂枝香·金陵怀古①

王安石

登临送目②,正故国晚秋③,天气初肃。千里澄江似练④,翠峰如簇⑤。征帆去棹残阳里⑥,背西风、酒旗斜矗。彩舟云淡,星河鹭起⑦,画图难足。　念往昔,繁华竞逐。叹门外楼头⑧,悲恨相续。千古凭高对此,漫嗟荣辱⑨。六朝旧事随流水,但寒烟、衰草凝绿。至今商女⑩,时时犹唱,《后庭》遗曲⑪。

鹧鸪天⑫

晏几道

醉拍春衫惜旧香,天将离恨恼疏狂。年年陌上生秋草,日日楼中到夕阳。　云渺渺,水茫茫,征人归路许多长。相思本是无凭语,莫向花笺费泪行。

---

①作者王安石(1021—1086),字介甫,号半山,封荆国公。临川(今江西抚州市)人,北宋杰出政治家、文学家,"唐宋八大家"之一。　②登临送目:登山临水,举目望远。　③故国:旧时的都城,指金陵。　④澄江:清澈的长江。练:白色的长绢。　⑤簇(cù):重叠,聚积。　⑥去棹:停船。　⑦星河:夜空的繁星倒映入长江,故称星河。　⑧门外楼头:形容亡国惨剧。陈后主整日在华丽楼阁上与宠妃寻欢作乐,导致亡国被俘。　⑨漫嗟:空叹。　⑩商女:歌女。　⑪《后庭》遗曲:陈后主作的艳曲《玉树后庭花》,后人视为亡国之音。　⑫作者晏几道(1038—1110),字叔原,号小山,晏殊第七子,世称小晏。北宋著名词人。

鹧鸪天

晏几道

小令尊前见玉箫①,银灯一曲太妖娆。歌中醉倒谁能恨?唱罢归来酒未消。　春悄悄,夜迢迢,碧云天共楚宫遥②。梦魂惯得无拘检,又踏杨花过谢桥③。

临江仙

晏几道

梦后楼台高锁,酒醒帘幕低垂。去年春恨却来时④。落花人独立,微雨燕双飞。　记得小蘋初见⑤,两重心字罗衣⑥。琵琶弦上说相思。当时明月在,曾照彩云归。

---

①玉箫:唐范摅《云溪友议》故事中的婢女名,代指所怀念的歌女。　②楚宫:楚王宫,代指玉箫住处,暗寓巫山神女之事。　③谢桥:唐代名妓谢秋娘家的桥,代指伊人里巷。　④却来:又来。　⑤小蘋:歌女名。　⑥心字罗衣:绣有"心"字图案的罗衣。

卜算子·送鲍浩然之浙东①

王 观

水是眼波横,山是眉峰聚。欲问行人去那边,眉眼盈盈处②。才始送春归,又送君归去。若到江南赶上春,千万和春住。

临江仙·夜归临皋③

苏 轼

夜饮东坡醒复醉④,归来仿佛三更。家童鼻息已雷鸣。敲门都不应,倚杖听江声。　　长恨此身非我有,何时忘却营营⑤?夜阑风静縠纹平⑥。小舟从此逝,江海寄余生。

蝶恋花

苏 轼

花褪残红青杏小。燕子飞时,绿水人家绕。枝上柳绵吹又

---

①作者王观,生卒年不详,字通叟,如皋(今属江苏)人。北宋词人。　②盈盈:美好貌。　③临皋:在湖北黄冈县南,长江北岸,苏轼在黄州曾寓居其地。　④东坡:在黄冈城东南隅,苏轼躬耕之地,其自号东坡即由此而来。　⑤营营:奔走劳碌貌。　⑥縠纹:形容水波细微。縠,绉纱。

少①,天涯何处无芳草! 墙里秋千墙外道。墙外行人,墙里佳人笑。笑渐不闻声渐消,多情却被无情恼。

江城子·乙卯正月二十日夜记梦②

苏 轼

十年生死两茫茫③,不思量,自难忘。千里孤坟④,无处话凄凉。纵使相逢应不识,尘满面,鬓如霜。 夜来幽梦忽还乡。小轩窗,正梳妆。相顾无言,惟有泪千行。料得年年肠断处,明月夜,短松冈。

江城子·密州出猎

苏 轼

老夫聊发少年狂。左牵黄,右擎苍⑤。锦帽貂裘,千骑卷平冈。为报倾城随太守,亲射虎,看孙郎⑥。 酒酣胸胆尚开张。

---

①柳绵:柳絮。 ②乙卯:神宗熙宁八年(1075),时作者在密州任太守。 ③十年生死:苏轼妻王弗,眉州青神人,生子苏迈。治平二年(1065)二十七岁病逝于汴京,至作者写此词时正好十年。 ④千里孤坟:王氏死后先葬于汴京西郊,治平三年(1066)迁葬于眉州彭山县,相距密州数千里,故曰"千里孤坟"。 ⑤黄:黄犬。苍:苍鹰。 ⑥孙郎:指孙权,曾"乘马射虎于庱(líng)亭"。

鬓微霜，又何妨。持节云中，何日遣冯唐①。会挽雕弓如满月，西北望，射天狼②。

水 调 歌 头

苏 轼

丙辰中秋，欢饮达旦，大醉，作此篇，兼怀子由③。

明月几时有？把酒问青天。不知天上宫阙，今夕是何年。我欲乘风归去，又恐琼楼玉宇④，高处不胜寒。起舞弄清影，何似在人间！　转朱阁⑤，低绮户⑥，照无眠。不应有恨，何事长向别时圆？人有悲欢离合，月有阴晴圆缺，此事古难全。但愿人长久，千里共婵娟⑦。

---

①持节云中，何日遣冯唐：西汉魏尚为云中郡太守，爱护士卒，守边有方，战绩卓著。后因上报战果数字略有差误，便被削爵追究。郎中署长冯唐认为，如此对待臣下有失宽厚，无法用才，便将此意上奏汉文帝。文帝当天"即令唐持节赦魏尚，复以为云中守，而拜唐为车骑都尉"（《汉书·冯唐传》）。作者用此典故，表明渴望得到朝廷重用。②天狼：星名，喻指侵略。　③丙辰：宋神宗熙宁九年（1076）。子由：苏轼弟苏辙，字子由。　④琼楼玉宇：指月中宫殿。　⑤转朱阁：照遍了华美的楼阁。　⑥低绮户：低低地照进雕花的门窗。　⑦婵娟：月里的嫦娥，代指月亮。

水调歌头·黄州快哉亭赠张偓佺①

苏 轼

落日绣帘卷,亭下水连空。知君为我新作,窗户湿青红②。长记平山堂上③,欹枕江南烟雨④,杳杳没孤鸿。认得醉翁语⑤,山色有无中⑥。　一千顷,都镜净,倒碧峰⑦。忽然浪起,掀舞一叶白头翁⑧。堪笑兰台公子⑨,未解庄生天籁⑩,刚道有雌雄⑪。一点浩然气,千里快哉风。

念奴娇·赤壁怀古

苏 轼

大江东去,浪淘尽,千古风流人物。故垒西边⑫,人道是、三国周郎赤壁⑬。乱石穿空,惊涛拍岸,卷起千堆雪。江山如画,一

---

①黄州:今湖北黄冈,苏轼贬谪之地。快哉亭:苏轼好友张怀民在其宅西南长江边所建,由苏轼命名并作词相赠。张偓佺:张怀民字偓佺,当时也谪居黄州。　②湿青红:漆色鲜润。　③平山堂:公元1048年,欧阳修在扬州所建。　④欹枕:卧着观望。　⑤醉翁:欧阳修自号"醉翁"。　⑥山色有无中:句出欧阳修《朝中措·送刘仲原甫出守维扬》。　⑦倒碧峰:碧峰倒影水中。　⑧一叶:小舟。白头翁:老渔翁。　⑨兰台公子:指战国楚辞赋家宋玉,曾做兰台令。　⑩庄生:庄子(前369?—前286?),名周,战国时宋国人,古代著名思想家,道家代表人物,与老子合称"老庄"。天籁:发于自然的音响,指风吹声。　⑪雌雄:宋玉作《风赋》,把风分为"大王之风"、"庶人之风",即雄风、雌风。苏轼认为此说很可笑。　⑫故垒:黄州古老的城堡,疑为古战场陈迹。　⑬周郎:周瑜,字公瑾,任吴军统帅时年仅二十四岁。

时多少豪杰。　　遥想公瑾当年，小乔初嫁了，雄姿英发。羽扇纶巾①，谈笑间、樯橹灰飞烟灭②。故国神游③，多情应笑我，早生华发④。人生如梦，一尊还酹江月⑤。

水龙吟·次韵章质夫杨花词⑥

苏　轼

似花还似非花，也无人惜从教坠⑦。抛家傍路⑧，思量却是、无情有思⑨。萦损柔肠⑩，困酣娇眼，欲开还闭。梦随风万里，寻郎去处，又还被莺呼起⑪。　　不恨此花飞尽，恨西园、落红难缀⑫。晓来雨过，遗踪何在？一池萍碎⑬。春色三分，二分尘土，一分流水⑭。细看来，不是杨花，点点是、离人泪。

---

①羽扇纶(guān)巾：手握羽扇，头戴青丝帛头巾，一副儒将装束，形容周瑜态度从容闲雅。　②樯橹：指曹操的水军。　③故国：旧地，指赤壁。神游：想象当年周瑜破曹的情境。　④华发：花白的头发。华，同"花"。　⑤尊：同"樽"，酒杯。酹(lèi)：把酒洒在地上，以示祭奠之情。　⑥章质夫：章楶(jié)，字质夫，与苏轼同官京师，咏杨花的《水龙吟》亦为名作。　⑦从教坠：任凭它飘来飘去。　⑧抛家傍路：离开枝头，落在路边。　⑨思(sī)：深意。　⑩萦损柔肠：思念之情愁坏了肚肠。　⑪莺呼起：莺啼惊醒了睡梦。　⑫缀：收拾。　⑬萍碎：细碎的浮萍。　⑭二分尘土，一分流水：大部分委于尘土，小部分随流水而去。

清平乐

黄庭坚

春归何处?寂寞无行路①。若有人知春去处,唤取归来同住。春无踪迹谁知?除非问取黄鹂。百啭无人能解,因风飞过蔷薇②。

鹧鸪天

黄庭坚

黄菊枝头生晓寒,人生莫放酒杯干。风前横笛斜吹雨,醉里簪花倒著冠。 身健在,且加餐,舞裙歌板尽清欢。黄花白发相牵挽,付与时人冷眼看。

虞美人·宜州见梅作

黄庭坚

天涯也有江南信,梅破知春近。夜阑风细得香迟,不道晓来开遍向南枝。 玉台弄粉花应妒,飘到眉心住。平生个里愿杯

---

①无行路:看不见它走过的踪迹。 ②因风:顺着风势。

深，去国十年老尽少年心。

水调歌头
黄庭坚

瑶草一何别，春入武陵溪①。溪上桃花无数，枝上有黄鹂。我欲穿花寻路，直入白云深处，浩气展虹霓。只恐花深里，红露湿人衣。　　坐玉石，倚玉枕，拂金徽②。谪仙何处③？无人伴我白螺杯④。我为灵芝仙草，不为朱唇丹脸，长啸亦何为！醉舞下山去，明月逐人归⑤。

点绛唇⑥
秦观

醉漾轻舟，信流引到花深处。尘缘相误，无计花间住。
烟水茫茫，千里斜阳暮。山无数，乱红如雨，不记来时路。

---

①武陵溪：在今湖南常德市，此处用陶潜《桃花源记》掌故，代指世外仙境。　②拂金徽：弹瑶琴。　③谪仙：李白。　④白螺杯：用白螺壳做成的酒杯。　⑤逐：追随着。　⑥作者秦观（1049—1100），字少游，一字太虚，号淮海居士，扬州高邮（今属江苏）人。北宋著名词人，"苏门四学士"之一。

踏莎行

秦 观

雾失楼台①,月迷津渡②,桃源望断无寻处③。可堪孤馆闭春寒,杜鹃声里斜阳暮。　　驿寄梅花,鱼传尺素,砌成此恨无重数。郴江幸自绕郴山④,为谁流下潇湘去⑤?

江 城 子

秦 观

西城杨柳弄春柔⑥。动离忧,泪难收。犹记多情、曾为系归舟。碧野朱桥当日事,人不见,水空流。　　韶华不为少年留⑦。恨悠悠,几时休?飞絮落花时候、一登楼。便做春江都是泪,流不尽,许多愁。

---

①失:遮蔽。　②月迷津渡:朦胧的月色下看不清渡口。　③桃源:代指仙境。　④郴江:在郴州,发源于郴县的郴山,下流入耒水,北流入湘江。　⑤潇湘:湖南二水名,至零陵(今永州市)合流。此处代指湘江。　⑥西城:汴京。　⑦韶华:美好的青春。

满 庭 芳

秦 观

　　山抹微云，天粘衰草，画角声断谯门①。暂停征棹，聊共引离尊。多少蓬莱旧事②，空回首、烟霭纷纷。斜阳外，寒鸦数点，流水绕孤村。　　销魂。当此际，香囊暗解，罗带轻分③。谩赢得、青楼薄幸名存④。此去何时见也，襟袖上、空惹啼痕。伤情处，高城望断，灯火已黄昏。

秋蕊香⑤

张 耒

　　帘幕疏疏风透，一线香飘金兽。朱栏倚遍黄昏后，廊上月华如昼。　　别离滋味浓如酒，著人瘦。此情不及墙东柳，春色年年依旧。

---

①画角：西羌乐器，外施彩绘，故名。谯门：古代筑在城上望远的楼。　②蓬莱旧事：恋情往事。　③香囊、罗带：古代男女佩物，多用以男女间交换定情。　④青楼：色情场所。薄幸：薄情，负心。　⑤作者张耒（1054—1114），字文潜，号柯山，人称宛丘先生、张右史。北宋文学家，"苏门四学士"之一。

第七单元

元曲选粹

阅读提示

  本单元共选了17位散曲家的作品，共25首，这些作品取材广泛，深刻地反映了元代的社会生活。有的揭露黑暗实质，反映人民疾苦，反对邪恶；有的慨叹世情险恶，向往归隐田园；有的写离别思念与描写山川景物等。就散曲本身的特色而言，较传统的诗词，作者更着力于思想感情痛快淋漓的自由表达。此种朴素、自然的特点，使作品更富有浓郁的生活气息。

〔双调〕小圣乐·骤雨打新荷①

元好问

  绿叶阴浓，遍池亭水阁，偏趁凉多。海榴初绽②，妖艳喷香罗③。

---

  ①作者元好问（1190—1257），字裕之，号遗山，太原秀容（今山西忻县）人。金末元初著名的文学家、诗人。今人罗慷烈曾云："变宋词为散曲，始于遗山。" ②海榴初绽：石榴花刚刚绽蕾开放。海榴，即石榴，因其自海外引入，故称。绽，开放，裂开。
③妖艳喷香罗：花儿妖艳而富有光泽和神韵。喷，喻花儿怒放的形态。罗，古代丝织品。

老燕携雏弄语①,有高柳鸣蝉相和②。骤雨过,珍珠乱糁③,打遍新荷。　　人生百年有几,念良辰美景,一梦初过④。穷通前定⑤,何用苦张罗⑥。命友邀宾玩赏⑦,对芳樽浅酌低歌⑧。且酩酊⑨,任他两轮日月⑩,来往如梭⑪。

〔双调〕蟾宫曲⑫

卢　挚

沙三伴哥来嗏⑬,两腿青泥,只为捞虾。太公庄上⑭,杨柳阴中,磕破西瓜。小二哥昔涎刺塔⑮,碌轴上渰着个琵琶⑯。看荞麦开花,绿豆生芽。无是无非,快活煞庄家⑰。

---

①老燕携雏(chú)弄语:老燕子携带着小燕子呢喃学语。雏,幼小的(多指鸟类),此指幼燕。　②高柳鸣蝉相和:高柳上的蝉儿,互相鸣叫唱和。　③珍珠乱糁(sàn):雨点打在新荷之上,恰如乱撒的晶莹珍珠一般。糁,米粒儿(方言),此作"撒"讲。
④"人生"三句:意谓人生短暂,而那良辰美景,如同梦幻一般,俯仰即逝,无法挽留。
⑤穷通前定:穷,困厄,不如意。通,通达顺利,得志如意。这句话是说人的命运如何,都是注定了的,不会因个人的作为而变化。　⑥张罗:忙碌,收拾,料理等。
⑦命友邀宾:呼朋唤友。命,呼,叫,请。　⑧对芳樽浅酌低歌:面对着美酒,浅饮低唱。芳樽,芳香的酒杯,代指美酒。　⑨酩酊(míng dǐng):形容大醉。　⑩两轮日月:因日月之形状似车轮,古人称做日轮和月轮。　⑪来往如梭:日月此升彼落,循环往复。　⑫作者卢挚(约1242—约1315),字处道,一字莘老,号疏斋,又号嵩翁,大都涿州(今河北涿县)人。元代散曲作家。　⑬沙三伴哥:及下文的"小二哥",都是元曲中常用的农村青壮年人名。嗏:语尾助词,略同于"呀",或"着呀"。
⑭太公:元曲中对农村大户人家老主人的习称。　⑮昔涎刺塔:元人方言,垂涎三尺的样子。　⑯碌轴:即碌碡,石碾子,碾谷及平整场地用的农具。渰,同"弇",履盖,合覆。全句说,小二哥斜靠在碌轴上像琵琶。　⑰庄家:农民。

〔双调〕蟾宫曲·商女

卢 挚

水笼烟明月笼沙①,淅沥秋风,哽咽鸣筘②。闷倚篷窗③,动江天两岸芦花④,飞鹭鸟青山落霞⑤,宿鸳鸯锦浪淘沙⑥。一曲琵琶,泪湿青衫,恨满天涯⑦。

〔双调〕寿阳曲·别朱帘秀⑧

卢 挚

才欢悦,早间别⑨,痛煞煞好难割舍⑩。画船儿载将春去也⑪,空留下半江明月⑫。

---

①水笼烟:套用杜牧《泊秦淮》"烟笼寒水月笼沙,夜泊秦淮近酒家"句意。　②哽咽:形容胡筘声如抽泣。　③篷窗:船篷上的窗。　④动江天两岸芦花:化用白居易《琵琶行》"枫叶荻花秋瑟瑟"句,言两岸的芦花在江天中摇曳。　⑤飞鹭鸟青山落霞:套用王勃《滕王阁序》"落霞与孤鹜齐飞,秋水共长天一色"句意。言鹭鸟在青山落霞中飞翔。　⑥宿鸳鸯锦浪淘沙:言浪花飞溅的沙地上栖息着一对鸳鸯。　⑦一曲琵琶,泪湿青衫,恨满天涯:转述《琵琶行》中的句意。《琵琶行》中有"同是天涯沦落人,相逢何必曾相识"、"座中泣下谁最多,江州司马青衫湿"等句。　⑧朱帘秀:元代著名的杂剧女演员,姓朱行四,演技高超,旦末双全,名噪当时。夏庭芝《青楼集》赞她"杂剧为当今独步,驾头、花旦、软末泥等,悉造其妙"。　⑨早:就、已。间别:分别、离别。　⑩痛煞煞好难割舍:全句讲悲痛万分,实在难以割舍分离。痛煞煞,形容悲痛至极。煞煞,语尾助词。　⑪画船儿:有彩绘的华丽的船。将:语气助词。春:本指美好的春日时光,在此指代朱帘秀。　⑫空留下半江明月:此句以半江凄冷的月光来形容作者孤寂惆怅的心绪。空,白白地,孤单单地。

〔双调〕殿前欢

卢　挚

酒杯浓，一葫芦春色醉山翁①，一葫芦酒压花梢重。随我奚童②，葫芦干，兴不穷③。谁人共？一带青山送。乘风列子，列子乘风④。

〔双调〕拨不断⑤

马致远

布衣中⑥，问英雄，王图霸业成何用？禾黍高低六代宫，楸梧远近千官⑦。一场噩梦。

---

①山翁：指晋山简，字季伦，此人嗜酒成癖，镇守襄阳时，每日必酩酊大醉。此处作者借以自比。　②奚童：小僮仆。奚，古代奴隶的一种。　③兴不穷：兴未尽，也即未尽兴。　④乘风列子，列子乘风：意谓醉意中归去，飘飘然如同列子乘风。列子，即列御寇，战国郑人，道家前辈。《庄子·逍遥游》称其能"御风而行"。
⑤作者马致远（约 1251—1321），晚年号"东篱"，大都（今北京）人。元代著名杂剧家。　⑥布衣：平民百姓，未得功名的人。　⑦"禾黍"二句：本唐许浑《金陵怀古》诗："楸梧远近千官，禾黍高低六代宫。"六代，即六朝，指三国吴、东晋、南朝宋、齐、梁、陈，均在今南京建都。楸梧，两种树木名，常植于墓地。

〔双调〕寿阳曲

马致远

从别后，音信杳①，梦儿里也曾来到。问人知行到一万遭②，不信你眼皮儿不跳③。

〔双调〕折桂令·过多景楼④

周文质

滔滔春水东流。天阔云闲，树渺禽幽。山远横眉，波平消雪，月缺沉钩。桃蕊红妆渡口，梨花白点江头。何处离愁？人别层楼，我宿孤舟。

---

①音信杳（yǎo）：没有音信。杳，遥远。　②问人知行到一万遭：向别人打听情郎的行踪已许许多多次了。问人知，即问别人知不知（其行踪）。行，做。遭，回，次。
③不信你眼皮儿不跳：旧说远方有人思念自己，眼皮就会跳。此句意即不信你不知道。
④多景楼：在镇江的北固山下，俯临长江。作者周文质（？—1334），字仲彬。原籍建德（今属浙江），后移居杭州。元杂剧、散曲作家。

〔正宫〕叨叨令·自叹

周文质

去年今日题诗处,佳人才子相逢处。世间多少伤心处,人面不知归何处。望不见也末哥,望不见也末哥,绿窗空对花深处。

〔双调〕折桂令·失题①

阿鲁威

问人间谁是英雄?有酾酒临江,横槊曹公②。紫盖黄旗③,多应借得,赤壁东风④。更惊起南阳卧龙⑤,便成名八阵图中⑥。鼎足三分⑦,一分西蜀,一分江东。

---

①作者阿鲁威,生卒年不详。一作"阿鲁灰"、"阿鲁晕",又称"鲁东泉"。字叔重(又作"叔仲"),号东泉,蒙古族人。元代著名诗人和散曲作家。 ②酾(shī)酒临江,横槊(shuò)曹公:苏轼《前赤壁赋》:"方其(曹操)破荆州,下江陵,顺流而东也,舳(zhú)舻(lú)千里,旌旗蔽空,酾酒临江,横槊赋诗,固一世之雄也,而今安在哉?"这里是化用而来。酾酒,滤酒,这里指酌酒。横槊,横执着长矛。 ③紫盖黄旗:本为一种黄旗紫盖状的云气,古人以为这是天子之气。 ④多应借得,赤壁东风:承上句言,吴之所以能在赤壁之战中取得胜利,以有"紫盖黄旗"之祥瑞,因而借助东风,火烧曹营,曹军大败。 ⑤南阳卧龙:即指诸葛孔明。诸葛亮《出师表》曾云:"臣本布衣,躬耕于南阳。"《三国志·蜀书·诸葛亮传》:"(徐庶)谓先主曰:'诸葛孔明者,卧龙也,将军岂愿见之乎?'" ⑥成名八阵图:八阵图,古代作战时的一种阵势。《三国志·蜀书·诸葛亮传》:"推演兵法,作八阵图。"八阵指的是洞当、中黄、龙腾、鸟飞、折冲、虎翼、握机、连衡。 ⑦鼎足三分:魏、蜀、吴三国对峙,犹如鼎之三足。

〔双调〕水仙子·山居自乐（二首）①

孙周卿

西风篱菊灿秋花②，落日枫林噪晚鸦。数椽茅屋青山下③，是山中宰相人家④。教儿孙自种桑麻⑤。亲眷至煨香芋⑥，宾朋来煮嫩茶⑦，富贵休夸。

朝吟暮醉两相宜⑧，花落花开总不知⑨。虚名嚼破无滋味⑩，比闲人惹是非。淡家私付与山妻⑪，水碓里春来米⑫，山庄上线了鸡⑬，事事休提。

---

①作者孙周卿，生卒年不详。古邠州（今陕西邠县一带）人。元散曲作家。　②西风：秋风。李白《忆秦娥》："西风残照，汉家陵阙。"　③椽（chuán）：传也。相传次而布列的意思。见《释名·释宫室》。　④是山中宰相人家：山中宰相，原指陶弘景。此处是作者自称，以示其自得其乐。　⑤教儿孙自种桑麻：桑麻，在此代指农事，农作物。陶渊明《归田园居》（其二）："相见无杂言，但道桑麻长。"孟浩然《过故人庄》："开轩面场圃，把酒话桑麻。"本句从杨恽《报孙会宗书》"长为农夫以没世矣，是故率妻子，戮力耕桑，灌园治产"点化而出。　⑥煨（wēi）：烹调法，用微火慢慢地煮，也指将生的食物放在带火的灰里烧熟，本句当为此意。　⑦宾朋：宾客朋友。　⑧朝吟暮醉：这里是互文修辞的运用。意谓整日里吟诗饮酒。朝，早晨。暮，傍晚。宜：适宜，恰到好处。　⑨花落花开总不知：花开也好，花落也罢，总也不知道。这句是说，万事万物的兴衰成败，进退是非等，都漠不关心，听其自然。　⑩虚名嚼破无滋味：意思是如果看透了的话，名声是没有什么意义的。嚼破，咀嚼透，品味透。　⑪淡家私：些微家产。山妻：古代自称其妻的谦词。　⑫水碓（duì）：利用水力舂米的器具。　⑬线了鸡：即阉了鸡。

〔双调〕殿前欢·道情①

刘 致

醉颜酡②,水边林下且婆娑③。醉时拍手随腔和④,一曲狂歌。除渔樵那两个,无灾祸⑤。此一着谁参破⑥?南柯梦绕,梦绕南柯。

〔中吕〕山坡羊·述怀⑦

张养浩

无官何患⑧,无钱何惮⑨!休教无德人轻慢。你便列朝班⑩,铸铜山⑪,止不过只为衣和饭⑫,腹内不饥身上暖。官,君莫想;钱,君莫想。

---

①作者刘致(约1258—1335以后),字时中,号逋斋,石州宁乡(今山西离石县)人。元散曲作家。　②醉颜酡(tuó):喝了酒脸色发红。　③婆娑:舞蹈。　④和(hé):和谐地跟着唱。　⑤除渔樵那两个,无灾祸:除却渔夫、樵夫两个(种)人,没灾没祸。　⑥参破:看破,识破,看透。　⑦作者张养浩(1270—1329),字希孟,号云庄,济南(今属山东)人,元代著名散曲家。　⑧患:担心、忧虑。韩愈《进学解》:"诸生业患不能精,无患有司之不明;行患不能成,无患有司之不公。"　⑨惮(dàn):怕,畏惧。《论语·学而》:"过则勿惮改。"　⑩你便列朝班:即便你做了高官。列朝班,排列班行,朝拜皇帝,指朝中高官。　⑪铸铜山:《史记·佞幸列传》:孝文帝有宠臣邓通,无技能。"文帝赏赐通巨万以十数,官至上大夫……上使善相者相通,曰:'当贫饿死。'文帝曰:'能富通者在我也,何谓贫乎?'于是赐邓通蜀严道铜山,得自铸钱,'邓氏钱'布天下。其富如此。"景帝时,家产籍没,终贫饿而死。　⑫止不过:只不过。

〔双调〕水仙子·咏江南

张养浩

一江烟水照晴岚①,两岸人家接画檐②。芰荷丛一段秋光淡③。看沙鸥舞再三④,卷香风十里珠帘⑤。画船儿天边至⑥,酒旗儿风外飐⑦。爱杀江南⑧。

〔双调〕折桂令

张养浩

功名事一笔都勾⑨,千里归来,两鬓惊秋⑩。我自无能,谁言

---

①晴岚(lán):本指晴天时山林中的雾气,此指阳光下江面上的雾霭。 ②接画檐:画檐,有花纹、图案修饰的房檐。这里指房檐相连。 ③芰(jì)荷丛一段秋光淡:江面上,荷花掩映,秋光也显得恬淡静美。芰,菱。芰荷,出水的荷花、荷叶。 ④沙鸥:一种水鸟,栖息沙洲,经常飞翔于江海之上。杜甫《旅夜书怀》:"飘飘何所似?天地一沙鸥。" ⑤珠帘:用珍珠缀饰的帘子。王勃《滕王阁》诗:"画栋朝飞南浦云,珠帘暮卷西山雨。" ⑥画船儿:装饰华丽的船。 ⑦酒旗儿风外飐(zhǎn):酒旗儿,即酒帘子,酒家所用的招子,也称"酒望"、"望子"、"招子",以布缀竿,悬于门首,作招徕酒客之用。飐,飘扬。 ⑧杀:又作"煞"、"曬"等,犹言"极"、"很"等。 ⑨一笔都勾:一笔勾销、了结。 ⑩两鬓惊秋:两鬓,脸两边靠耳朵前边长头发的部位。惊秋,惊叹自己的鬓发,已经像秋霜一样白了。

有道,勇退中流①。柴门外春风五柳②,竹篱边野水孤舟。绿蚁新笃③,瓦钵磁瓯④。直共青山,醉倒方休⑤。

〔仙吕〕寄生草·感叹⑥

查德卿

姜太公贱卖了磻溪岸⑦,韩元帅命博得拜将坛⑧。羡傅说守定岩前版⑨,叹灵辄吃了桑间饭⑩,劝豫让吐出喉中炭⑪。如今凌烟阁一层一个鬼门关⑫,长安道一步一个连云栈⑬。

---

①我自无能,谁言有道,勇退中流:我因为没有能力而辞官引退,谁说是深明进退之道而急流勇退的呢?勇退中流,犹"急流勇退",本指船在急流中迅速退出,多借喻官吏于得意时引退,以明哲保身。　②柴门:犹言"荆门"、"蓬门"、"荆扉"等。本指贫苦人家用篱笆、柴草之类的东西搭成的房门,也多以之指代古隐逸之士、清高文人所居之所。杜甫《羌村三首》(其一):"柴门鸟雀噪,归客千里至。"刘长卿《逢雪宿芙蓉山主人》:"柴门闻犬吠,风雪夜归人。""五柳"和下句中的"竹篱"用典于东晋陶渊明事。　③绿蚁:酒上浮起的绿色泡沫,多作酒的代称。　④钵(bō):陶制的器具,形状像盆而较小,用来盛饭、菜、茶水等。瓯(ōu):盆盂类瓦器。　⑤直共青山,醉倒方休:一直与青山相伴,(指于郊野之外欢饮)醉倒时才算罢了。　⑥作者查德卿,生平不详。元散曲作家。　⑦"姜太公"句:姜太公吕尚在磻溪以垂钓为业,八十岁时方遇见周文王,尊为尚父,扶周灭商。磻溪,在今陕西宝鸡境内,渭水支流。⑧"韩元帅"句:汉高祖刘邦曾筑坛斋戒,拜韩信为大将。韩信为兴汉功臣,日后却被刘邦纵容吕后杀害。　⑨"羡傅说"句:傅说在任殷高宗国相前,在傅岩当奴隶,从事泥木建筑劳役。版,聚土以夯实的筑墙器具。　⑩"叹灵辄"句:灵辄为晋国翳桑地方的贫民,赵盾见他饥饿,给予饭食。后灵辄任晋灵公甲士,在灵公欲暗害赵盾时,倒戈相救,然后自己逃走不知所终。　⑪"劝豫让"句:豫让为春秋末晋国智伯的门客。智伯为赵襄子灭后,豫让毁形变容,吞炭成为哑子,设法为主人报仇。后谋刺赵襄子不遂,被执而自杀。　⑫凌烟阁:天子为表彰功臣而建造的高阁,绘画功臣图像于其间。　⑬连云栈:古代由陕入川的栈道名,多凿建于山崖半壁间,极为险峭。

第七单元

〔越调〕天争沙·闲题（其二）①

吴西逸

江亭远树残霞，淡烟荒、草平沙，绿柳阴中系马。夕阳西下，水村山郭人家②。

〔双调〕殿前欢·大都西山③

唐毅夫

冷云间，夕阳楼外数峰闲。等闲不许俗人看，雨髻烟鬟。倚西风十二阑，休长叹。不多时暮霭风吹散，西山看我，我看西山。

---

①作者吴西逸，生平不详。元散曲作家。　②水村：江边的村庄。山郭：山外的城郭。此处描摹江南风光。　③大都西山：北京西山，属太行山脉之余段，为历史上的著名风景区。作者唐毅夫，生平不详。

〔双调〕蟾宫曲·夜宴①

周德清

宰金头黑脚天鹅②。客有钟期③,座有韩娥④。吟既能吟,听还能听,歌也能歌。和《白雪》新来较可⑤,放行云飞去如何⑥?醉睹银河,灿灿蟾孤⑦,点点星多。

〔越调〕天净沙·即事⑧

乔 吉

莺莺燕燕春春⑨,花花柳柳真真⑩,事事风风韵韵⑪。娇娇嫩

---

①作者周德清(1277—1365),字日湛,号挺斋,高安(今属江西)人。元散曲作家、音韵学家。　　②宰金头黑脚天鹅:《饮膳正要》:"天鹅有四等,大金头鹅似雁而长项,入食为上,美于雁。"　　③钟期:钟子期,春秋楚人,精于音律。伯牙鼓琴,意在高山,或在流水,他一一识其意旨,后人视为知音的典型。　　④韩娥:古代歌唱家,她在齐国雍门唱歌,"余音绕梁,三日不绝"。　　⑤《白雪》:即《阳春白雪》,古乐曲名,代表高雅的音乐。此处指宴席上佳妙的诗作。　　⑥放行云:《列子》载秦青善歌,"声振林木,响遏行云。"又宋玉《高唐赋序》述巫山神女自言"旦为行云,暮为行雨"。此处意含双关。　　⑦蟾:指代月亮。　　⑧即事:乔吉《即事》有四首,此为第四首。即事,即写眼前刚刚发生的事。作者乔吉(1280—1345),又作乔吉甫,字梦符,号笙鹤翁,又号惺惺道人。原籍太原(今属山西),后流寓杭州。元代后期著名的杂剧、散曲作家。　　⑨莺莺燕燕春春:此句喻指一群天真活泼的美妙女子。姜夔《踏莎行》:"燕燕轻盈,莺莺娇软,分明又向华胥见。"　　⑩花花柳柳真真:花花柳柳,写所咏叹的美人,花喻其面容,柳言其体态。真真,"真"字重叠,意在强调说明其真实程度,即真真切切,实实在在意。　　⑪事事风风韵韵:风风韵韵,风韵的重叠,指美女的气度和风韵。这句话是说,所咏美人的风度、韵致都十分美妙。

第七单元

嫩，停停当当人人①。

〔双调〕蟾宫曲·送春②

贯云石

问东君何处天涯③？落日啼鹃，流水桃花。淡淡遥山，萋萋芳草，隐隐残霞。随柳絮吹归哪答④，趁游丝惹在谁家⑤？倦理琵琶，人倚秋千，月照窗纱。

〔双调〕水仙子·夜雨⑥

徐再思

一声梧叶一声秋⑦，一点芭蕉一点愁⑧，三更归梦三更后。落灯花，棋未收，叹新丰孤馆人留⑨。枕上十年事，江南二老忧，都到心头。

---

①停停当当人人：停停当当，"停当"的重叠，有妥当、合适之意，这里是形容女子的体态、姿势、动作的优美。人人，对所钟爱者的昵称，多指女性。将"人人"理解成众人，亦通。　②作者贯云石（1286—1324），号酸斋，又号芦花道人。原名小云石海涯。元代散曲作家。　③东君：春神。　④哪答：什么地方，元代方言。　⑤游丝：空中飘动的蛛丝。晏殊《蝶恋花》词："满眼游丝兼落絮，红杏开时，一清明雨。"惹：牵引住。　⑥作者徐再思，生卒年不详，因好食甜饴，自号甜斋。嘉兴（今属浙江）人。元代后期散曲作家。　⑦此句以雨打在梧叶之上，渲染秋凉之意。　⑧该句以雨点打在芭蕉上的声音写人的愁思。　⑨新丰：旧址在今陕西临潼县东北新丰镇。汉高祖因其父思念故乡，遂按沛县丰邑的格局改筑骊邑，迁丰县居民于此，让其父生活在那里，故称新丰。

〔正宫〕小梁州·九日渡江（其一）①

汤 式

秋风江上棹孤舟②，烟水悠悠③，伤心无句赋登楼④。山容瘦，老树替人愁。樽前醉把茱萸嗅⑤，问相知几个白头⑥。乐可酬⑦，人非旧。黄花时候，难比旧风流⑧。

〔双调〕雁儿落带得胜令·无题⑨

高克礼

寻致争不致争⑩，既言定先言定⑪。论至诚俺至诚⑫，你薄幸谁薄幸⑬。岂不闻举头三尺有神明⑭，忘义多应当罪名。海神庙见

---

①作者汤式，生卒年不详，字舜民，号菊庄，浙江象山人。元末明初的重要散曲作家。　②棹（zhào）孤舟：划孤船。　③悠悠：遥远而浑茫的样子。　④伤心无句赋登楼：汉末动乱时，王粲投奔荆州刘表，刘表却以貌取人，不予重用。王粲偶登当阳城楼，作《登楼赋》以述其志。后以"王粲登楼"为游子思乡，怀才不遇的典故。　⑤樽：酒器。茱萸：又名越椒，有山茱萸、吴茱萸、食茱萸三种。生于川谷，其味香烈。古代风俗，阴历九月九日重阳节佩戴茱萸，以祛邪避灾。嗅：闻。　⑥问相知几个白头：与李白《九日登山》"古来登高人，今复几人在"同一意蕴。　⑦酬：敬酒。在这里代指饮酒。　⑧黄花时候：菊花盛开的时候，此指九月九日重阳节。旧风流：往日的风流。　⑨作者高克礼，生卒年不详，字敬臣，一作敬德，号秋泉，河间人。元末明初散曲作家　⑩寻致争不致争：意思是说该争气处不争气。　⑪既言定先言定：已经讲定了就不能改变，意即要言而有信。　⑫至诚：最诚实，最忠诚。　⑬薄幸：薄情。　⑭岂不闻举头三尺有神明：难道你没听说神明就在头上，抬眼就可看见的吗？

第七单元

有他为证,似王魁负桂英,碜可可海誓山盟,绣带里难逃命,裙刀上更自刑。活取了个年少书生①。

---

① "海神"六句:碜可可,一作"碜磕磕"、"参可可"、"惨可可"。令人恐惧,凄惨、悲惨等。这六句说王魁负桂英故事。宋张邦畿(jī)《侍儿小名录拾遗》引《摭遗》:"王魁遇桂英于莱州北市深港,桂英求诗于魁,魁时下第,桂英曰:'君但为学,四时所须,吾为办之。'由是魁朝去暮来。逾年,有诏求贤,桂为办西游之用。将行,往州北海神庙盟曰:'吾与桂英誓不相负,若生离异,神当击之。'魁后唱第为天下第一,魁父约崔氏为亲。授徐州金判,桂英不之知,乃喜曰:'徐去此不远,当使人迎我矣。'遣仆持书。魁方坐厅办事,大怒,叱书不受。桂英曰:'魁负我如此,当以死报之。'挥刀自刎。魁在南都试院,有人自烛下出,乃桂英也。魁曰:'汝果无恙乎?'桂英曰:'君轻恩薄义,负誓渝盟,使我至此。'魁曰:'我之罪也,为汝僧诵佛书,多焚纸钱,舍我可乎?'桂英曰:'得君之命即止,不知其他。'后魁竟死。"

第八单元 文苑菁华

阅读提示

　　本单元共选文22篇,其中大部分属议论文,其次是人物传记与辞赋等。议论文所涉及的范围较广泛,有论自然天道,有论国家兴亡,有论政治经济,有论经学精髓,还有训令文告等。三篇辞赋皆为名篇,常读不厌。人物传记也使人耳目一新。

无　逸①

《尚书》

　　周公②曰:呜呼!君子所,其无逸③?先知稼穑之艰难,乃逸,则知小人之依④。相⑤小人。厥父母勤劳稼穑,厥子乃不知稼

---

①无逸:旧传周公作《无逸》,据今传本,当经过史官记录整理。　②周公:名旦。周文王子,武王弟,成王叔父。　③君子所,其无逸:君子,《尚书》中通指贵族统治者。所,在位。其,通"岂",难道。此句意谓:君子在位,怎么会没有安逸?　④小人:《尚书》中泛指庶民。依。隐,内心疾苦。　⑤相:看。

第八单元

穑之艰难，乃逸，乃谚①。既诞②，否则③侮厥父母曰，昔之人④无闻知。

周公曰：呜呼！我闻曰：昔在殷王中宗⑤，严恭寅畏⑥天命自度，治民祗惧，不敢荒宁⑦。肆中宗之享国⑧七十有五年。其在高宗⑨，时旧劳于外，爰暨小人⑩。作⑪其即位，乃或亮阴，三年不言，其惟不言，言乃雍⑫。不敢荒宁，嘉靖⑬殷邦。至于小大⑭，无时或怨⑮。肆高宗之享国五十有九年。其在祖甲，不义惟王，旧为小人⑯。作其即位，爰知小人之依，能保惠于庶民，不敢侮鳏寡。肆祖甲之享国三十有三年。自时厥后，立王生则逸。生则逸⑰，不知稼穑之艰难，不闻小人之劳，惟耽乐⑱之从。自时厥后，亦罔或克寿，或十年，或七八年，或五六年，或四三年。

周公曰：呜呼！厥亦惟我周太王、王季⑲，克自抑畏⑳。文王卑服，即康功田功㉑。徽柔懿恭㉒，怀保小民，惠鲜㉓鳏寡。自朝

---

①谚：同"喭(yàn)"，强悍粗暴。　②既：同"暨"。诞：诳骗。　③否则：即下文的"丕则"，乃至于。　④昔之人：小人称其父母。　⑤昔在：追述古事的用语。殷王中宗：即殷代七世贤王祖乙（据甲骨文辞)，一说为汤之玄孙大戊（据《史记·殷本纪》)。　⑥恭：外貌恭敬。寅：内心恭敬。　⑦天命自度，治民祗惧，不敢荒宁：谓以天降使命为己任，谨慎治民，勤于政事。度(duó)，揣测。祗(zhī)惧，恭敬小心。荒宁，荒政事，图安逸。　⑧肆：同"故"，所以。享国：在王位治国的时间。　⑨高宗：即殷代十一世贤王武丁。　⑩时旧劳于外，爰暨小人：谓长久在民间劳作，与百姓广泛接触。时，实。旧，久。爰，于是。暨，与。　⑪作：开始。　⑫乃或亮阴，三年不言，其惟不言，言乃雍：四句意谓武丁即位之初，三年之中不大讲话；惟其不大讲话，讲起话来和顺合理。亮，信。阴，默。雍，和悦。　⑬嘉靖：安定。　⑭小大：指朝中上下大小臣僚。　⑮无时或怨：意谓对武丁的做法没有怨意。时，同"是"，指代武丁其人。　⑯祖甲：武丁子，祖庚弟。武丁欲废祖庚立祖甲，祖甲逃往民间。不义惟王，旧为小人：认为废长立少不合理，故在民间长期做老百姓。旧：长久。直至祖庚卒后，祖甲方才继位。　⑰生则逸：生于安乐之中。　⑱耽乐：沉溺于享乐。　⑲太王、王季：周公的曾祖父和祖父。　⑳抑畏：谨慎小心。　㉑卑服，即康功田功：穿着卑贱者的衣服，成就开垦荒地和治田之功。　㉒徽：善。柔，仁。懿，美。　㉓惠鲜：爱护。

至于日中昃①，不遑暇食，用咸和万民。文王不敢盘于游田②，以庶邦惟正之供③。文王受命惟中身④，厥享国五十年。

周公曰：呜呼！继自今嗣王，则其无淫于观⑤，于逸，于游，于田，以万民惟正之供。无皇曰⑥：今日耽乐。乃非民攸训，非天攸若，时人丕则有愆⑦。无若殷王受⑧之迷乱，酗于酒德⑨哉！

周公曰：呜呼！我闻曰："古之人犹胥⑩训告，胥保惠，胥教诲，民无或胥诪张为幻⑪。"此厥不听，人乃训之，乃变乱先王之正刑⑫，至于小大。民否则厥心违怨⑬，否则厥口诅祝⑭。

周公曰：呜呼！自殷王中宗，及高宗，及祖甲，及我周文王，兹四人迪哲⑮。厥或告之曰："小人怨汝詈汝。"则皇自敬德⑯。厥愆，曰朕之愆。允若时⑰，不啻不敢含怒⑱。此厥不听，人乃或诪张为幻，曰小人怨汝詈汝，则信之。则若时，不永念厥辟⑲，不宽绰厥心，乱罚无罪，杀无辜。怨有同，是丛于厥身⑳。

周公曰：呜呼！嗣王其监㉑于兹！

---

①朝：早晨。日中：中午。昃：日偏西。　②盘：乐。田：同"畋"，打猎。③以庶邦惟正之供：供，同"恭"。此句谓恭敬处理各邦国间的政事。　④中身：中年。文王四十七岁即位。　⑤继自今嗣王：从今以后继承王位的人。"今"字后当脱"后"字，《酒诰》、《多士》皆作"今后嗣王"，可证。淫：过度。观：古借用为"欢"字，指声色之娱。　⑥无皇曰：不要比方着说。皇，《汉熹平石经》作"兄"。兄，古"况"字。　⑦乃非民攸训，非天攸若，时人丕则有愆：攸，所。训，若，顺。时，是，这。愆，过失。三句意谓这就不是教民、顺天的正确做法，这种人乃至于产生过错。⑧受：即纣，殷朝末代暴君。　⑨德：此指凶德，恶行。　⑩胥：相互。⑪诪(zhōu)张：诳骗。幻：诈惑。　⑫正：同"政"，政治。刑：法令。　⑬违怨：怨恨。　⑭诅祝：诅咒。　⑮迪哲：明智。　⑯皇自敬德：皇，《汉熹平石经》作兄，通"况"，况有"益"义。全句谓益加敬重自己的品德。　⑰允若时：诚如是。下文"则若时"义同。　⑱不啻：不但。不啻不敢含怒。下有省略。郑玄说："不但不敢含怒，乃欲屡闻之，以知己政得失之源也。"　⑲辟：法度。为君之道。　⑳怨有同，是丛于厥身：同，会聚。丛，集中。二句意谓民怨会聚起来，集中到他身上。　㉑嗣王：此指周成王。监：同"鉴"，鉴戒。

第八单元

天　论①

荀　况

　　天行有常②，不为尧存③，不为桀亡④。应之以治则吉，应之以乱则凶⑤。

　　强本而节用⑥，则天不能贫⑦；养备而动时⑧，则天不能病⑨；循道而不忒⑩，则天不能祸⑪。故水旱不能使之饥，寒暑⑫不能使之疾，祆怪不能使之凶⑬。本荒而用侈⑭，则天不能使之富。养略而动罕⑮，则天不能使之全⑯。倍道而妄行⑰，则天不能使之吉。故水旱未至而饥，寒暑未薄⑱而疾，祆怪未至⑲而凶。受时⑳与治世同，而殃祸与治世㉑异，不可以怨天，其道然也㉒。故明于天人之分㉓，则可谓至人矣㉔。

----

①作者荀况（约前313—前238），字卿，又称荀卿，或孙卿，赵国人，著有《荀子》。他是战国末期杰出的唯物主义哲学家，儒家代表人物之一。　②行：运行。常，常规，规律。　③为(wèi)：因为。尧：传说中的"圣王"。　④桀：夏朝的末代君主，传说很暴虐。全句意思是，天不为人世统治者的好坏而改变它的运行规律。
⑤应之以治则吉，应之以乱则凶：统治者宣扬天象的变化，预示人间的祸福。荀子认为，天的运行规律只有人们的活动符合它，才是治，就吉利；如果违背它，就乱，也就凶险。　⑥本：指农业生产。节用：节省国家的用度。　⑦天不能贫：天不能使之贫。
⑧养备：养生之需(主要指衣食)充足。动时：行动适时。　⑨天不能病：天不能使人受到损害。　⑩循道而不忒(tè)：一作"修道而不贰"。忒，差错。　⑪祸：灾祸。
⑫寒暑：冷、热。　⑬祆怪：同"妖怪"，地面的怪异现象。　⑭本荒：指农业荒废。用侈：用度浪费。　⑮养略：衣食减少。罕：应该作"逆"。动逆，活动违背农时。　⑯全：保全，与上文"病"相对。　⑰倍：背离。妄行：胡作非为。
⑱薄：迫近。　⑲未至："至"当作"生"，即"未生"。　⑳受时：经历的天时。
㉑治世：安定的时期。　㉒其道然也：意思是说，是由于人的行为犯了错误所招致的。　㉓天人之分：指天和人之间的关系。荀况认为，自然界是不依人的主观意志而存在的，要正确处理人和自然的关系。　㉔至人：哲人，最聪明的人。

不为①而成，不求而得，夫是之谓天职②。如是者，虽深，其人不加虑焉③；虽大，不加能焉④；虽精，不加察焉⑤；夫是之谓不与天争职。天有其时，地有其财，人有其治⑥，夫是之谓能参⑦。舍其所以参⑧，而愿其所参⑨，则惑矣。

列星随旋，日月递炤⑩，四时代御⑪，阴阳大化⑫，风雨博施⑬。万物各得其和以生⑭，各得其养⑮以成。不见其事而见其功，夫是之谓神。皆知其所以成，莫知其无形⑯，夫是之谓天。唯圣人为不求知天。

天职既立，天功既成，形具而神⑰生，好恶喜怒哀乐臧焉⑱，夫是之谓天情。耳目鼻口形，能各有接而不相能也⑲，夫是之谓天官。心居中虚⑳，以治五官，夫是之谓天君。财非其类㉑以养其类，夫是之谓天养。顺其类者㉒谓之福，逆其类者谓之祸，夫是之谓天政。暗其天君㉓，乱其天官㉔，弃其天养㉕，逆其天政㉖，背其天情㉗，以丧天功㉘，夫是之谓大凶。圣人清其天君，正其天官，备其天养，顺其天政，养其天情，以全其天功。如是，则知其所

---

①为(wéi)：作为。不为，不用人为。　②夫(fú)：发语词。是：指示代词，这。天职：自然界自身的职能。　③其人：指至人。虑：思虑，测度。　④能：能力，才干。　⑤精：精细。察：辨察。　⑥治：管理事物的办法。　⑦能参：能够参助、配合天地的化育。　⑧舍：放弃。所以参：用以参助、配合的，指人的努力。　⑨愿：羡慕，希望。所参：所参助、配合的对象。指自然界的变化。　⑩递：轮替。炤：同"照"。　⑪四时：春、夏、秋、冬。代：交替。御：运行。　⑫阴阳：指天地间化育万物的力量。化：化育。　⑬博：同"溥"，普遍。施：布施。　⑭和：调和。　⑮养：滋养。　⑯无形：无形迹。这里指自然界的作用无形迹。　⑰神：精神，指人的感情、意识。　⑱好恶：喜好和讨厌。臧：同"藏"，蕴藏。　⑲相能：相代替。能，能够。　⑳中虚：指人的胸膛中部。　㉑财：同"裁"，制裁，利用。其类：指人类。非其类，指人类以外的自然资源。　㉒其类者：指人类的生理需要。　㉓暗其天君：把思想搞混乱。　㉔乱其天官：色声香味过度，乱用五官职能。　㉕弃其天养：抛弃供人们生活需要的万物而不用。　㉖逆其天政：违背人类生理需要的生活法则。　㉗背其天情：好、恶、喜、怒、哀、乐无常。　㉘天功：指上述"天君"、"天官"、"天养"、"天政"、"天情"等人类的自然功能和需要。

为，知其所不为矣，则天地官而万物役矣①。其行曲治②，其养曲适③，其生不伤，夫是之谓知天。

故大巧在所不为④，大智在所不虑⑤。所志⑥于天者，已其见象之可以期者矣⑦；所志于地者，已其见宜之可以息者矣⑧；所志于四时者，已其见数之可以事者矣⑨；所志于阴阳者，已其见和之可以治者矣⑩。官人守天而自为守道也⑪。

治乱天邪⑫？曰：日月星辰瑞历⑬，是禹⑭、桀之所同也。禹以治，桀以乱，治乱非天也。时邪⑮？曰：繁启蕃长⑯于春夏，畜积收藏⑰于秋冬，是又禹、桀之所同也。禹以治，桀以乱，治乱非时也。地邪？曰：得地则生，失地则死，是又禹、桀之所同也。禹以治，桀以乱，治乱非地也。《诗》曰⑱："天作高山⑲，大王荒之⑳，彼作矣㉑，文王康之㉒。"此之谓也。

天不为人之恶寒也辍冬㉓，地不为人之恶辽远也辍广㉔，君子不为小人之匈匈也辍行㉕。天有常道矣㉖，地有常数矣㉗，君子有

---

①官：尽其职能。役：役使。　②曲：周遍。曲治，非常有条理。　③曲适：非常适当。　④不为：不做脱离条件许可的事。　⑤不虑：不脱离自然条件去幻想。　⑥志：作"知"字讲，认识。　⑦已：同"以"。象：天象。期：预期。　⑧宜：适宜，指土地条件。息：生长，繁殖。　⑨数：必然之数，指春作，夏长，秋收，冬藏。事：勤，从事劳动。　⑩和：调和。一作"知"。治：治理。　⑪官人守天：掌管天文、历象的官员，迷信天命，等待自然的恩赐。自为守道：指有所作为的人遵循自然规律。　⑫治乱天邪：国家的安定和动乱，是由天造成的吗？邪，与"耶"同。　⑬瑞历：历象的美称。历是岁时季节，象是天文仪器。　⑭禹：夏朝的创建者。　⑮时：天时，就是气候。　⑯繁启蕃长(zhǎng)：繁生萌发，蕃茂长大。　⑰畜积收藏：畜，同"蓄"。臧，同"藏"。即蓄积收藏。　⑱《诗》：《诗经·周颂·天作》。　⑲天作：天生。高山：指岐山，在今陕西岐山县东北。　⑳大王：即太王，指古公亶父，是周文王姬昌的祖父。荒：大，引申为开辟。　㉑作：耕作的意思，引申为创业。　㉒文王：周文王。康：安定。　㉓为(wèi)：因为。恶(wù)：讨厌。辍(chuò)：停止。　㉔广：面积宽广。　㉕匈匈：洶洶，乱嚷的声音。行：行动。　㉖常道：一定的运行规律。　㉗地有常数：地上万物的生长有一定的次第、步骤。

常体矣①。君子道其常②,而小人计其功③。《诗》曰④:"礼义之不愆⑤,何恤⑥人之言兮。"此之谓也。

楚王后车⑦千乘,非知也⑧;君子啜菽⑨饮水,非愚也,是节然也⑩。若夫志意⑪修,德行厚,知虑明,生于今而志乎古,则是其在我者也。故君子敬其在己者⑫,而不慕其在天者;小人错⑬其在己者,而慕其在天者。君子敬其在己者,而不慕其在天者,是以日进也。小人错其在己者,而慕其在天者,是以日退也。故君子之所以日进与小人之所日退,一也;君子小人之以所以相悬者在此耳⑭。

星队木鸣⑮,国人皆恐。曰:是何也?曰⑯:无何也。是天地之变,阴阳之化⑰,物之罕至者也⑱。怪之,可也;而畏之,非也。夫日月之有蚀⑲,风雨之不时⑳,怪星之党见㉑,是无世而不常有之㉒。上明而政平,则是虽并世起㉓,无伤也㉔。上闇而政险㉕,则是虽无一至者㉖,无益也。夫星之队,木之鸣,是天地之变,阴阳之化,物之罕至者也。怪之,可也;而畏之,非也。

---

①常体:常态,常度。言行有一定准则。　②道其常:走正当的道路。　③计其功:计较一时的功利。　④此处引文,现存《诗经》中没有,已经散失。　⑤愆(qiān):过错。　⑥恤(xù):顾虑。　⑦后车:侍从的车子。　⑧知:同"智"。　⑨啜(chuò):吃。菽(shū):原指豆类,这里泛指粗粮。　⑩节然:适然,恰恰碰上。　⑪志意:一作"心意"。　⑫敬其在己:努力去做自己可以支配的事情。　⑬错:同"措",搁置,放弃。　⑭相悬:差别很大。悬,悬殊。　⑮队:同"坠"。星坠,即陨星。木鸣:指社树发出的怪声。古代祭祀土神的庙叫"社",所种的树称为社树。木鸣即所种树木因风发出声音。　⑯前一个"曰"是作者设问,后一个是回答。　⑰阴阳之化:古人认为天地间有阴阳二气,互相制约、变化,引起事物的变异。　⑱罕至:不常到这种地步,意即不常有。　⑲有蚀:出现日食月食。　⑳不时:不合季节,不是时候。　㉑怪星:指彗星之类。党:同"傥(tǎng)"。傥见,偶尔出现。　㉒常有:同"尝有",曾经有过。　㉓虽并世起:虽然同时全出现。　㉔无伤:没有危害。　㉕闇:同"暗"。险:恶,险恶。　㉖无一至:没有一次到来(发生)。

物之已至者，人祅①则可畏也。楛②耕伤稼，耘耨失薉③，政险失民，田薉稼恶，籴④贵民饥，道路有死人，夫是之谓人祅。政令不明，举措⑤不时，本事⑥不理，夫是之谓人祅。礼义不修，内外无别，男女淫乱，则父子相疑⑦，上下乖离⑧，寇难⑨并至，夫是之谓人祅。祅是生于乱，三者错，无安国。其说甚尔⑩，其菑⑪甚惨。勉力不时⑫，则牛马相生⑬，六畜作祅。可怪也，而不可畏也。传曰⑭："万物之怪，《书》不说⑮。无用之辩，不急之察，弃而不治。"若夫君臣之义，父子之亲，夫妇之别，则日切瑳而不舍也⑯。

雩而雨⑰，何也？曰：无何也，犹不雩而雨也。日月食而救之，天旱而雩，卜筮⑱然后决大事，非以为得求也，以文之也。故君子以为文⑲，而百姓以为神⑳。以为文则吉，以为神则凶也㉑。

在天者莫明于日月，在地者莫明于水火，在物者莫明于珠玉，在人者莫明于礼义。故日月不高，则光晖不赫㉒；水火不积，则晖润不博；珠玉不睹乎外㉓，则王公不以为宝；礼义不加于国家，则

---

①祅：同"妖"。人为的灾祸。　②楛（kǔ）：粗恶，草率。　③薉（huì）：同"秽"，荒芜。　④籴（dí）：买谷物。　⑤举措：措施。　⑥本事：指农业生产。　⑦则父子相疑："则"字当删。　⑧乖离：不和谐，离心离德。乖，不合。　⑨寇难：内乱外祸。　⑩尔：同"迩"，浅近。　⑪菑：同"灾"，灾害。　⑫勉力不时：力役征调频繁。这一句应在上文"本事不理"之后。　⑬牛马相生：牛生马，马生牛。这一句应在上一段"星之队，木之鸣"之后。　⑭传：指古代文献。　⑮说：解释。　⑯瑳（cuō）：切磋，讲求。　⑰雩（yú）：古代求雨的祭祀仪式。雨：动词，下雨。这里是设问，然后作答。指下雨与求雨无关。　⑱卜筮（shì）：古人用以预测未来吉凶的迷信活动。　⑲文：文饰，装门面。指政治上为了表示统治者重视而加以文饰。全句的意思是：抢救日月食、求雨、卜筮，并不能达到什么目的，而只是在政治上加以文饰罢了。　⑳以为神：以为真有神明主宰而相信它。　㉑以为文则吉，以为神则凶也：要是把这些活动看做文饰，就有利；要是真以为有神明，就要受害。　㉒赫（hè）：强烈。　㉓博：广大。睹（dǔ）：光彩显著。

功名不白①。故人之命在天，国之命在礼。君②人者，隆③礼尊贤而王，重法爱民而霸，好利多诈而危，权谋倾覆幽险而尽亡矣。

大天而思之④，孰与物畜而制之⑤？从天而颂之⑥，孰与制天命而用之⑦？望时⑧而待之，孰与应时而使之⑨？因物而多之⑩，孰与骋能而化之⑪？思物而物之⑫，孰与理物而勿失之也⑬？愿于物之所以生，孰与有物之所以成⑭？故错⑮人而思天，则失万物之情⑯。

百王⑰之无变，足以为道贯⑱。一废一起，应之以贯，理贯不乱。不知贯，不知应变。贯之大体⑲未尝亡也，乱生其差，治尽其详。故道之所善：中⑳则可从，畸㉑则不可为，匿㉒则大惑。水行者表深㉓，表不明则陷。治民者表道，表不明则乱。礼者㉔，表也；非礼，昏世也；昏世，大乱也。故道无不明，外内㉕异表，隐显有常，民陷乃去。

---

①白：显赫。　②君：作动词用，统治。　③隆：尊崇。　④大：这里作动词，尊崇。思：仰慕。　⑤孰与：何如，意思是怎么比得上。物畜：把天当做物来畜养。制：控制。全句大意是：尊敬天而冥想它，何如把它看做物而加以养育、控制它呢？　⑥从：顺从。颂：赞美。　⑦制天命：控制天命。这里的天命指自然界的规律。全句大意是：顺从天道而赞美它，何不掌握它的规律而利用它呢？　⑧望时：空望着季节的自然变化。时，季节。　⑨应时：顺应着季节的变化。大意是：看着季节气候的变化而等着收成，何如顺应季节气候而驱使它呢？　⑩因物：任凭万物自然生长。　⑪骋能：施展发挥人的才能。化：使物产生质的变化。大意是：单就物类的自然进程而求得它的增多，何如运用人的智能来变化它的本质呢？　⑫思物：想求得。物之：表面地看看摸摸它。　⑬理：治理。也：这里同"耶"。大意是：想要求得而只是做点表面功夫，何如治理它不让它损失浪费？　⑭有：通"佑"，帮助。大意是：想望着物的顺其自然生长，何如用人力帮助它长成呢？　⑮错：舍弃。　⑯情：实际，本性。大意是：把人放在一边而只是仰慕天道，那就不符合万物发展的真实情况。　⑰百王：百代。　⑱道贯：贯穿古今的道理。贯，贯通，贯穿。　⑲大体：指主要内容。　⑳中：恰如其分。　㉑畸：偏。　㉒匿：同"慝（tè）"。本作奸邪解释，此处引申为相背、违反。　㉓表：标准，标志。　㉔礼：荀子讲的"礼"，是"养人之欲，给人之求"（《礼论》），就是说财产不应只属于贵族，应作重新分配。又说"礼者，法之大分"（《劝学》）。反映了新兴地主阶级的要求。　㉕外：指诸侯朝聘，即外交场合。内：指国内的教化、制度等。

第八单元

　　万物为道一偏①,一物为万物一偏。愚者为一物一偏,而自以为知道,无知也。慎子有见于后②,无见于先。老子有见于诎,无见于信③。墨子有见于齐,无见于畸④。宋子有见于少,无见于多⑤。有后而无先,则群众无门⑥;有诎而无信,则贵贱不分;有齐而无畸,则政令不施;有少而无多,则群众不化⑦。《书》曰⑧:"无有作好,遵王之道;无有作恶⑨,遵王之路。"此之谓也。

察 今⑩

《吕氏春秋》

　　上胡不法先王之法⑪?非不贤⑫也,为其不可得而法⑬。先王之法,经⑭乎⑮上世⑯而来者也,人或益⑰之,人或损⑱之,胡可得而法?虽人弗⑲损益,犹若⑳不可得而法。

　　东、夏之命,古今之法,言异而典殊,故古之命多不通乎今之言者,今之法多不合乎古之法者。殊俗之民,有似于此。其所

---

①偏:部分。　②慎子:即慎到。慎到主张不尚贤,不使能,任法而行,无争先之意。所以荀子说他"有见于后,无见于先"。　③老子:《老子》一书中主张以诎为伸,以柔胜刚。所以荀子说他靠"有见于诎,无见于信"。诎,同"屈"。信,同"伸"。　④墨子:即墨翟。墨子主张兼爱尚同。所以荀子说他"有见于齐,无见于畸"。畸:参差不齐。　⑤宋子:即宋钘。宋钘认为人情都是欲寡而不欲多。所以荀子说他"有见于少,无见于多"。　⑥门:指途径。　⑦化:教化。　⑧《书》:指《尚书》。下面的引文见《尚书·洪范》。　⑨作好、作恶:偏好、偏恶。　⑩节选自《吕氏春秋·察今》。察今,明察当今的实际情况。《吕氏春秋》又名《吕览》,是吕不韦请他的门客写的。作者吕不韦(?—前235),阳翟(韩国都城,今河南禹县)人,曾为秦国的相国。　⑪上胡不法先王之法:国君为什么不取法古代帝王的法令制度呢?上,国君。胡,何,为什么。前一个法字是动词,取法;后一个法字是名词,法令制度。　⑫贤:善,好。　⑬为其不可得而法:因为它不可能取法。为,因为。不可得,没有可能。　⑭经:经过,经由。　⑮乎:句中的助词。　⑯上世:古代。　⑰益:增补。　⑱损:删减。　⑲弗:不。　⑳犹若:还是。

为欲同,其所为欲异。口惽之命不愉,若舟、车、衣冠、滋味、声色不同,人以自是,反以相诽。天下之学者多辩,言利辞倒,不求其实,务以相毁,以胜为故。先王之法,胡可得而法?虽可得,犹若不可法。

凡先王之法,有要于时也①。时不与法俱至②,法虽今而在③,犹若不可法。故释④先王之成法,而法其所以为法⑤。先王之所以为法者,何也?先王之所以为法者,人也⑥,而己⑦亦人也。故察己则可以知人,察今则可以知古。古今一也,人与我同耳。有道之士⑧,贵以近知远⑨,以今知古,以所见知所不见。故审堂下之阴⑩,而知日月之行,阴阳之变⑪;见瓶水之冰,而知天下之寒,鱼鳖之藏⑫也。尝一脟肉⑬,而知一镬⑭之味,一鼎⑮之调⑯。

荆人⑰欲袭宋⑱,使人先表澭水⑲。澭水暴益⑳,荆人弗知,循表而夜涉㉑,溺死者千有余人,军惊而坏都舍㉒。向其先表之时可导也㉓,今水已变而益多矣,荆人尚犹循表而导之,此其所以败

---

①有要于时也:是适应当时的需要。　②时不与法俱至:时代不能与法令制度同样地存在下来。　③法虽今而在:法令制度即使现在还保存下来。　④释:舍弃,抛弃。　⑤法其所以为法:取法他(先王)制定法令制度的根据。　⑥人也:意思是,从人出发,为人而设的。　⑦己:自己,这里指当前制定法令制度的人。　⑧有道之士:明白事理的人。　⑨贵以近知远:贵在能够根据近的推知远的。以,根据。　⑩故审堂下之阴:所以察看房屋下面的太阳或月亮照射的影子。审,察看。　⑪阴阳之变:早晚和季节的变化。　⑫藏:潜伏。　⑬一脟(luán)肉:一块肉。脟,同"脔",切成块状的肉。　⑭镬(huò):古时烹煮用的器物,像锅。　⑮鼎:古时烹煮用的器物,三足两耳。　⑯调:调和,指味道调和得好不好。　⑰荆人:楚国人。荆,楚国的别称。现在湖北、湖南一带。　⑱宋:现在河南商丘以东江苏铜山以西一带。　⑲先表澭(yōng)水:先在澭水里设立标记。表,做标记,这里作动词用。澭水,黄河的一条支流。　⑳暴益:(水)突然大涨。暴,突然。益,通"溢",涨水。　㉑循表而夜涉:顺着标记在夜间渡水。　㉒军惊而坏都舍:士卒惊骇的声音如同大房屋崩塌一样。这里的"而"作"如"讲。都,大。　㉓向其先表之时可导也:以前他们设立标记的时候,是可以根据标记渡水的。向,以前。导,渡水。

也。今世之主法先王之法也，有似于此。其时已与先王之法亏矣①，而曰此先王之法也，而法之。以此为治，岂不悲哉！

故治国无法则乱，守法而弗变则悖②，悖乱不可以持国③。世易时移④，变法宜矣⑤。譬之若良医，病万变，药亦万变。病变而药不变，向之寿民，今为殇子⑥矣。故凡举事⑦必循法以动，变法者因时而化。若此论则无过务矣。夫不敢议法者，众庶也；以死守者，有司也；因时变法者，贤主也。是故有天下七十一圣⑧，其法皆不同；非务相反⑨也，时势异也。故曰：良剑期乎断⑩，不期乎镆铘⑪；良马期乎千里，不期乎骥骜⑫。夫成功名者，此先王之千里也⑬。

楚人有涉江者，其剑自舟中坠于水，遽契其舟⑭，曰："是吾剑之所从坠⑮。"舟止，从其所契者入水求⑯之。舟已行矣，而剑不行，求剑若此，不亦惑⑰乎？以故法为其国与此同。时已徙矣，而法不徙。以此为治，岂不难哉！

有过于江上者，见人方引⑱婴儿而欲投之江中，婴儿啼。人问

---

①其时已与先王之法亏(guī)矣：那时代已经与先王的法令制度不适合了。亏，同"诡"，差异，不适应。　②悖(bèi)：背谬，行不通。　③持国：守国。　④世易时移：社会变了，时代变了。　⑤宜矣：是适宜的了，是应该的了。　⑥殇子：未成年而死的人。　⑦举事：做事情。　⑧有天下七十一圣：古代统治天下的七十一家的君主。"七十一"应作"七十二"（见《史记·封禅书》）。七十二家只是形容多，不能逐一指实。　⑨非务相反：不是一定要有不同。相反，互不相同。　⑩期乎断：期望它能斩断(东西)。期，期望，要求。断，斩断，截断。　⑪不期乎镆铘：不期望它一定是镆铘。镆铘，有名的宝剑。春秋时吴王阖庐所有。　⑫骥骜(ào)：都是千里马的名称。　⑬夫成功名者，此先王之千里也：那所谓"成功名"，是古代国君所悬的目标。意思是说，先王所追求的是"成功名"，并不一定追求同古代一样的法令制度。　⑭遽契(qì)其舟：急忙用刀在船上刻个记号。遽，急速。契，通"锲"，刻。　⑮是吾剑之所从坠：这里(是)我的剑掉下去的地方。是，这个地方，这里。　⑯求：寻找。　⑰惑：糊涂。　⑱引：牵，拉。

其故。曰:"此其父善游①。"其父虽善游,其子岂遽②善游哉?此任物,亦必悖矣③。荆国之为政,有似于此。

论贵粟疏④

晁 错

圣王在上而民不冻饥者,非能耕而食之⑤,织而衣之也⑥,为开其资财之道也⑦。故尧、禹有九年之水,汤有七年之旱,而国亡捐瘠者⑧,以畜积多而备先具也。今海内为一,土地人民之众不避⑨汤、禹,加以亡天灾数年之水旱,而畜积未及者,何也?地有遗利,民有余力,生谷之土未尽垦,山泽之利未尽出也,游食之民未尽归农也。

民贫则奸邪生。贫生于不足,不足生于不农,不农则不地著⑩,不地著则离乡轻家。民如鸟兽,虽有高城深池,严法重刑,犹不能禁也。夫寒之于衣,不待轻暖⑪;饥之于食,不待甘旨⑫。饥寒至身,不顾⑬廉耻。人情⑭,一日不再食则饥,终岁不制衣则寒。夫腹饥不得食,肤寒不得衣,虽慈母不能保其子,君安能以有其民哉?明主知其然也,故务⑮民于农桑,薄赋敛⑯,广畜积,

---

①此其父善游:这(是因为)他的父亲善于游泳。 ②岂遽:难道就。遽,就。 ③以此任物,亦必悖矣:用这种办法处理事物,必然是背谬的了。 ④选自《汉书·食货志》。作者晁(cháo)错(前200—前154),颍州(今河南禹县)人。西汉政治家。 ⑤食(sì)之:给他们吃。"食"作动词用。 ⑥衣(yì)之:给他们穿。"衣"作动词用。 ⑦道:途径。 ⑧捐瘠(jí):被遗弃和瘦弱的人。捐,抛弃。瘠,瘦。 ⑨不避:不让,不次于。 ⑩地著(zhuó):在土地上扎根。 ⑪轻暖:轻柔而暖和的衣服。 ⑫甘旨:味美可口的食物。 ⑬不顾:不考虑。 ⑭人情:指一般人的情况。 ⑮务:使动用法,使……致力于。 ⑯薄赋敛:减少田赋税收。

以实仓廪①，备水旱，故民可得而有也。

民者，在上所以牧之②，趋利如水走下，四方无择也。夫珠玉金银，饥不可食，寒不可衣，然而众贵③之者，以上用之故也。其为物轻微易藏，在于把握④，可以周海内而无饥寒之患⑤。此令臣轻背其主，而民易去其乡，盗贼有所劝⑥，亡逃者得轻资⑦也。粟、米、布、帛生于地，长于时⑧，聚于力⑨，非可一日成也。数石之重，中人⑩弗胜⑪，不为奸邪所利⑫，一日弗得而饥寒至，是故明君贵五谷而贱金玉⑬。

今农夫五口之家，其服役者不下二人，其能耕者不过百亩，百亩之收不过百石。春耕，夏耘，秋获，冬藏，伐薪樵，治官府，给徭役。春不得避风尘，夏不得避暑热，秋不得避阴雨，冬不得避寒冻，四时之间，亡日休息。又私自送往迎来，吊死问疾，养孤长幼在其中⑭。勤苦如此，尚复被水旱之灾，急政暴虐⑮，赋敛不时，朝令而暮改。当具有者半贾而卖，亡者取倍称之息⑯；于是有卖田宅、鬻子孙以偿债者矣。而商贾⑰大者积贮倍息，小者坐列贩卖，操其奇赢⑱，日游都市，乘上之急，所卖必倍。故其男不耕耘，女不蚕织，衣必文采，食必粱肉。亡农夫之苦，有阡陌之得⑲。因其富厚，交通王侯，力过吏势，以利相倾。千里游遨，冠

---

①仓廪（lǐn）：粮仓。　②牧：抚养、管理。　③贵：形容词的意动用法，以……为贵。　④在于把握：可以放在手里拿着。　⑤可以周海内而无饥寒之患：可以周游全国而不会有挨冻受饿的顾虑。　⑥劝：鼓励。此处指诱惑。　⑦轻资：轻便物资。　⑧长于时：按一定的时节生长起来。　⑨聚于力：靠一定的人办积聚。　⑩中人：中等劳动力。　⑪弗胜：不能胜任，指拿不动。　⑫不为奸邪所利：不为奸邪的人所贪求。　⑬贵、贱:均为意动词，以……为贵，以……为贱。　⑭长（zhǎng）：养育。　⑮政：同"征"。　⑯倍称（chèn）之息：加倍（借一偿二）的利息。称，相等，相当。　⑰贾（gǔ）：商人。　⑱奇赢：以特殊的手段获得更大的利润。　⑲阡陌（qiān mò）之得：指田地的收获。阡陌，田间小路，此代田地。

盖相望，乘坚策肥①，履丝曳缟②。此商人所以兼并农人，农人所以流亡者也。今法律贱商人，商人已富贵矣；尊农夫，农夫已贫贱矣。故俗之所贵，主之所贱也；吏之所卑，法之所尊也。上下相反，好恶乖迕③，而欲国富法立，不可得也。

方今之务，莫若使民务农而已矣。欲民务农，在于贵粟；贵粟之道，在于使民以粟为赏罚。今募天下入粟县官④，得以拜爵，得以除罪。如此，富人有爵，农民有钱，粟有所渫⑤。夫能入粟以受爵，皆有余者也。取于有余以供上用，则贫民之赋可损⑥，所谓损有余补不足，令出而民利者也。顺于民心，所补者三：一曰主用足，二曰民赋少，三曰劝农功。今令民有车骑马⑦一匹者，复卒三人。车骑者，天下武备也，故为复卒。神农之教曰："有石城十仞，汤池百步，带甲百万，而亡粟，弗能守也。"以是观之，粟者，王者大用⑧，政之本务。令民入粟受爵，至五大夫以上，乃复一人耳。此其与骑马之功相去远矣。爵者，上之所擅⑨，出于口而亡穷。粟者，民之所种，生于地而不乏。夫得高爵也免罪，人之所甚欲也。使天下人入粟于边，以受爵、免罪，不过三岁，塞下之粟必多矣。

---

①乘坚策肥：乘坚车，策肥马。　②履丝曳(yè)缟(gǎo)：脚穿丝鞋，身披绸衣。曳，拖着。缟，一种精致洁白的丝织品。　③乖迕(wǔ)：相违背。　④县官：汉代对官府的通称。　⑤渫(xiè)：散出。　⑥损：减。　⑦车骑马：指战马。　⑧大用：最需要的东西。　⑨擅：专有。

第八单元

与山巨源绝交书①

嵇 康

　　康白：足下昔称吾于颍川②，吾常谓之知言③。然经怪此意尚未熟悉于足下④，何从便得之也？前年从河东还⑤，显宗、阿都说足下议以吾自代⑥，事虽不行，知足下故不知之。足下傍通⑦，多可而少怪⑧；吾直性狭中⑨，多所不堪，偶与足下相知耳。间闻足下迁⑩，惕然⑪不喜，恐足下羞庖人之独割，引尸祝以自助⑫，手荐鸾刀⑬，漫⑭之膻腥，故具为足下陈其可否。

　　吾昔读书，得并介之人⑮，或谓无之，今乃信其真有耳。性有所不堪，真不可强。今空语同知有达人，无所不堪，外不殊俗，而内不失正，与一世同其波流，而悔吝⑯不生耳。老子、庄周⑰，

---

　　①山巨源：名涛，河内怀县（今河南武陟县西南）人，与嵇康等友好，为"竹林七贤"之一。这封信是嵇康听到山涛在由选曹郎调任大将军从事中郎时，想荐举他代其原职的消息后写的。信中拒绝了山涛的荐引。　②称：指称说嵇（jī）康不愿出仕的意志。颍川：指山嶔（qīn），是山涛的叔父，曾经做过颍川太守，故以代称。　③知言：知己的话。　④经：常常。此意：指嵇康不愿出仕的意志。　⑤河东：地名，在今山西夏县西北。　⑥显宗：公孙崇，字显宗，谯国人，曾为尚书郎。阿都：吕安，字仲悌，小名阿都，东平人，嵇康好友。以吾自代：指山涛拟推荐嵇康代其职。　⑦傍通：善于应付变化。　⑧多可而少怪：多有许可而少有责怪。　⑨狭中：心地狭窄。　⑩间：近来。迁：升官。指山涛从选曹郎迁为大将军从事中郎。　⑪惕然：忧惧的样子。　⑫"恐足下"二句：即使厨师（庖人）不做菜，祭师（祭祀时读祝辞的人）也不应该越职替代之。这里引用这个典故，说明山涛独自做官感到不好意思，所以要荐引嵇康出仕。　⑬鸾刀：刀柄缀有鸾铃的屠刀。　⑭漫：玷污。　⑮并介之人：兼济天下而又耿介孤直的人。　⑯悔吝：悔恨。　⑰老子：即老聃。姓李名耳，春秋时楚国苦县人。庄周：战国时宋国蒙县人，曾为蒙漆园吏。两人是道家的创始人。

吾之师也,亲居贱职;柳下惠、东方朔①,达人也,安乎卑位,吾岂敢短②之哉!又仲尼兼爱③,不羞执鞭④;子文⑤无欲卿相,而三登令尹⑥,是乃君子思济物⑦之意也。所谓达⑧则兼善而不渝,穷⑨则自得而无闷。以此观之,故尧舜之君世⑩,许由⑪之岩栖,子房⑫之佐汉,接舆⑬之行歌,其揆⑭一也。仰瞻数君,可谓能遂其志者也。故君子百行⑮,殊途而同致⑯,循性而动,各附所安。故有处朝廷而不出,入山林而不返之论⑰。且延陵高子臧之风⑱,长卿慕相如之节⑲,志气所托,不可夺也。吾每读尚子平、台孝威传⑳,慨然慕之,想其为人。加少孤露㉑,母兄见骄㉒,不涉经学。性复疏懒,筋驽肉缓㉓,头面常一月十五日不洗,不大闷痒,不能沐也㉔。每常小便,而忍不起,令胞㉕中略转乃起耳。又纵逸来久,情意傲散,简与礼相背,懒与慢相成,而为侪类㉖见宽,不攻其过。又读庄老㉗,重增其放,故使荣进之心日颓,任实㉘之情转

---

①柳下惠:即展禽。名获,字季,春秋时鲁国人。居于柳下,死后谥"惠",故称柳下惠。东方朔:字曼卿,汉武帝时人,常为侍郎。二人职位都很低下,所以说"安乎卑位"。 ②短:轻视。 ③仲尼:孔子的字。兼爱:博爱无私。 ④执鞭:指执鞭赶车的人。 ⑤子文:姓斗,名榖於菟(gòu wū tú),春秋时楚国人。 ⑥令尹:楚国官名,相当宰相。 ⑦济物:救世济人。 ⑧达:显达。指得志时。 ⑨穷:指失意时。 ⑩君世:为君于世。"君"作动词用,统治。 ⑪许由:尧时隐士。 ⑫子房:张良的字。他曾帮助汉高祖刘邦统一天下,建立汉王朝。 ⑬接舆:春秋时楚国隐士。 ⑭揆(kuí):原则,道理。 ⑮百行:各种不同行为。 ⑯殊途而同致:所走道路不同而达到相同的目的。 ⑰"故有"二句:语出《韩诗外传》卷五:"朝廷之人为禄,故入而不出;山林之士为名,故往而不返。" ⑱延陵:名季札,春秋时吴国公子。居于延陵,人称延陵季子。子臧:曹国公子。风:风概。指高尚情操。 ⑲长卿:汉代司马相如的字。相如:指战国时赵国人蔺相如。 ⑳尚子平:东汉时人。台孝威:名佟,东汉时人。隐居武安山,凿穴而居,以采药为业。 ㉑孤:幼年丧父。露:羸弱。 ㉒兄:指嵇喜。见骄:指受到母兄的骄纵。 ㉓驽:原指劣马,这里是迟钝的意思。缓:松弛。 ㉔不能(nài):不愿。能,通"耐"。沐:洗头。 ㉕胞:原指胎衣,这里指膀胱。 ㉖侪(chái)类:指同辈朋友。 ㉗庄:《庄子》。老:《老子》。 ㉘任实:指放任本性。

第八单元

笃。此由禽鹿①,少见驯育,则服从教制;长而见②羁,则狂顾顿缨③,赴蹈汤火;虽饰以金镳④,飨以嘉肴⑤,逾思长林而志在丰草也。

阮嗣宗⑥口不论人过,吾每师之而未能及;至性过人,与物无伤,唯饮酒过差耳⑦。至为礼法之士所绳⑧,疾之如雠仇,幸赖大将军保持之耳⑨。吾不如嗣宗之资⑩,而有慢弛之阙⑪;又不识人情,暗于机宜⑫;无万石之慎⑬,而有好尽之累⑭。久与事接,疵衅日兴⑮,虽欲无患,其可得乎?又人伦有礼,朝廷有法,自惟至熟⑯,有必不堪者七,甚不可者二:卧喜晚起,而当关呼之不置⑰,一不堪也。抱琴行吟,弋⑱钓草野,而吏卒守之,不得妄动,二不堪也。危坐一时,痹⑲不得摇,性⑳复多虱,把搔无已㉑,而当裹以章服㉒,揖拜上官,三不堪也。素不便书,又不喜作书,而人间多事,堆案盈机㉓,不相酬答,则犯教伤义㉔,欲自勉强,则不能久,四不堪也。不喜吊丧,而人道以此为重,已为未见恕者所怨,至欲见中伤者。虽瞿然㉕自责,然性不可化,欲降心㉖顺

---

①禽:古代对鸟兽的通称。一说通"擒"。　②见:被。　③狂顾:疯狂地四面张望。顿缨:挣脱羁索。　④金镳(biāo):金属制作的马笼头,这里指鹿笼头。　⑤飨(xiǎng):用酒食款待。这里是喂的意思。嘉肴:好菜,这里指精美的饲料。　⑥阮嗣宗:阮籍,字嗣宗,与嵇康同为"竹林七贤"之一。　⑦过差:犹过度。　⑧礼法之士:指一些借虚伪礼法来维护自己利益的人。绳:纠正过失,这里指纠弹、抨弹。　⑨大将军:指司马昭。保持:保护。　⑩资:指天赋的资材。　⑪慢弛:傲慢懒散。阙:缺点。　⑫暗于机宜:不懂得随机应变。　⑬万石:汉代石奋,历事高祖、文帝、景帝。一生以谨慎著称。　⑭好尽:尽情直言,不知忌讳。累:过失,毛病。　⑮疵(cī):缺点。衅(xìn):争端。　⑯惟:精详。熟:思虑。　⑰当关:守门的差役。不置:不放。　⑱弋(yì):射禽鸟。　⑲痹(bì):麻木。　⑳性:身体。　㉑把(pá)搔:用手搔痒。无已:没有停止。　㉒章服:冠服。指官服。　㉓机:同"几",小桌子。　㉔犯教伤义:指触犯封建礼教失去礼仪。　㉕瞿然:惊惧的样子。　㉖降心:抑制自己的心意。

俗，则诡故不情①，亦终不能获无咎无誉②。如此，五不堪也。不喜俗人，而当与之共事，或宾客盈坐，鸣声聒③耳，嚣尘臭处，千变百伎，在人目前，六不堪也。心不耐烦，而官事鞅掌④，机务缠其心，世故繁其虑，七不堪也。又每非汤武而薄周孔⑤，在人间不止，此事会显⑥，世教所不容，此甚不可一也。刚肠疾恶，轻肆直言，遇事便发，此甚不可二也。以促中小心⑦之性，统此九患，不有外难，当有内病，宁可久处人间邪？又闻道士遗言，饵术黄精⑧，令人久寿，意甚信之；游山泽，观鱼鸟，心甚乐之；一行作吏，此事便废，安能舍其所乐而从其所惧哉！

　　夫人之相知，贵识其天性，因而济之。禹不偪伯成子高⑨，全其节也；仲尼不假盖于子夏⑩，护其短也；近诸葛孔明不偪元直以入蜀⑪，华子鱼不强幼安以卿相⑫，此可谓能相终始，真相知者也。足下见直木不可以为轮，曲者不可以为桷⑬，盖不欲枉其天才，令得其所也。故四民⑭有业，各以得志为乐，唯达者为能通之，此足下度内耳⑮。不可自见好章甫⑯，强越人以文冕也⑰；已

---

①诡故：违背自己本性。不情：不符合真情。　②无咎无誉：指既不遭到罪责也得不到称赞。　③聒（guō）：喧闹。　④鞅（yāng）掌：职事忙碌。　⑤非：非难。汤：成汤。推翻夏桀统治，建立商王朝。武：周武王发。推翻殷纣王统治，建立周王朝。周：周公旦。辅助武王灭纣，建立周王朝。孔：孔子。　⑥此事：指为难成汤、武王、鄙薄周公、孔子的事。会显：会当显著，为众人所知。　⑦促中小心：指心胸狭隘。　⑧饵（ěr）：服食。术、黄精：两种中草药名，古人认为服食后可以轻身延年。　⑨禹：舜以后的帝王，建立夏王朝。伯成子高：禹时隐士。　⑩假：借。盖：雨伞。子夏：孔子弟子卜商的字。　⑪诸葛孔明：三国时诸葛亮的字。元直：徐庶的字。两人原来都在刘备部下，后来徐庶的母亲被曹操捉去，他就辞别刘备而投奔曹操，诸葛亮没有加以阻留。　⑫华子鱼：三国时华歆的字。幼安：管宁的字。两人为好友。　⑬桷（jué）：屋上承瓦的椽子。　⑭四民：指士、农、工、商。　⑮度内：意料之中。　⑯章甫：古代一种须绾在发髻上的帽子。　⑰强：勉强。越人：指今浙江、福建一带居民。文冕（miǎn）：饰有花纹的帽子。

第八单元

嗜臭腐，养鸳雏①以死鼠也。吾顷学养生之术，方外②荣华，去滋味③，游心于寂寞，以无为为贵。纵无九患，尚不顾足下所好者。又有心闷疾，顷转增笃④，私意自试，不能堪其所不乐。自卜已审，若道尽途穷则已耳。足下无事冤之⑤，令转于沟壑也⑥。吾新失母兄之欢，意常悽切。女年十三，男年八岁，未及成人，况复多病。顾此恨恨⑦，如何可言！今但愿守陋巷，教养子孙，时与亲旧叙离阔，陈说平生，浊酒一杯，弹琴一曲，志愿毕矣。足下若嬲⑧之不置，不过欲为官得人，以益时用耳。足下旧知吾潦倒粗疏⑨，不切事情，自惟亦皆不如今日之贤能也。若以俗人皆喜荣华，独能离之，以此为快；此最近之，可得言耳。然使长才广度⑩，无所不淹⑪，而能不营⑫，乃可贵耳。若吾多病困，欲离事自全，以保余年，此真所乏耳，岂可见黄门⑬而称贞哉！若趣欲共登王途⑭，期于相致，时为欢益，一旦迫之，必发其狂疾，自非重怨⑮；不至于此也。野人有快炙背而美芹子者⑯，欲献之至尊⑰，虽有区区⑱之意，亦已疏矣。愿足下勿似之。其意如此，既以解足下，并以为别⑲。嵇康白。

---

①鸳雏（chú）：传说中像凤凰一类的鸟。　②外：疏远，排斥。　③滋味：美味。　④增笃：加重。　⑤无事：不要做。冤：委屈。　⑥转于沟壑：流转在山沟河谷之间。指流离而死。　⑦恨（liàng）恨：悲恨。　⑧嬲（niǎo）：纠缠。　⑨潦倒粗疏：放任散漫的意思。　⑩长才广度：指有高才大度的人。　⑪淹：贯通。　⑫不营：不营求。指不求仕进。　⑬黄门：宦官。　⑭趣（cù）：急于。王途：仕途。　⑮自非：若不是。重怨：大仇。　⑯野人：居住在乡野的人。快炙（zhì）背：对太阳晒背感到快意。美芹子：以芹菜为美味。　⑰至尊：指君主。　⑱区区：形容感情恳切。　⑲别：告别。这是绝交的婉辞。

剑阁铭①

张 载

岩岩梁山，积石峨峨②。远属荆衡，近缀岷嶓③。南通邛僰，北达褒斜④。狭过彭碣，高逾嵩华⑤。

惟蜀之门，作固作镇⑥。是曰剑阁，壁立千仞。穷地之险⑦，极路之峻。世浊则逆，道清斯顺⑧。闭由往汉，开自有晋⑨。

秦得百二，并吞诸侯。齐得十二，田生献筹⑩。矧兹狭隘，土之外区⑪。一人荷戟，万夫趑趄⑫。形胜之地，匪亲勿居⑬。

昔在武侯，中流而喜。山河之固，见屈吴起：兴实在德，险

---

①选自《文选》卷五十六。作者张载，字孟阳，安平武邑（今河北武邑县）人，西晋文学家。　②岩岩：积石磊磊的样子。梁山：大剑山的别称。峨峨：高耸貌。　③属、缀：都是连接的意思。荆：荆山，在湖北。衡：衡山，在湖南。岷：岷山，在四川。嶓：嶓冢山，在甘肃。　④通：同"达"。邛：指四川西部邛崃一带。僰（bó）：汉代的僰道，今四川宜宾地区一带。褒斜：谷名，在陕西褒城县北，南口曰褒，北口曰斜，是古代自陕至蜀要道。　⑤过、逾同义。彭：天彭门，在四川灌县与彭县之间。碣：碣石山，在河北乐亭县。嵩：嵩山，在河南。华：华山，在陕西。　⑥惟：语首助词。这是说，剑门重可为镇，险可为固。固：防守。　⑦穷、极：都是尽的意思。　⑧逆、顺：对中原地区的政权而言。这里说，蜀人仗恃险固，遇世混浊，则逆而拒之；逢时清明，则顺而归之。　⑨往汉：指东汉末，由于"世浊"，刘焉、刘璋、刘备相继割据，使蜀与中原政权隔绝。闭：即闭关自守的闭。开：指消灭割据，使蜀与中原复一。　⑩这里是说，秦国利用地势的形胜，并吞了六国诸侯。齐国由于是形胜之地，田生献策，应当封亲子弟做齐王，以免反叛。　⑪矧：况且。兹：指蜀地。外区：对中原地区而言。　⑫荷戟：指持兵器守险。万夫：万人。趑趄（zī jū）：难于行进的样子。　⑬这句意思说，蜀中形胜之地，不是皇帝的亲子弟，亲骨肉，勿使居守，否则易生叛乱。

第八单元

亦难恃。洞庭孟门，二国不祀①。自古迄今，天命匪易②。凭阻作昏，鲜不败绩③。公孙既灭，刘氏衔璧④。覆车之轨，无或重迹⑤。勒铭山阿，敢告梁益⑥。

宦者传序⑦

范 晔

《易》曰："天垂象，圣人则之。"⑧宦者四星，在皇位之侧，故《周礼》置官，亦备其数。阍者守中门之禁，寺人掌女宫之戒。又云："王之正内者五人。"⑨《月令》："仲冬，命阉尹审门闾，谨

---

①《史记·吴起列传》载，魏武侯与吴起浮西河而下，行至中流，向吴起说："美哉乎，山河之固，此魏国之宝也。"吴起回答说："在德不在险。"于是举了三苗、夏桀、殷纣都是恃险而不修德，亡国的历史教训。在吴起讲到三国所恃的种种险地中，三苗有洞庭之险，殷纣有孟门之险，这八句引用了历史上这个故事，并摘举"洞庭"、"孟门"以概括其余各地。不祀：宗庙断绝了祭祀，即亡国。　②迄：至。匪易：不可改易。二句说，只要天命没有改变，人是不能凭地理形势反抗中央的，借以警告那些要想恃险割据称王的人。　③凭：恃。阻：险。作昏：作乱。鲜（xiǎn）：少。败绩：失败。二句说，恃险作乱，少有不一败涂地的。　④这两句的意思是说，公孙述于西汉末趁王莽之乱在成都自立为帝，刘秀建立东汉以后，派吴汉讨伐他，公孙述死，吴汉尽灭公孙氏。刘氏：指刘禅。魏派钟会、邓艾伐蜀，刘禅投降，蜀汉亡（见《三国志·蜀书·后主传》）。衔璧：是春秋时诸侯投降的一种仪式。当时投降者要把两手反按在后，口中衔着玉璧，作为向胜利者的贽见礼。　⑤古代谚语："前车覆，后车戒。"这句意思说，公孙氏、刘氏割据称王，终于灭亡，好比前车已覆，后来者就不要重蹈覆辙了。轨：车辙，即车轮轧的痕迹。　⑥山阿：山间。梁益：梁州和益州。这里是泛指当时蜀地。　⑦《文选》载此文，李善注引仲长统《昌言》："天文，宦者四星，在帝座旁，而《周礼》有其官职。"　⑧垂象：显示日月星辰的形象。则：效法。　⑨《周礼·天官冢宰》："阍人掌守王宫之中门之禁。"又："寺人掌王之内人，及女宫之戒令。"又："寺人，王之正内五人。"中门：外门与内门之间的门，阍人即掌管晨昏门户开关的事。女宫：罪人女没在宫中的，由寺人管理她们。内：指后宫的路寝（帝王在宫内处理事务的所在）。正内：即在路寝侍候一切。

房室。"①《诗》之《小雅》,亦有《巷伯》刺谗之篇②。然宦人之在王朝者,其来旧矣。将以其体非全气③,情志专良④,通关中人,易以役养乎⑤?然而后世因之,才任稍广⑥。其能者,则勃貂、管苏有功于楚、晋⑦;景监、缪贤著庸于秦、赵⑧。及其敝也,则竖刁⑨乱齐,伊戾祸宋。

汉兴,仍袭秦制,置中常侍官⑩。然亦引用士人,以参其选,皆银珰左貂,给事殿省⑪。及高后称制⑫,乃以张卿为大谒者⑬,出入卧内,受宣诏令。文帝时,有赵谈、北宫伯子,颇见亲幸⑭。至于孝武,亦爱李延年⑮。帝数宴后庭,或潜游离馆,故请奏机事,多以宦人主之⑯。至元帝之世,史游为黄门令,勤心纳忠,有所补益⑰。其后弘恭、石显以佞险自进,卒有萧、周之祸,损秽帝德焉⑱。

中兴之初⑲,宦官悉用阉人,不复杂调他士。至永平中⑳,始

---

①见《礼记·月令》。阍尹:主领阉宦的官。阊:外门。审、谨:即严于启闭的意思。 ②《诗经·小雅·巷伯》序:"《巷伯》,刺幽王也,寺人伤于谗,故作是诗也。"郑玄笺:"巷伯与寺人之官相近。谗人谮寺人,寺人又伤其将及巷伯,故以名篇。" ③体非全气:指宦官的生殖器官被阉割。 ④专良:专一驯良。 ⑤通关:联系,关联。中人:宫禁中人,即指阉人。役:役使。养:豢养。 ⑥才任稍广:因其才能而任用渐广。 ⑦勃貂:即寺人披,一作勃鞮靼(《史记·晋世家》作履貂)。管苏:楚共(gōng)王常侍,共王曾认为"管苏与我共处,常忠我以道,正我以义,其功不小,必厚爵之"(见《新序·杂事一》)。 ⑧景监:秦孝公时的宦官。缪贤:曾向赵王推荐蔺相如,见《廉颇蔺相如列传》。庸:功。 ⑨竖刁:桓公寺人。 ⑩袭:沿袭。中常侍:宦官职称,秦代所置。 ⑪珰、貂:均冠饰。珰:用金做成,戴在冠前,附以金蝉。貂:用貂尾做成,戴在冠左,称左貂。给事:供职。殿省:帝王朝会居处之所。 ⑫高后:汉高祖刘邦的皇后吕雉。 ⑬张卿:《汉书·高后纪》作张释卿。大谒者:为皇帝掌管接待传达等事的官职。 ⑭文帝:汉文帝刘恒。北宫:文帝时宦官。 ⑮孝武:汉武帝刘彻。李延年:武帝时宦官。 ⑯后庭:后宫。离馆:别馆。请奏:请示。机事:机密的事。 ⑰元帝:汉元帝刘奭。史游:元帝时宦官。黄门:即禁门。黄门令:是典守禁门的官职,由宦者充任。 ⑱弘恭、石显:汉宣帝、元帝时宦官。 ⑲中兴:西汉亡后,东汉光武帝刘秀重建刘氏王朝,史称中兴。 ⑳永平:汉明帝刘庄年号。

第八单元

置员数,中常侍四人,小黄门十人。和帝即祚幼弱,而窦宪兄弟专总权威,内外臣僚,莫由亲接,所与居者,惟阉宦而已。故郑众得专谋禁中,终除大憝①,遂享分土之封,超登宫卿之位②,于是中官始盛焉。

自明帝以后,迄乎延平③,委用渐大,而其员稍增。中常侍至有十人,小黄门二十人,改以金珰右貂,兼领卿署④之职。邓后以女主临政,而万机殷远,朝臣国议,无由参断帷幄,称制下令,不出房闱之间,不得不委用刑人,寄之国命⑤。手握王爵,口含天宪⑥,非复掖廷永巷之职,闺牖房闼之任也⑦。

其后,孙程定立顺之功⑧,曹腾参建桓之策⑨,续以五侯合谋,梁冀受钺⑩,迹因公正,恩固主心。故中外服从,上下屏气⑪。或称伊、霍之勋,无谢于往载⑫;或谓良、平之画⑬,复兴

---

①汉和帝刘肇十岁即皇帝位,窦太后临朝。窦宪是窦太后的哥哥,曾出击匈奴,还,拜大将军,权倾朝野,其弟窦笃、窦景等更横暴京师。和帝长,与近幸中常侍郑众定议,诛灭窦氏,迫宪等自杀。憝(duì),恶。大憝,即元凶,指窦宪。 ②和帝诛窦宪后,封宦官郑众为大长秋,爵鄛乡侯。大长秋,皇后的近侍长,主管宫中事务的官。 ③延平:汉殇帝刘隆年号(106)。 ④卿署:指九卿的衙署。 ⑤邓后:汉和帝皇后。和帝死时,殇帝始生百日,立八月,死,又立安帝,都由邓后临朝执政,从延平元年至永宁二年(106—121),凡执政十五年。万机:皇帝处理政事的代称。刑人:宦官受过宫刑,这是对他们的贱称。 ⑥"手握"二句:宦官手里拿的是王朝的爵赏,嘴里说的就是朝廷的法律。意即窃取了皇帝生杀予夺的大权,作威作福。天宪:朝廷所定法令。 ⑦掖(yè)廷、永巷:宦官官署名。 ⑧孙程:安帝时为中黄门。 ⑨曹腾:顺帝时中常侍。 ⑩梁冀:桓帝与宦官单超、徐璜、具瑗、左悺、唐衡等五人定议诛梁冀,事成,超封新丰侯,璜武原侯,瑗东武侯,悺上蔡侯,衡汝阳侯,五人同日封,贵盛莫比,时称五侯。受钺(yuè):被诛。钺,大斧。 ⑪屏气:屏住呼吸。 ⑫伊:伊尹,商朝开国功臣,汤死,孙太甲即位,不理朝政,伊尹放逐太甲,三年,太甲悔过,又迎他复位。霍:霍光,受汉武帝遗诏辅佐昭帝,为大司马、大将军。昭帝年幼,政事一决于光。伊、霍都是历史上著名的立君辅政、巩固王室的大臣。谢:惭愧。这两句说,人们称道这些宦官的功勋,比之当年的伊尹、霍光,毫无愧色。 ⑬良、平:张良、陈平,都是辅佐汉高祖刘邦平定天下的谋臣。画:谋划。

于当今。虽时有忠公①,而竟见排斥举动回山海,呼吸变霜露②。阿旨曲求,则光宠三族③;直情忤意,则参夷五宗④。汉之纲纪大乱矣⑤。

若夫高冠长剑,纡朱怀金者⑥,布满宫闱;苴茅分虎,南面臣民者,盖以十数⑦。府署第馆,棋列于都鄙⑧;子弟支附,过半于州国⑨。南金、和宝、冰纨、雾縠之积,盈仞珍藏⑩;嫱媛、侍儿、歌童、舞女之玩,充备绮室⑪。狗马饰雕文,土木被缇绣⑫。皆剥割萌黎⑬,竞恣奢欲。构害明贤,专树党类。其有更相援引、希附权强者,皆腐身熏子,以自炫达⑭。同敝相济,故其徒有繁⑮。败国蠹政之事,不可单书⑯。所以海内嗟毒,志士穷栖⑰,寇剧缘间,摇乱区夏⑱。虽忠良怀愤,时或奋发,而言出祸从,旋

---

①忠公:忠诚公正之臣。　②举动回山海,呼吸变霜露:形容宦官极倾一世,为所欲为。　③阿旨:迎合意旨。曲求:曲意巴求。三族:古代以父族、母族、妻族为三族。　④忤:逆。参夷:夷灭三族。参,同"三"。五宗:指五服以内的宗亲。古代丧服,按宗族的亲疏规定五种服制及其时间长短,称为五服。参夷五宗:是说无论亲疏,全族均牵连被诛。　⑤纲纪:政治体制和法纪。　⑥高冠长剑,纡朱怀金:都是贵官的服饰。纡朱,佩带朱绂(fú),拴官印的红绳。金,金印。　⑦"苴茅分虎"三句:古代分封诸侯,各用封国所在一方的色土(东方青,南方赤,西方白,北方黑),以白茅草垫在下面交给受封者,还把铜虎符分授给他,作为凭信。苴:垫。南面臣民:南面而朝见人民。臣,作动词用,即以民为臣的意思。以十数:形容很多。　⑧棋列:像棋子一样排列。都:城邑。鄙:郊野。　⑨支:疏远的亲族。这两句说,天下州国的官吏半数以上都是宦官的亲属党羽。　⑩南金:古代金产南方,故称南金。和宝:即和氏璧。冰纨,是说质地细密而颜色鲜洁像冰一样。纨,素帛。縠(gǔ):细纱。雾縠:是说它轻而且薄,半透明,望之如雾。积:储存。盈仞:充满。珍藏:宝库。　⑪绮室:绮罗装饰的内室。　⑫这是说他们穷奢极侈,狗的颈圈,马的鞍鞯之类,都用金玉珍木等刻镂;墙壁柱楹,也张铺锦绣,以示豪华。雕:刻。　⑬剥割:剥削。萌黎:指人民。　⑭腐:宫刑。熏:古代凡施宫刑,于阉割后须用火熏合。腐身:指自宫。熏子:指宫其子。炫达:向宦官炫示,以求进身。　⑮敝:恶。同敝相济:同恶相济,指坏人帮助坏人,坏事促成坏事,坏与坏互为因果。其徒:指宦官。有繁:众多。　⑯蠹:蛀虫。这里作动词,当蛀蚀讲。单:同"殚",尽。　⑰嗟毒:嗟怨毒恨。穷栖:穷居山野。　⑱寇剧:剧寇。缘间:乘隙而起。区夏:华夏之区,指中国。这里指的是农民起义,说"寇剧"是作者的污蔑之词。

见孥戮①。因复大考钩党,转相诬染②。凡称善士,莫不罹被灾毒。窦武、何进,位崇戚近③,乘九服之嚣怨,协群英之势力④,而以疑留不断,至于殄败。斯亦运之极乎⑤!虽袁绍龚行,芟夷无余⑥,然以暴易乱,亦何云及⑦!自曹腾说梁冀,竟立昏弱⑧。魏武因之,遂迁龟鼎⑨。所谓"君以此始,必以此终"⑩,信乎其然矣!

---

①孥戮:连同妻和子一并杀死。孥:妻和子。　②考:劾,纠举罪状。钩党:互相牵引以为同党的人。这里指的即是所谓"党锢之祸"。　③窦武:桓帝窦后的父亲。何进:灵帝何后的哥哥,为大将军。位崇戚近:指窦、何都居大将军的高位,又是皇太后的父兄。　④九服:指王朝统治的整个地区。据汉儒说,自王畿千里之外,每五百里为一服,自近而远,有侯、甸、男、采、卫、蛮、夷、镇、藩九服。嚣怨:众口嚣嚣,民怨沸腾的意思。协:配合。群英:指陈蕃、袁绍等。　⑤殄:灭绝。运:运数。极:尽。这是说,窦、何势有可为,而不当机立断,结果遭到失败诛灭,这大概也是汉朝的时运气数到了尽头吧。　⑥这句意思是:袁绍劝何进诛宦官时,任司隶校尉。何进被杀后,袁绍"遂闭北宫门,勒兵捕宦者,无少长皆杀之。死者二千余人"(见《后汉书·何进传》)。龚行:即恭行。芟(shān)夷:铲除杂草。这是用除草来比喻除害。　⑦这句的意思是说袁绍的滥杀,虽取决于一时,换来的却是少帝出奔、董卓废立,州郡讨卓等一串大乱。亦何云及:又怎么能达到,指对国家的危亡没有帮助。　⑧这句的意思是说,梁冀毒杀质帝后,朝臣议立清河王刘蒜,曹腾夜往说冀,以为"清河王严明,若果立,则将军受祸不久矣。不如立蠡吾侯,富贵可长保也。梁冀采纳了他的意见,遂立蠡吾侯刘志,是为桓帝"(见《后汉书·李固传》)。　⑨魏武:曹操。曹操的父亲曹嵩是曹腾的养子,本姓夏侯氏,改姓曹氏。因之:指因为终于立了昏君桓帝,成为乱源。龟鼎:古代以元龟、宝鼎为国家世守的重器,这里指帝位。　⑩《左传》宣公十二年载,楚大夫屈荡有"君以此始,亦必以终"的话,这里引用的意思是说,自东汉以来,宦官得到重用,最终亦亡于宦官的后代曹氏。

张中丞传后序①

韩 愈

元和二年②四月十三日夜,愈与吴郡张籍③阅家中旧书,得李翰④所为《张巡传》。翰以文章自名,为此传颇详密⑤。然尚恨有缺⑥者,不为许远⑦立传,又不载雷万春事首尾⑧。

远虽材若不及巡⑨者,开门纳巡,位本在巡上⑩,授之柄而处其下⑪,无所疑忌,竟与巡俱守死,成功名⑫。城陷而虏⑬,与巡死先后异耳⑭。两家子弟材智下,不能通知二父志,以为巡死而远就虏,疑畏死而辞服于贼⑮。远诚⑯畏死,何苦守尺寸之地⑰,食其所爱之肉⑱,以与贼抗而不降乎?当其围守时,外无蚍蜉蚁子之援⑲,所欲忠者国

---

①张中丞:张巡(709—757),邓州南阳(今河南南阳)人。安禄山叛乱时,他任真源县令,起兵守雍丘,抵抗安禄山军。公元757年移守睢(suī)阳,失守后殉难。张巡在守睢阳时被封为御史中丞、河南节度副使,所以称张中丞。 ②元和二年:公元807年。元和,唐宪宗李纯的年号。 ③吴郡:郡的治所在今江苏苏州市。张籍(768—约830):唐朝诗人。 ④李翰:赞皇(今河北元氏县)人。中进士后,官做到左补阙。他和张巡是好朋友,张巡死后,他写了一篇很详细的传记,上给唐肃宗,表彰张巡的功绩和气节。 ⑤为此传颇详密:写这篇传记很详细周密。 ⑥缺:遗漏。 ⑦许远(709—758):杭州盐官(今浙江海宁县)人。安禄山叛乱时,他和张巡协力守城,城破后,被杀。 ⑧雷万春:张巡部将。首尾:事情的头尾。 ⑨远虽材若不及巡:许远能力虽强不及张巡。 ⑩位本在巡上:许远任睢阳太守,是一郡行政的最高长官;张巡任真源县令,只是一县的行政长官。 ⑪这句说:许远交给张巡指挥的权柄,自己的地位反而在他的下面。 ⑫成功名:成就了功业和名节。 ⑬虏(lǔ):被俘虏。 ⑭这句说:和张巡比只是死的时间先后不同罢了。 ⑮这几句说:张巡、许远两家的儿子,才能都不高,不能了解两位父亲的志向,以为张巡牺牲而许远被俘虏,怀疑他是怕死向贼人屈服了。 ⑯诚:假使。 ⑰尺寸之地:形容睢阳城地方极小。 ⑱食其所爱之肉:睢阳被围,粮尽,张巡杀爱妾,许远也杀了他的家奴,给士兵们吃。 ⑲蚍蜉(pí fú)蚁子之援:形容力量极微弱的援军。

与主耳。而贼语以国亡主灭①。远见救援不至,而贼来益众②,必以其言为信③。外无待而犹死守,人相食且尽,虽愚人亦能数日而知死处④矣,远之不畏死亦明矣⑤。乌有⑥城坏,其徒⑦俱死而独蒙⑧愧耻求活?虽至愚者不忍为,呜呼⑨,而谓远之贤而为之邪⑩!说者又谓,远与巡分城而守⑪,城之陷自远所分始,以此诟⑫远。此又与儿童之见无异。人之将死,其脏腑⑬必有先受其病者;引绳而绝⑭之,其绝必有处⑮。观者见其然⑯,从而尤⑰之,其亦不达于理矣。小人之好⑱议论,不乐成人之美⑲,如是哉!如巡、远之所成就如此卓卓⑳,犹不得免,其他则又何说㉑!

当二公之初守也,宁能知人之卒㉒不救,弃城而逆遁㉓?苟此不能守,虽避之他处何益㉔?及其无救而且穷㉕也,将其创残饿羸㉖之余,虽欲去,必不达。二公之贤,其讲之精㉗矣。守城,捍㉘天下,以千百就尽之卒㉙,战百万日滋之师㉚,蔽遮江淮㉛,沮遏㉜其势,天下之不亡,其谁之功也!当是时,弃城而图存者,不

---

①这句说:但是贼将又对他们说国家亡了,君主死了。　②益众:更加多了。　③信:可信。　④数(shǔ)日而知死处:知道死的日子不远了。数,计算。　⑤亦明矣:也是很明白的了。　⑥乌有:哪里有。　⑦徒:那班一同守城的人。　⑧蒙:受。　⑨呜呼:感叹词。　⑩这几句说:岂有城破了,和他一同守城的人都死了,独自蒙受耻辱而求活命,这即使是最愚蠢的人也不忍心做的,唉,难道说许远这样贤明的人会做这样的事吗?　⑪说者:议论的人。远与巡分城而守:许远和张巡各人分守一方。　⑫诟(gòu):责骂。　⑬脏腑:人体内部的器官。　⑭引:拉。绝:拉断。　⑮其绝必有处:断绝也有一定的地方。　⑯然:这样。　⑰尤:归罪。　⑱小人:指那些说坏话的人。好(hào):喜欢。　⑲成人之美:帮助别人为善。　⑳卓卓:形容突出。　㉑这几句说:像张巡、许远成就这样突出,还免不了受到人家的指责,其他的人那又怎么说呢!　㉒宁(níng):难道。卒:到底。　㉓逆遁(dùn):预先逃走。逆,预测。　㉔这两句说:假使这里不能守住,虽然逃避到了别处又有什么好处。　㉕穷:困难到极点。　㉖将:统率。创(chuāng)残饿羸(léi):受伤、残废、饥饿、瘦弱。　㉗讲之精:谋划得很细。　㉘捍(hàn):保卫。　㉙千百就尽之卒:少数的快要死完的士兵。　㉚百万日滋之师:上百万一天天加多的军队。　㉛蔽遮:掩护。江淮:长江和淮河地区。　㉜沮遏(jǔè):压制阻止。

可一二数①；擅强兵坐而观者，相环也②。不追议此③，而责二公以死守，亦见其自比于逆乱④，设淫辞而助之攻⑤也。

愈尝从事于汴徐⑥二州，屡道于两府⑦间，亲祭于其所谓"双庙"⑧者。其老人往往说巡、远时事云。

南霁云之乞救于贺兰⑨也，贺兰嫉巡、远之声威功绩出己上⑩，不肯出师救。爱霁云之勇且壮，不听其语，强⑪留之，具食与乐⑫，延⑬霁云坐。霁云慷慨语曰⑭："云来时，睢阳之人不食月余日矣⑮。云虽欲独食，义不忍⑯；虽食，且⑰不下咽。"因拔所佩刀断一指，血淋漓以示贺兰⑱。一座⑲大惊，皆感激⑳为云泣下。云知贺兰终无为云出师意，即驰去；将出城，抽矢射佛寺浮图㉑，矢着其上砖半箭，曰："吾归破贼，必灭贺兰，此矢所以志也㉒。"愈贞元中过泗州㉓，船上人犹指以相语。城陷，贼以刃胁降巡㉔，巡不屈，即牵去，将斩之。又降霁云㉕，霁云未应。巡呼云曰：

---

①这两句说：放弃城池只打算保存自己的，不能用一个或两个来计数。　②擅(shàn)强兵坐而观者，相环也：拥有强大的军队而坐视不救的，都在睢阳的周围。　③不追议此：不去追究批评这些人（"弃城而图存者"和"擅强兵坐而观者"）。　④自比(bì)于逆乱：把自己并列在叛逆作乱的人一起。　⑤淫(yín)辞：歪曲事实的谬论。助之攻：帮助那些逆乱的人来攻击张巡、许远。　⑥从事：办理公务。汴(biàn)：汴州，今河南开封市。徐：徐州，现在江苏徐州。　⑦道：经过。两府：指汴州和徐州两州幕府。　⑧双庙：祭祀张巡、许远两人的庙。　⑨南霁云：张巡部将。贺兰：复姓贺兰，名进明，任河南节度使。　⑩嫉(jí)：妒忌。出己上：超过自己之上。　⑪强(qiáng)：勉强。　⑫具食与乐(yuè)：准备了筵席和歌舞班子。　⑬延：邀请。　⑭慷慨语曰：情绪激昂地说。　⑮不食月余日矣：挨饿已经一个多月了。　⑯义不忍：道义上不忍心。　⑰且：将要。　⑱以示贺兰：拿来给贺兰进明看（表示自己的决心）。　⑲一座：满座的人。　⑳感激：感动。　㉑矢(shǐ)：箭。浮图：塔。　㉒此矢所以志也：这枝箭是用来做标记的。　㉓贞元：唐德宗李适(kuò)的年号（786—805）。泗州：唐朝时候州治在临淮。　㉔以刃胁降巡：用刀胁迫张巡，要他投降。　㉕又降霁云：又叫南霁云投降。

"南八①,男儿死耳,不可为不义屈②!"云笑曰:"欲将以有为③也。公④有言,云敢不死。"即不屈。

张籍曰:有于嵩者,少依于巡⑤。及巡起事,嵩常在围中。籍大历中于和州乌江县见嵩,嵩时年六十余矣。以巡⑥,初尝得临涣县尉⑦。好学,无所不读。籍时尚小,粗⑧问巡、远事,不能细⑨也。云:巡长七尺余,须髯若神⑩。尝见嵩读《汉书》⑪,谓嵩曰:"何为久读此?"嵩曰:"未熟也。"巡曰:"吾于书,读不过三遍⑫,终身不忘也。"因诵嵩所读书,尽卷⑬,不错一字。嵩惊,以为巡偶熟此卷,因乱抽他帙⑭以试,无不尽然。嵩又取架上诸书试以问巡,巡应口诵,无疑。嵩从巡久,亦不见巡常读书也。为文章,操纸笔立书⑮,未尝起草。初守睢阳时,士卒仅万人,城中居人亦且数万,巡因一见问姓名,其后无不识者。巡怒,须髯辄张⑯。及城陷,贼缚巡等数十人坐,且将戮⑰。巡起旋⑱,其众见巡起,或起或泣。巡曰:"汝勿怖⑲,死,命也⑳。"众泣,不能仰视。巡就戮时,颜色㉑不乱,阳阳㉒如平常。远宽厚长者,貌如其心㉓。与巡同年生,月日后于巡㉔,呼巡为兄。死时年四十九。

---

①南八:南霁云行八,唐朝人多用排行相称呼。　②这两句说:男子汉就是一死罢了,不应该向非正义的方面屈服!　③有为:有所作为。　④公:对张巡的尊称。　⑤少:年轻时。依于巡:跟随着张巡。　⑥以巡:因为张巡的缘故。　⑦初:起初。临涣县今在安徽宿县。尉:县里管理治安、缉捕盗贼的官吏。　⑧粗:大略。　⑨细:细致。　⑩须髯(rán)若神:胡须长得好像神仙。　⑪《汉书》:东汉人班固的著作,记载了从汉高祖起到王莽时二百三十九年的历史事实。　⑫读不过三遍:读书不超过三遍。　⑬尽卷:背完这一卷书。　⑭他帙(zhì):另外一卷。帙,包书的套子。　⑮操:拿着。立书:立即就写。　⑯辄(zhé):常常。张:蓬开。　⑰戮(lù):斩杀。　⑱旋:小便。　⑲汝:你们。怖:惧怕。　⑳命:命运。　㉑颜色:面色。　㉒阳阳:安详镇定。　㉓远宽厚长(zhǎng)者,貌如其心:许远是宽大厚道的人,容貌就像他的心地一样。　㉔这句说:许远出生的时间比张巡后一些。

嵩，贞元初死于亳宋①间。或传，嵩有田在亳宋间，武人夺而有之②，嵩将诣州讼理③，为所杀④。嵩无子。张籍云。

救沉志

刘禹锡

贞元季年夏⑤，大水。熊武五溪斗⑥，洗于沅⑦，突旧防，毁民家。跻高望之，溟涬葩华⑧。山腹为坻⑨，林端如莎。湍道驶悍，不风而怒⑩。崱嶷⑪前迈，浸淫旁掩。柔者靡之，固者脱之，规者旋环之，矩者倒颠之。轻而泛浮者硠磕之⑫，重而高大者前却之。生者力音，殪者弛形，蔽流而东，若木柿然⑬。

有僧愀焉，誓于路曰："浮图之慈悲，救生最大。能援彼于溺，我当为魁。"里中儿愿从三四辈，皆狎川勇游者。相与乘坚舟，挟善器，维以修乍⑭，杙⑮于崇丘。水当洄洑，人易置力。凝⑯眸执用，俟可而拯。大凡室处之类，穴居之彙⑰，在牧之群，在豢之驯，上罗黔首，下逮毛物，拔乎洪澜，致诸生地者数十百

---

①亳(bó)：亳州，治所现在安徽亳县。宋：宋州，治所现在河南商丘。　②这句说：军人霸占了于嵩的田。　③诣(yì)：去到。讼理：告状。　④为所杀：被（武人）杀死。　⑤贞元：唐德宗的年号。季年：末年。　⑥熊武五溪：即武陵五溪（指雄、构、无、酉、辰五溪），五溪均是沅水支流。雄溪，一作熊溪。斗：指五溪之水一齐暴涨，相互激荡，好像战斗。　⑦洗(yì)：同"溢"。洗于沅：指五溪的洪水，会合于沅，使沅江泛滥成灾。沅，沅江，古称沅水。　⑧溟(míng)：海。涬(xìng)：大水茫茫。葩华：分散的样子。　⑨坻(chí)：水中的小洲或高地。　⑩湍道：水注。驶：奔驰。悍：勇猛。怒：指水涌。　⑪崱嶷(zé nì)：高大的样子。　⑫硠磕(láng kē)：石头互相撞击的声音。　⑬柿(fèi)：木柿，削下的碎木片。　⑭乍(zhà)：丝织物散开的样子。这里大概是指用旧有散股绳子吧　⑮杙(yì)：小木桩　⑯眸(lú)：瞳孔。　⑰彙：刺猬。

焉。

适有挚兽①，如鸱②夷而前，攫持流蘖③，首用不陷，隅目旁倪④，其姿骎然，甚如六扰⑤之附人者。其徒将取焉。僧趣诃之，曰："第⑥无济是为！"目之，可里所，而不能有所持矣。

舟中之人曰："吾闻浮图之教贵空，空生普，普生慈。不求报施之谓空，不择善恶之谓普，不逆困穷之谓慈。向也，生必救；而今也，穷见废。无乃计善恶而忘普与慈乎？"

僧曰："甚矣问之迷且妄也！吾之教恶乎无善恶哉？六尘者⑦，在身之不善也，佛以贼视之；末伽声闻者，在彼之未寤也，佛以邪目之⑧，恶乎无善恶耶？吾向也，所援而出死地者众矣。形干气还，各复本状。蹄者踯躅然，羽者翘萧然，而言者讱讱然⑨，随其所之，吾不尸其施也。不德吾则已，乌能害为？彼形之干，髬髵⑩之姿也；彼气之还，暴悖之用也，心足反噬，而齿甘最灵，是必肉吾属矣，庸能踯躅讱讱之比欤？夫虎之不可使知恩，犹人之不可使为虎也。非吾自贻患焉尔，且将贻患于众多，吾罪大矣。"

子刘子曰："余闻善人在患，不救不祥；恶人在位，不去亦不祥。僧之言远矣，故志之。"

---

①挚：通"鸷"。鸷兽：猛兽。　②鸱（chī）：鸱夷，革囊，皮袋子。　③蘖（niè）：斩而复生的树木。　④首用不陷：头部因露在水面，没有沉没。用，因此。陷，沉没。倪：通"睨"，斜视。　⑤六扰：六畜，马、牛、羊、鸡、狗、猪。　⑥第：但，只是。　⑦六尘：色、香、味、触、法。　⑧声闻：闻佛的声教而得渡。在彼：指末伽黎和声闻两种学佛的人。未寤：指虽学佛但不能算悟佛道。这两种人，佛称之为邪。目之：称之。末伽（qié）：即末伽黎，是梵语，相当于汉语的"未见道"。声闻者：初学入门者。　⑨讱（jiàn）：巧言，能言善辩。　⑩髬髵（pī ér）：猛兽鬃毛竖起的样子。

种树郭橐驼传

柳宗元

郭橐驼①,不知始何名。病偻②,隆然伏行③,有类橐驼者,故乡人号之④"驼"。驼闻之曰:"甚善,名我固当。"⑤ 因舍⑥其名,亦自谓"橐驼"云。

其乡曰丰乐乡,在长安⑦西。驼业种树,凡长安豪富人为观游⑧及卖果者,皆争迎取养⑨。视驼所种树,或移徙⑩,无不活;且硕茂早实以蕃⑪。他植者虽窥伺效慕⑫,莫能如也。

有问之,对曰:"橐驼非能使木寿且孳⑬也,能顺木之天以致其性焉尔⑭。凡植木之性:其本欲舒⑮,其培欲平⑯,其土欲故⑰,其筑⑱欲密。既然已⑲,勿动、勿虑⑳,去不复顾。其莳㉑也若子,其置㉒若弃,则其天者全,而其性得矣。故吾不害其长㉓已,非有能硕茂之㉔;不抑耗其实㉕而已,非有能早而蕃之㉖也。他植者则

---

①橐(tuó)驼:骆驼。 ②偻(lóu):曲背。 ③隆然:高耸着(指的是脊背)。伏行:身体俯下去走路。 ④号之:称他为。 ⑤名我固当:这样叫我实在很确当。 ⑥舍:放弃。 ⑦长安:唐朝的都城,现在陕西西安市。 ⑧观游:观赏游玩的场所。 ⑨争迎取养:争着(把郭橐驼)迎来,养在家中。 ⑩移徙:移植迁动。 ⑪硕(shuò)茂:高大茂盛。早实:早结果实。蕃:繁多。 ⑫窥伺:偷看。效慕:模仿。 ⑬寿:活得长久。孳:滋生得快。 ⑭木:树木。天:自然生长的道理。致其性:让它尽性发展。尔:罢了。 ⑮本:树根。舒:伸展。 ⑯培:培土。平:平均。 ⑰故:旧。这里指移栽树木时要保留树根周围的旧土。 ⑱筑:捣土。 ⑲既然已:这样做了以后。 ⑳虑:顾ész它。 ㉑莳(shì):移栽或分种。 ㉒置:搁,放。 ㉓害其长(zhǎng):妨碍它生长。 ㉔硕茂之:使它高大茂盛。硕、茂,均为形容词作使动用法。下文中"早"、"蕃"用法与此同。 ㉕抑耗其实:遏止、减少它结实。 ㉖早而蕃之:使它早结实而且繁多。

第八单元

不然。根拳而土易①。其培之也,若不过焉则不及②。苟③有能反是者,则又爱之太恩④,忧之太勤,旦视而暮抚⑤,已去而复顾⑥。甚者⑦,爪其肤⑧以验其生枯,摇其本以观其疏密,而木之性日以离⑨矣。虽曰爱之,其实害之;虽曰忧之,其实仇之:故不我若⑩也。吾又何能为哉?"

问者曰:"以子之道⑪,移之官理⑫,可乎?"驼曰:"我知种树而已,理⑬,非吾业也。然吾居乡,见长人者好烦其令⑭,若甚怜焉⑮,而卒以祸⑯。旦暮,吏来而呼曰:'官命促尔耕⑰,勖⑱尔植,督尔获,早缫尔绪⑲,早织尔缕⑳,字㉑尔幼孩,遂㉒尔鸡豚。'鸣鼓而聚之㉓,击木㉔而召之。吾小人辍飧饔以劳㉕吏者,且不得暇,又何以蕃吾生而安吾性耶?故病且怠㉖若是。则与吾业者其亦有类乎㉗?"

问者嘻㉘曰:"不亦善夫㉙!吾问养树,得养人术。"传其事以为官戒。

---

①根拳:树根拳曲不能伸展。土易:泥土被更换。 ②若不过焉则不及:不是太过分,便是不够格。 ③苟:如果。 ④恩:情深。 ⑤旦视而暮抚:早上来看看,晚上又来摸摸。 ⑥已去而复顾:已经离开又回看一下。 ⑦甚者:更过分的。 ⑧爪:用指爪划破。肤:树皮。 ⑨日以离:一天比一天差。 ⑩不我若:不如我。否定句中,代词"我"作"若"的宾语,宾语"我"被前置于谓语"若"有前面。 ⑪道:指种树的道理。 ⑫官理:做官治理政事的道理。 ⑬理:治理。 ⑭长(zhǎng)人者:当官长的人。好(hào)烦其令:喜欢不断向百姓发命令。 ⑮若甚怜焉:好像很哀怜百姓。 ⑯卒以祸:结果是给人以灾难。 ⑰官命促尔耕:官长命令催促你们耕田。 ⑱勖(xù):勉励。 ⑲缫(sāo):抽茧出丝。绪:丝头。 ⑳缕(lǚ):线。 ㉑字:养育。 ㉒遂:生长,引申为喂大的意思。 ㉓聚之:召集百姓。 ㉔击木:敲木梆。 ㉕辍(chuò):停止。飧(sūn):晚饭。饔(yōng):早饭。劳:慰劳。 ㉖怠:疲乏。 ㉗吾业者:我的同行(上文中的"他植者")。其:大概。亦有类乎:也相类似吧。 ㉘嘻:悲叹声。 ㉙不亦善夫:这不是很好吗!

阿房宫赋

杜 牧

六王毕①,四海一②,蜀山兀,阿房出③。覆压三百余里④,隔离天日⑤。骊山北构而西折,直走咸阳⑥。二川溶溶⑦,流入宫墙。五步一楼,十步一阁;廊腰缦回⑧,檐牙高啄⑨;各抱地势⑩,钩心斗角⑪。盘盘焉,囷囷焉,蜂房水涡⑫,矗不知其几千万落⑬。长桥卧波,未云何龙⑭?复道⑮行空,不霁何虹?高低冥迷⑯,不

---

①六王毕:六国灭亡了。六王,韩、赵、魏、楚、燕、齐六国的国王,即指六国。毕,完结,指为秦国所灭。 ②一:统一。 ③蜀山兀,阿房出:四川的山光秃了,阿房宫出现了。兀,山高而上平。这里形容山上树木已被砍伐净尽。蜀,四川。出,出现,意思是建成。 ④覆压三百余里:(从渭南到咸阳)覆盖了三百多里地。这是形容宫殿楼阁接连不断,占地极广。覆压,覆盖。 ⑤隔离天日:遮蔽了天日。这是形容宫殿楼阁的高大。 ⑥骊(lí)山北构而西折,直走咸阳:(阿房宫)从骊山北边建起,折而向西,一直通到咸阳(古咸阳在骊山西北)。走,趋向。 ⑦二川:指渭水和樊川。溶溶:河水缓流的样子。 ⑧廊腰缦回:走廊宽而曲折。廊腰,连接高大建筑物的走廊,好像人的腰部,所以这样说。缦,萦绕。回,曲折。 ⑨檐牙高啄:(突起的)屋檐(像鸟嘴)向上噘起。檐牙,屋檐突起,犹如牙齿。 ⑩各抱地势:各随地形。这是写楼搁随地势的高下向背而建筑的状态。 ⑪钩心斗角:指宫室结构的参差错落,精巧工致。钩心,指各种建筑物都向中心区攒聚。斗角,指屋角互相对峙。 ⑫盘盘焉,囷囷(qūn)焉,蜂房水涡:盘旋,屈曲,像蜂房,像水涡。焉,相当于"凛然"、"欣然"的"然"。楼阁依山而筑,所以说像蜂房,像水涡。盘盘,盘旋的样子。囷囷,屈曲的样子,曲折回旋的样子。 ⑬矗(chù)不知其几千万落:矗立着不知它们有几千万座。矗,形容建筑物高高耸立的样子。下文"杳不知其所之也"的"杳",用法与此相同。落,相当于"座"或者"所"。 ⑭长桥卧波,未云何龙:长桥卧在水上,没有云怎么(出现了)龙? ⑮复道:在楼阁之间架木筑成的通道。因上下都有通道,叫做复道。 ⑯冥迷:分辨不清。

知西东。歌台暖响，春光融融①；舞殿冷袖，风雨凄凄②。一日之内，一宫之间，而气候不齐。

妃嫔媵嫱③，王子皇孙，辞楼下殿，辇来于秦④。朝歌夜弦，为秦宫人。明星荧荧，开妆镜也⑤；绿云扰扰，梳晓鬟也；渭流涨腻⑥，弃脂水也；烟斜雾横，焚椒兰⑦也。雷霆乍惊，宫车过也；辘辘远听⑧，杳⑨不知其所之也。一肌一容，尽态极妍⑩，缦立⑪远视，而望幸⑫焉。有不见者，三十六年⑬。燕赵之收藏⑭，韩魏之经营，齐楚之精英，几世几年，摽掠其人⑮，倚叠⑯如山。一旦不能有，输来其间。鼎铛玉石⑰，金块珠砾，弃掷逦迤⑱，秦人视之，亦不甚惜。

嗟乎！一人之心，千万人之心也。秦爱纷奢，人亦念其家。

---

①歌台暖响，春光融融：意思是说，人们在台上唱歌，歌乐声响起来，好像充满着暖意。如同春光那样融和。融融，和乐。　②舞殿冷袖，风雨凄凄：人们在殿中舞蹈，舞袖飘拂，好像带来寒气，如同风雨交加那样凄冷。　③妃嫔（pín）媵（yìng）嫱（qiáng）：统指六国王侯的宫妃。她们各有等级（妃的等级比嫔、嫱高）。媵是陪嫁的侍女，也可成为媵、嫱。下文的"王子皇孙"指六国王侯的女儿，孙女。　④辞楼下殿，辇（niǎn）来于秦：辞别（六国的）楼阁宫殿，乘辇车来到秦国。　⑤明星荧（yíng）荧，开妆镜也：(光如)明星闪亮，是（宫人）打开梳妆的镜子。荧荧，明亮的样子。　⑥涨腻：涨起了脂膏。　⑦椒兰：两种香料植物，焚烧以熏衣物。　⑧辘辘（lù）远听：车声越听越远。辘辘，车行的声音。　⑨杳（yǎo）：无影无声，形容声音的遥远。　⑩一肌一容，尽态极妍：任何一部分肌肤，任何一种姿容，都娇媚极了。态，指姿态的美好。妍，美丽。　⑪缦立：久立。缦，通"慢"。　⑫幸：封建时代皇帝到某处，叫"幸"。妃，嫔受皇帝宠爱，叫"得幸"。　⑬三十六年：秦始皇在位共三十六年。这里说三十六年，是举其在位年数，形容时间长。　⑭收藏：指收藏的金玉珍宝等物。下文的"经营"、"精英"也指金玉珠宝等物。　⑮摽(piāo)掠其人：从人民那里抢来。摽，抢劫，掠夺。人，民。唐避唐太宗李世民讳，改民为人。下文"人亦念其家"、"六国各爱其人"、"秦复爱六国之人"的"人"，与此相同。　⑯倚叠：积累。　⑰鼎铛（chēng）玉石，金块珠砾：把宝鼎看做铁锅，把美玉看做石头，把黄金看做土块，把珍珠看做石子。铛，平底的浅锅。这句中的"鼎"、"玉"、"金"、"珠"均是名词作意动词。　⑱逦迤（lǐ yǐ）：连续不断。这里有"连接着"、"到处都是"的意思。

奈何取之尽锱铢①，用之如泥沙？使负栋之柱②，多于南亩之农夫；架梁之椽，多于机上之工女；钉头磷磷③，多于在庾④之粟粒；瓦缝参差，多于周身之帛缕；直栏横槛，多于九土⑤之城郭；管弦呕哑，多于市人之言语。使天下之人，不敢言而敢怒。独夫⑥之心，日益骄固⑦。戍卒叫⑧，函谷举⑨，楚人一炬⑩，可怜焦土！

呜呼！灭六国者六国也，非秦也；族⑪秦者秦也，非天下也。嗟乎！使⑫六国各爱其人，则足以拒秦；使秦复爱六国之人，则递⑬三世可至万世而为君，谁得而族灭⑭也？秦人不暇⑮自哀，而后人哀之；后人哀之而不鉴之，亦使后人而复哀后人也。

蚕 说

宋 庠⑯

里有织妇，著簪葛帔，颜色憔悴，喟然而让于蚕曰："余工女也，惟化治丝枲是司，惟服勤组𬙂是力⑰，世受蚕事，以蕃天财。

---

①锱(zī)铢(zhū)：古代重量名，一锱等于六铢，一铢约等于后来的一两的二十四分之一。锱、铢连用，极言其细微。　②负栋之柱：承担栋梁的柱子。　③磷磷：水中石头突立的样子。这里形容突出的钉头。　④庾(yǔ)：露天的谷仓。　⑤九土：九州。　⑥独夫：失去人心而极端孤立的统治者。这里指秦始皇。　⑦固：顽固。　⑧戍(shù)卒叫：指陈胜、吴广起义。　⑨函谷举：刘邦于公元前206年率军先入咸阳，推翻秦朝统治，并派兵守函谷关。举，拔、攻占。　⑩楚人一炬：指项羽（楚将项燕的后代）也于公元前206年入咸阳，并焚烧秦的宫殿，大火三月不灭。　⑪族：作动词用，灭族，杀死合族的人。　⑫使：假使。　⑬递：传递，这里指王位顺着次序传下去。　⑭族灭：被灭族。　⑮不暇：来不及。　⑯作者宋庠(xiáng)(996—1066)，字伯庠。安州安陆(今湖北安陆市)人，后徙居开封雍丘(今河南杞县)。著有《宋元宪集》、《国语补音》等。　⑰化治丝枲(xǐ)：化治丝枲：以丝麻来纺织。枲，麻。组𬙂(xún)：丝带。

第八单元

尔之未生,余则浴而种以俟;尔之既育,余则饬其器以祗事;尔食有节,余则采柔桑以荐焉;尔处不恩,余则弭温室以养焉;尔惟有神,余则蠲其祀而未尝黩也;尔惟欲茧,余则趣其时而不敢慢也:尔欲显素丝之洁,余则具缲盆泽器以奉之;尔欲利布幅之德①,余则操鸣机密杼以成之。春夏之勤,发蓬不及膏;秋冬之织,手胝无所代。余之于子可谓殚其力矣!

"今天下文绣被墙屋,余卒岁无褐;缇帛婴犬马,余终身恤纬②。宁我未究其术,将尔忘力于我耶?"

蚕应之曰:"嘻!余虽微生,亦禀元气;上符龙精,下同马类③。尝在上世,寝皮食肉;未知为冠冕衣裳之等也,未知御雪霜风雨之具也。当斯之时,余得与蠕动之俦,相忘于生生之域;蠢然无见豢之乐,熙然无就烹之苦。自大道既隐,圣人成能,先蚕氏④利我之生,蕃我以术,因丝以代毳,因帛以易韦;幼者不寒,老者不病:自是民患弭而余生残矣!

"然自五帝以降,虽天子之后,不敢加尊于我:每岁命元日,亲率嫔御,祀于北郊,筑宫临川,献茧成服⑤;非天子宗庙黼黻无所备,非礼乐车服旟常⑥无所设,非供祀无制币,非聘贤无束帛,

---

①利布幅之德:《左传·襄公二十八年》:"且夫富,如布帛之有幅焉,为之制度,使无迁也。夫民,生厚而用利,于是乎正德以幅之。"幅,范围,限制。　②褐:粗布短衣。缇帛婴犬马:用华丽的绸缎系在动物身上作为装饰。缇帛,赤黄色的绸制品。婴,系。余终身恤纬:意为我连丝毫的劣等线都不忍浪费。恤,怜惜。纬,本指组成布匹的纬线,这里用指织布中一些最低等的下脚料。　③上符龙精,下同马类:古代传说中,说蚕为龙精,又与马同气。见《周礼·夏官·马质》疏。　④先蚕氏:指发明养蚕的人。《后汉书·礼仪志上》"祠先蚕"注:"今蚕神曰菀窳妇人、寓氏公主,凡二神。"南北朝以后皆祀黄帝正妃嫘祖为先蚕。　⑤祀于北郊:古人认为蚕是神物,因有祭蚕的风俗。《周礼·天官·内宰》:"中春,诏后帅外内命妇始蚕于北郊,以为祭服。"　⑥旟常:旗帜之名。画交龙的叫做"旟",画日月的叫做"常"。《周礼·春官·司常》:"掌九旗之物名。日月为常,交龙为旟。"

至纤至悉，衣被万物。女子无贵贱，皆尽心于蚕。是以四海之大，亿民之众，无游手而有余帛矣。

"秦汉以下，本摇末荡：树奢靡以广君欲，开利涂以穷民力；云锦雾縠之巧岁变，霜纨冰绡之名日出；亲桑之礼颓于上，灾身之服流于下。倡人孽妾被后饰而内闲中者以千计，桀民大贾僭君服以游天下者非百数；一室御绩而千屋垂缯，十人漂絮而万夫挟纩；虽使蚕被于野、茧盈于车，朝收暮成，犹不能给；况役少以奉众，破实而为华哉！方且规规然重商人衣丝之条，罢齐官贡服之织；衣弋绨①以示俭，袭大练而去华；是犹捧凷堙尾闾之深②，覆杯救昆冈之烈③，波惊风动，谁能御之？由斯而谈，则余之功非欲厚啬声以侈物化，势使然也。二者交坠于道，奚独怒我哉？且古姜嫄、太姒④皆执子之勤，今欲以一己之劳而让我，过矣。"

于是织妇不能诘。而终身寒云。

五代史伶官传序⑤

欧阳修

呜呼！盛衰之理，虽曰天命，岂非人事哉！原⑥庄宗之所以得天下，与其⑦所以失之者，可以知之矣。

---

①弋绨(tí)：黑色的粗绸。弋，通"黳"，黑色。　②凷：" 块"的本字，指土块。尾闾：指海水。语见《庄子·秋水》："尾闾泄之，不知何时已而不虚。"尾闾乃杜撰的泄出海水之处，后用作海水的借语。　③覆杯：翻覆一杯的水。昆冈：昆山，古代著名的产玉地。烈：指烈火。《尚书·胤征》："火炎昆冈，玉石俱焚。"　④姜嫄：传说中周族始祖后稷之母。太姒：周文王之妃，武王之母。　⑤伶官：宫廷里供统治者娱乐表演的人物。伶，戏子，或唱戏杂技演员，现代的娱乐人员。　⑥原：推本求源，推究。　⑦其：语气副词，表示期望、命令的语气。

世言晋王之将终也，以三矢赐庄宗而告之曰："梁，吾仇也；燕王，吾所立；契丹，与吾约为兄弟，而皆背晋以归梁。此三者，吾遗恨也。与尔三矢，尔其无忘乃①父之志。"庄宗受而藏之于庙②，其后用兵，则遣从事③以一少牢④告庙，请其矢，盛以锦囊，负而前驱，及凯旋而纳⑤之。

　　方其系燕父子以组⑥，函⑦梁君臣之首，入于太庙，还矢先王，而告以成功，其意气之盛，可谓壮哉！及仇雠⑧已灭，天下已定，一夫夜呼，乱者四应，仓皇东出，未及见贼，而士卒离散，君臣相顾不知所归。至于誓天断发，泣下沾襟，何其衰也！岂得之难而失之易欤？抑⑨本其成败之迹，而皆自于人欤？《书》曰："满招损，谦受益。"忧劳可以兴国，逸豫⑩可以亡身，自然之理也。故方其盛也，举天下之豪杰莫能与之争；及其衰也，数十伶人困之而身死国灭，为天下笑。夫祸患常积于忽微⑪，而智勇多困于所溺⑫，岂独伶人也哉！作《伶官传》。

度支副使厅壁题名记

王安石

　　三司副使，不书前人名姓⑬。嘉祐五年，尚书户部员外郎吕君

---

　　①乃：你，你的。　　②庙：太庙，帝王祭祀祖先的宗庙。　　③从事：这里指负责具体事物的官员。　　④一少牢：用猪、羊各一头做祭品。牢，祭祀用的牲畜。　　⑤纳：放回。　　⑥组：丝带，这里指绳索。　　⑦函：用木匣装。　　⑧仇雠：仇敌。　　⑨抑：或者。　　⑩逸豫：逍遥游乐，不能居安思危。　　⑪忽微：极细小的东西。　　⑫所溺：沉溺迷爱的人或事物。　　⑬三司：北宋时主管财政经济的机构，包括盐铁、度支、户部三个机构。不书前人名姓：指厅壁没有留下先历任副吏的姓名。

冲之，始稽之众史①，而自李纮已上至查道，得其名②，自杨偕已上，得其官③，自郭劝已下又得其在事之岁时④，于是书石而镵之东壁⑤。

夫合天下之众者财⑥，理天下之财者法，守天下之法者吏也。吏不良，则有法而莫守；法不善，则有财而莫理⑦。有财而莫理，则阡陌闾巷之贱人⑧，皆能私取予之势⑨，擅万物之利⑩，以与人主争黔首⑪，而放其无穷之欲⑫，非必贵强桀大而后能⑬。如是而天子犹为不失其民者，盖特号而已耳。虽欲食蔬衣敝，憔悴其身，愁思其心，以幸天下之给足，而安吾政，吾知其犹不得也⑭。然则善吾法，而择吏以守之⑮，以理天下之财，虽上古尧、舜犹不能毋以此为先急⑯，而况于后世之纷纷乎⑰?

---

①嘉祐五年：即1060年。吕冲之：名景初，《宋史》卷三〇二有传。吕景初以户部员外郎的官衔判度支副使，管理财政和赋税。史：掌管文书的职员。稽之众史：询问那些管文卷的人。　②李纮（hóng）：字仲刚，宋仁宗时曾任度支副使。他是李昌龄的侄子（《见宋史》卷二八七《李昌龄传》）。查道是咸平六年设度支副使后，第一任担任这个职务的。　③杨偕：字次公，任度支副使大概在宋仁宗宝元元年（1083）。《宋史》卷三〇〇有传。这两句说，考查出了杨偕当时以何等官衔担任度支副使的职务。
④郭劝：字仲褒（bāo），在庆历六年（1046）任度支副使。《宋史》卷二九七有传。岁时：时间。这两句说，考出了郭劝以后在职任事的时间。　⑤书石：写在石上。镵（chán）：凿刻，这里兼有刻字和将石嵌在壁上的意思。　⑥合天下之众：团结天下的人。《易·系辞下》："何以聚人曰财。"这里即用其意。　⑦这句的意思说，官吏不好，虽有法令也不被遵守；法令不好，虽有财力也管理不好。　⑧阡陌：指农村。闾巷：指城镇。贱人：指在农村搞兼并土地的地主和在城镇里搞投机倒把的商人。
⑨私取予之势：私自操纵财富的收入和支配的权力。　⑩擅万物之利：独占所有货物和土地。　⑪与人主争黔首：和皇帝争夺老百姓。　⑫放其无穷之欲：肆意追求他们无止境的贪欲。　⑬贵强桀大：指贵族和豪强。这里的意思说，不一定贵族豪强才能搞兼并，农村城镇里的普通商人和地主也可以搞。　⑭衣（yì）：穿着。敝：破旧。食蔬衣敝：吃素菜，穿破衣。幸：希望。这几句说，虽然皇上吃蔬菜穿破衣，身体黄瘦，心里忧愁，以此希望天下富足，安定自己的政治，我看还是不可能的。　⑮善吾法：改革我们的法制。择吏以守之：选择良吏来执行法令。　⑯毋以此：不用这种办法。先急：首先急办的事。　⑰纷纷：形容社会情况错综复杂。

第八单元

　　三司副使，方今之大吏①，朝廷所以尊宠之甚备②。盖今理财之法，有不善者，其势皆得以议于上而改为之③。非特当守成法，吝出入，以从有司之事而已④。其职事如此⑤，则其人之贤不肖，利害施于天下如何也⑥！观其人，以其在事之岁时，以求其政事之见于今者，而考其所以佐上理财之方，则其人之贤不肖，与世之治否，吾可以坐而得矣⑦。此盖吕君之志也⑧。

留侯论

苏　轼

　　古之所谓豪杰之士者，必有过人之节，人情有所不能忍者，匹夫见辱⑨，拔剑而起，挺身而斗，此不足为勇也。天下有大勇者，卒然临之而不惊，无故加之而不怒，此其所挟持者甚大⑩，而其志甚远也。

　　夫子房受书于圯上之老人也⑪，其事甚怪⑫。然亦安知其非秦

---

①大吏：指职权很大的重要官员。　②尊宠：器重和信任。甚备：很周到。③势：权力。议于上：向朝廷提出建议。改为之：对法令加以改革。　④守成法：指墨守成规。吝：吝惜。出入：收支。从有司之事：办好自己职务内的事情。　⑤其职事如此：度支副使的职责是这样。　⑥这里的意思说，担任度支副使的人好或不好，其利害得失影响到国家是怎样的重大啊。　⑦这几句说，要鉴定度支副使之为人，就依据他在职的时期，从而寻求他的政绩至今犹可看得到的，进一步考察他用来辅佐国家理财的办法，那么那个度支副使是好还是不好，那个时期是治还是乱，我们可以不费力气就知道了。　⑧志：愿望。吕君之志：昌冲之刻厅壁题名的目的。　⑨匹夫见辱：一个普通的人受到侮辱。　⑩扶持者甚大：谓胸怀广阔，志意高速。扶持，指抱负。⑪受书于圯(yí)上之老人：见《史记·留侯世家》。圯，桥。　⑫其事甚怪：《史记·留侯世家》载，"太史公曰：'学者多言无鬼神，然言有物。至如留侯所见老父与书，亦可怪矣。'"

之世有隐君子①者出而试之。观其所以微见其意者,皆圣贤相与警戒之义;世人不察,以为鬼物②,亦已过矣。且其意不在书③。当韩之亡④,秦之方盛也,以刀锯鼎镬待天下之士,其平居无罪夷灭者,不可胜数⑤。虽有贲、育⑥,无所复施。夫持法太急者,其锋不可犯,而其势未可乘⑦。子房不忍忿忿之心,以匹夫之力,而逞于一击之间⑧。当此之时,子房之不死者,其间不能容发⑨,盖亦已危矣!千金之子⑩,不死于盗贼,何者?其身之可爱,而盗贼之不足以死也⑪。子房以盖世之才,不为伊尹、太公之谋⑫,而特出于荆轲、聂政之计⑬,以侥幸于不死,此圯上老人之所为深惜者也。是故倨傲鲜腆⑭而深折之,彼其能有所忍也,然后可以就大事,故曰:"孺子可教也。"

楚庄王伐郑,郑伯肉袒牵羊以逆;庄王曰:"其君能下人,必

---

①隐君子:隐居的高士。指圯上老人。　②以为鬼物:王充《论衡·自然》载:"张良游泗水之上,遇黄石公,授太公书。盖天佐汉诛秦,故命令神石为鬼书授人……黄石授书,亦汉且兴之象也。妖气为鬼,鬼象人形,自然之道,非或为之也。"③其意不在书:谓圯上老人主要的意思不在授张良以书。　④韩之亡:韩国亡于公元前230年。秦亡六国,首先灭韩。　⑤"以刀锯鼎镬待天下之士"三句:谓秦王残杀成性,以刀锯杀人,以鼎镬烹人。　⑥贲(bēn)、育:孟贲、夏育,古代著名的勇士。⑦其势未可乘:谓形势有利于秦,还没有可乘之机。　⑧一击:《史记·留侯世家》载"秦灭韩",张良"悉以家财求客刺秦王,为韩报仇。……得力士为铁锥重百二十斤。秦皇帝东游,良与客狙击秦皇帝博浪沙中,误中副车。秦皇帝大怒,大索天下,求贼甚急,为张良故也"。　⑨其间不能容发:当中差不了一根毛发。比喻情势危急。⑩千金之子:用以称富贵人家的子弟。　⑪不足以死:不值得因之而死。　⑫伊尹、太公之谋:谓安邦定国之谋。伊尹辅佐汤建立商朝。　⑬荆轲、聂政之计:谓行刺之下策。荆轲刺秦王与摄政刺韩相侠累两事。　⑭鲜腆(tiǎn):没有礼貌。

能信用其民矣。"遂舍之①。勾践之困于会稽,而归臣妾于吴者,三年而不倦②。且夫有报人之志,而不能下人者,是匹夫之刚也。夫老人者,以为子房才有余,而忧其度量之不足,故深折其少年刚锐之气,使之忍小忿而就大谋。何则?非有生平之素③,卒然相遇于草野之间,而命以仆妾之役④,油然⑤而不怪者,此固秦皇之所不能惊,而项籍之所不能怒也⑥。

观夫高祖之所以胜,而项籍之所以败者,在能忍与不能忍之间而已矣。项籍惟不能忍,是以百战百胜,而轻用其锋⑦。高祖忍之,养其全锋,而待其弊⑧。此子房教之也。当淮阴破齐而欲自

---

①"楚庄王伐郑"六句:《左传》宣公十二年载楚庄王围郑,"克之,入自皇门,至于陆路。郑伯肉袒牵羊以逆(迎),曰:'孤不天,不能事君,使君愤怒,以及敝邑,孤之罪也,敢不唯命是听!其俘诸江南,以实海滨,亦唯命,其翦以赐诸侯,使臣妾之,亦唯命。若惠顾前好,徼福于厉宣桓武,不泯其社稷,使改事君,夷于九县,君之惠也,孤之愿也,非所敢望也。敢布腹心,君实图之。'左右曰:'不可许也,得国无赦。'王曰:'其君能下人,必能信用其民矣,庸可几冀乎?'退三十里,而许之平。"杜预注:"肉袒牵羊,示服为臣仆。"肉袒,袒衣露体。　②"勾践之困于会稽"三句:《左传·哀公元年》:"吴王夫差败越于夫椒,报㰦李(越军曾击败吴军于此)也。遂入越。越子(勾践)以甲楯五千,保于会稽(山),使大夫种因吴太宰嚭以行成。……越及平吴。"《国语·吴语下》载勾践"令大夫种守于国,与范蠡入宦于吴,三年而吴人遣之"。归臣妾于吴,谓投降吴国为其臣妾。　③非有生平之素:犹言素昧平生(向来不熟悉)。④仆妾之役:指"取履"事。　⑤油然:盛兴貌。此谓悦敬之心油然而生。　⑥"此因秦皇之所不能惊"二句:和前文"天下有大勇者,卒然临之而不惊,无故加之而不怒"的意思相呼应。　⑦"项籍惟不能忍"三句:为项籍迷信武力足以征服天下,多方面树敌,虽能百战百胜,但兵力消耗太甚,卒至败亡。详见《史记·项羽本纪》。⑧"高祖忍之"三句:高祖刘邦在强大的楚军面前,经常采取守势,以保持军队实力。详见《史记·高祖本纪》。

王,高祖发怒,见于词色①。由此观之,犹有刚强不忍之气,非子房其谁全之?

太史公疑子房以为魁梧奇伟,而其状貌乃如妇人女子②,不称其志气③。呜呼!此其所以为子房欤④!

前赤壁赋⑤

苏 轼

壬戌⑥之秋,七月既望⑦,苏子与客泛舟⑧游于赤壁之下。清风徐来,水波不兴。举酒属客⑨,诵《明月》之诗,歌《窈窕》之章⑩。少焉⑪,月出于东山之上,徘徊于斗、牛⑫之间。白露横江,

---

①"当淮阴破齐而欲自王"三句:《史记·淮阴王列传》:"汉四年,遂皆降平齐。使人言汉王曰:'齐伪诈多变,反复之国也,南边楚,不为假王以镇之,其势不定,愿为假王便。'当是时,楚方急围汉王于荥阳,韩信使者至,发书,汉王大怒,骂曰:'吾困于此,旦暮望若来佐我,乃欲自立为王!'张良、陈平蹑汉王足,因附耳语:'汉方不利,宁能禁信之王乎?不如因而立,善遇之,使自为守;不然,变生。'汉王亦悟,因复骂曰:'大丈夫定诸侯,即为真王耳,何以假为!'乃遣张良立信为齐王,征其兵击楚。"韩信后降封为淮阴侯,故称为淮阴。　　②"太史公疑子房以为魁梧奇伟"二句:《史记·留侯世家》:"太史公曰:'余以为其人计魁梧奇伟,至见其图,状貌如妇人好女。'"　　③不称(chèn):不相称,不相当。　　④此其所以为子房欤:意谓张良志气宏伟而内涵不露,貌似柔弱,正是他独特过人之处。　　⑤赤壁:长江、汉水流域共有五处叫赤壁的地方。苏轼所游的赤壁,是湖北黄冈县城外的赤鼻矶,三国时"赤壁之战"的旧址,在其西部地区,两地并非一地。　　⑥壬戌:宋神宗元丰五年(1082)。　　⑦既望:农历每月的十六日。既,过了。望,农历每月十五日。　　⑧苏子:苏轼自称。泛舟:飘荡着船。　　⑨举酒属(zhǔ)客:举起酒杯,向客人敬酒。　　⑩《明月》之诗、《窈窕(yǎo tiǎo)》之章:指《诗经·陈风·月出》篇。这首诗的第一章有"月出皎兮,佼(jiǎo)人僚兮,舒窈纠兮"的句子。窈纠:即窈窕。　　⑪少焉:不一会儿。　　⑫徘徊:践踏不前的样子(这是把月亮拟人化的说法)。斗、牛:北斗星和牵牛星。

第八单元

水光接天。纵一苇之所如①,凌万顷之茫然②。浩浩乎如冯虚御风③,而不知其所止;飘飘乎如遗世独立④,羽化而登仙⑤。

于是饮酒乐甚,扣舷⑥而歌之。歌曰:"桂棹兮兰桨⑦,击空明兮溯流光⑧。渺渺兮予怀⑨,望美人兮天一方⑩。"客有吹洞箫者,倚歌而和之⑪。其声呜呜然⑫,如怨如慕⑬,如泣如诉,余音袅袅⑭,不绝如缕⑮,舞幽壑之潜蛟⑯,泣孤舟之嫠妇⑰。苏子愀然⑱,正襟危坐⑲而问客曰:"何为其然也⑳?"

客曰:"'月明星稀,乌鹊南飞'㉑,此非曹孟德㉒之诗乎?西望夏口㉓,东望武昌㉔。山川相缪㉕,郁乎苍苍㉖,此非孟德之困于周郎㉗者乎?方其破荆州,下江陵,顺流而东也㉘,舳舻千里㉙,旌

---

①纵:听任。一苇:比喻小船。所如:去的地方。 ②凌:超过。万顷:形容江面宽广。茫然:江面旷远迷茫的样子。 ③浩浩乎:水大的样子。冯虚御风:腾空驾风而行。 ④遗世独立:抛开人世,了无牵挂。 ⑤羽化:成仙。登仙:飞入仙境。 ⑥扣舷(xián):敲击船边。这是打节拍的意思。 ⑦棹(zhào)、桨:划船的工具。(前划的叫桨,后推的叫棹。)桂、兰:都是美称。兮:啊。 ⑧击空明:指船桨击打着清澈的江水。空明,水清见底,月照水中宛如透明。溯流光:指船在浮动着月光的水面上逆流而进。 ⑨渺渺兮予怀:我的情怀啊,深远无穷! ⑩美人:古人常用来作为贤君圣主或美好理想的象征。天一方:指"美人"在遥远的地方。 ⑪倚歌而和之:配着歌声吹箫。 ⑫呜呜然:形容箫声的吞吐、凄凉。 ⑬如怨如慕:好像是哀怨,又像是眷恋。 ⑭袅(niǎo)袅:形容声音悠扬不绝。 ⑮不绝如缕:余音没有断绝,宛如细丝一般。 ⑯舞幽壑(hè)之潜蛟:(箫声)使潜伏在深渊里的蛟龙飞舞起来。幽壑:深谷,这里指深渊。 ⑰泣孤舟之嫠(lí)妇:使孤舟上的寡妇哭泣起来(形容箫声极为悲凄动人)。嫠妇:指寡妇。 ⑱愀(qiǎo)然:忧愁变容的样子。 ⑲正襟危坐:理直衣襟,端坐着。 ⑳何为其然也:箫声为什么这样悲凉呢? ㉑月明星稀,乌鹊南飞:是曹操《短歌行》中的诗句。 ㉒孟德:曹操的字。 ㉓夏口:地名,故城在今武汉市黄鹄山上,相传为三国吴孙权建筑的。 ㉔武昌:今湖北鄂城县。 ㉕山川相缪(liáo):山和水互相盘绕。 ㉖郁乎苍苍:写山川的一片苍翠之色。 ㉗此:这地方。困于周郎:被周郎战败。周郎,三国时吴的名将周瑜。 ㉘方:当。破荆州、下江陵,顺流而东也:指曹操在荆州打败刘琮,攻占江陵,向东进军赤壁。荆州:郡名,治所现在湖北江陵。 ㉙舳舻(zhú lú):长方形的大船。千里:形容船多。前后衔接,千里不绝。

旗蔽空，酾酒临江①，横槊②赋诗，固一世之雄也③，而今安在哉？况吾与子渔樵于江渚④之上，侣鱼虾而友麋⑤鹿，驾一叶之扁舟⑥，举匏尊以相属⑦。寄蜉蝣于天地⑧，渺沧海之一粟⑨。哀吾生之须臾⑩，羡长江之无穷。挟飞仙以遨游，抱明月而长终⑪。知不可乎骤得，托遗响于悲风⑫。"

苏子曰："客亦知夫⑬水与月乎？逝者如斯，而未尝往也；盈虚者如彼，而卒莫消长也⑭。盖将自其变者而观之，则天地曾不能以一瞬⑮。自其不变者而观之，则物与我皆无尽⑯也，而又何羡⑰乎！且夫⑱天地之间，物各有主；苟非吾之所有，虽一毫而莫取。惟江上之清风，与山间之明月，耳得之而为声，目遇之而成色，取之无禁，用之不竭，是造物者之无尽藏⑲也，而吾与子之所共适⑳。"

客喜而笑，洗盏更酌㉑。肴核㉒既尽，杯盘狼藉㉓。相与枕藉乎舟中㉔，不知东方之既白㉕。

---

①酾(shī)酒临江：面对着长江斟酒。　②横槊(shuò)：横执着长矛。　③固一世之雄也：真是一代的英雄啊！　④江渚：江中的小洲。　⑤侣：做伴。麋(mí)：鹿的一种。　⑥一叶之扁(piān)舟：一只小船。　⑦匏(páo)尊：葫芦做成的酒器。属(zhǔ)：指敬酒。　⑧寄蜉蝣(fú yóu)于天地：像蜉蝣那么短促地寄生在天地之间。蜉蝣：昆虫名，夏秋之交生在水边，往往只能活几小时。　⑨渺沧海之一粟：渺小得像大海里的一颗小米。沧海：大海。　⑩须臾：片刻。　⑪这两句意思是，希望同神仙一起游玩，同明月一起长存。挟：夹在腋下，这里指带着。遨：游，游玩。　⑫这两句意思是，明知道不可马上实现，只好把表达这种心情的箫声付托在悲凉的秋风之中。遗响：余音。　⑬夫(fú)：语气助词。　⑭这几句意思是，不断流去的水，像这样不断地流，而其实没有流去；时圆时缺的月亮，像那样不断地变化，却到底没有一点增减。斯：这里，水近，所以说"这里"；彼：那里，月亮远，所以说"那里"。　⑮这两句说，若从变化的一面来看，那么天地间的事物连一眨眼的工夫都不能保持原样。　⑯无尽：永恒不尽。　⑰羡：指上文的"羡长江之无穷"。　⑱且夫：发语词，况且。　⑲造物者之无尽藏(zàng)：这是自然界无穷无尽的宝藏。造物者：指天。　⑳共适：一起来赏玩快意。　㉑洗盏更酌：洗杯重饮。　㉒肴核：菜肴和果品。　㉓狼藉：杂乱。　㉔相与枕藉乎舟中：你靠我、我挨你地睡在船里。枕：枕头。藉：垫褥，这里的"枕藉"作动词用。　㉕既白：天色已经发白。

俯冯夷之幽宫①。盖②二客不能从焉。划然③长啸,草木震动,山鸣谷应,风起水涌。予亦悄然④而悲,肃然而恐,凛乎其不可留也⑤。返而登舟,放乎中流⑥,听其所止而休焉⑦。时夜将半,四顾寂寥⑧。适有孤鹤,横江东来。翅如车轮,玄裳缟衣⑨,戛然⑩长鸣,掠予舟而西也。

须臾⑪客去,予亦就睡。梦一道士,羽衣翩跹⑫,过临皋之下,揖予⑬而言曰:"赤壁之游乐乎?"问其姓名,俯而不答。呜呼噫嘻⑭!我知之矣。畴昔之夜⑮,飞鸣而过我者,非子也耶?道士顾⑯笑,予亦惊寤。开户视之,不见其处。

书博鸡者事⑰

高　启

博鸡者,袁人⑱,素无赖⑲,不事产业⑳,日抱鸡呼少年博市中。任气㉑好斗,诸为里侠者皆下之㉒。

元至正间㉓,袁有守多惠政㉔,民甚爱之。部使者臧新贵㉕,

---

①俯:低头瞧着。冯(píng)夷:水神名。幽宫:深宫。　②盖:连接词,有提起下文的作用。　③划然:长啸的声音。　④悄然:忧愁的样子。　⑤凛乎其不可留也:感到害怕,不敢停留。　⑥放乎中流:放船到江心。　⑦听其所止而休焉:让它自己漂流到哪里,就在哪里停泊。　⑧寂寥:冷静。　⑨玄:黑色。裳:下裙。缟(gǎo):白色的丝织品。衣:上衣。　⑩戛(jiá)然:形容鹤叫的尖利声。　⑪须臾:过了片刻。　⑫羽衣:道士是鹤化成的,所以仍穿"羽衣"。翩跹(piān xiān):飘然轻快的样子。　⑬揖(yī)予:向我拱手施礼。　⑭呜呼噫嘻:感叹词。　⑮畴昔之夜:这里指昨天夜里。畴昔:从前。畴:语气助词,没有实在的意义。　⑯顾:回头看。　⑰博鸡:斗鸡赌输赢。　⑱袁:袁州,治所在今江西宜春市。　⑲素无赖:平日游手好闲。　⑳不事产业:不从事生产劳动。　㉑任气:意气用事。　㉒里:乡里,当地。下:佩服,退让。这句说,许多在当地有侠义行为的人都对他退让。　㉓至正:元顺帝妥欢帖睦尔的年号(1341—1368)。　㉔守:州郡的长官。惠政:善政。　㉕新贵:新近显贵得势。

第八单元

将按郡①至袁。守自负年德易之②,闻其至,笑曰:"臧氏之子也。"或以告臧,臧怒,欲中守法③。会袁有豪民尝受守杖④,知使者意嗛⑤守,即诬守纳己赇⑥。使者遂逮⑦守,胁服⑧,夺⑨其官。袁人大愤,然未有以报也⑩。

一日,博鸡者遨⑪于市。众知有为⑫,因让⑬之曰:"若素名勇⑭,徒能凌藉贫屡者耳⑮!彼豪民恃其资⑯,诬去贤使君⑰,袁人失父母⑱;若诚⑲丈夫,不能为使君一奋臂耶⑳?"博鸡者曰:"诺㉑。"即入闾左㉒;呼子弟素健者,得数十人,遮㉓豪民于道。豪民方华衣㉔乘马,从㉕群奴而驰,博鸡者直前捽下㉖,提殴之㉗。奴惊,各亡去㉘。乃褫豪民衣自衣㉙,复自策其马㉚,麾众拥豪民马前㉛,反接㉜,徇诸市㉝。使自呼曰:"为民诬太守者视此㉞!"一步一呼,不呼则杖,其背尽创。豪民子闻难㉟,鸠宗族童奴百许人㊱,欲要篡㊲以归。博鸡者逆㊳谓曰:"若欲死而父㊴,即前斗㊵。

---

①按郡:巡察州郡地方。 ②这句说,袁州太守依仗着自己年老有德,看不起那个姓臧的使者。易,轻视。 ③这句说,想要利用法律来伤害太守。 ④会:刚巧。豪民:土豪。尝:曾经。杖:杖刑,用木棍打背、臀或腿。 ⑤嗛(xián):怀恨。 ⑥纳:接受。赇(qiú):贿赂。 ⑦逮:逮捕。 ⑧胁服:威逼认罪。 ⑨夺:罢免。 ⑩报:对付。这句说,然而还没有想到对付的办法。 ⑪遨(áo):游逛。 ⑫有为:可以有所作为。 ⑬让:责备。 ⑭这句说,你一向以勇敢出名。 ⑮徒能:只能。藉:践踏。这里是欺压的意思。贫屡(chán):贫穷弱小。 ⑯恃(shì):依仗。资:钱财。 ⑰去:指罢免。使君:指太守。 ⑱父母:比喻有惠政的太守。 ⑲诚:确实是。 ⑳奋臂:举臂,表示出力。 ㉑诺:表示答应的声音。 ㉒闾左:这里指贫民聚居的地方。 ㉓遮:挡。 ㉔华衣:穿着一身华丽的衣服。 ㉕从:跟随。 ㉖直前:一直向前。捽(zuó):揪。 ㉗提殴:用手提着加以殴打。 ㉘亡:逃。 ㉙褫(chǐ):剥。自衣:穿在自己身上。 ㉚复:又。策:用马鞭子赶马。 ㉛麾(huī):指挥。拥:围。 ㉜反接:双手反绑着。 ㉝徇诸市:让他在市场上游街示众。 ㉞这句说,做老百姓而诬告太守的,就会落得这样下场。 ㉟难:祸事。 ㊱鸠(jiū):聚集。宗族:同一父系家族的成员。童:未成年的仆人。百许人:一百多人。 ㊲要(yāo)篡:拦路抢走。 ㊳逆:对面迎上去。 ㊴而父:你的父亲。 ㊵这两句说,你如果想让你的父亲死掉,那就上前来对打。

否则阖门善俟①。吾行市毕②,即归③若父,无恙也④。"豪民子惧,遂杖杀其父⑤,不敢动,稍敛⑥众以去。袁人相聚从观⑦,欢动一城。郡录事骇之⑧,驰白府⑨。府佐快其所为⑩,阴纵之不问⑪。日暮,至豪民第门⑫,捽⑬使跪,数⑭之曰:"若为民不自谨⑮,冒使君⑯,杖汝,法也;敢用是为怨望⑰,又投间蔑污使君⑱,使罢⑲。汝罪宜死⑳,今姑贷汝㉑。后不善自改,且复妄言㉒,我当焚汝庐、戕汝家矣㉓!"豪民气尽,以额叩地,谢不敢㉔。乃释之。

博鸡者因告众曰:"是足以报使君未耶㉕?"众曰:"若所为诚快,然使君冤未白㉖,犹㉗无益也。"博鸡者曰:"然。"即连楮㉘为巨幅,广㉙二丈,大书一"屈"字,以两竿夹揭之㉚,走诉行御史台㉛。台臣弗为理㉜。乃与其徒日张"屈"字游金陵市中㉝。台臣惭,追受其牒㉞,为复守官而黜臧戚使者㉟。方㊱是时,博鸡者以义闻东南㊲。

---

①这句说,否则就关门坐在家里好好地等着。　②行市:在市场上游行。　③归:还。　④无恙:不会受害。　⑤遂:即刻。这句说,豪民之子害怕博鸡者会立即用棍杖打死他父亲。　⑥敛:招拢,约束。　⑦相聚从观:互相追随着挤在一起观看。　⑧郡录事:州郡地方上掌管文书的官吏。骇:惊惧。　⑨白:告知。府:古时县以上一级的地方行政单位。　⑩府佐:府一级官员的副职。快:感到高兴。这句说,府佐对博鸡者所做的事感到高兴。　⑪阴纵之:暗中放任不管。　⑫第:官僚、贵族的家宅。　⑬捽(zuó):揪。　⑭数:列举过错。　⑮不自谨:自己不检点。　⑯冒:冒犯。　⑰用是:因此。怨望:怨恨。这句说,你竟敢因此而怀假在心。　⑱投间:趁机,钻空子。　⑲罢:罢免。这句说,使他丢了官。　⑳宜:应当。　㉑姑:暂且。贷:饶恕。　㉒这两句说,今后如果不好好改过自新,并且还要胡说乱讲。　㉓庐:房屋。戕(qiāng):杀害。　㉔谢不敢:认罪,表示不敢再犯。　㉕是:这。报:报答。　㉖白:伸冤平反。　㉗犹:还,仍然。　㉘楮(chǔ):纸。楮是树,它的树皮纤维可造纸,所以古人把纸叫做楮。　㉙广:宽度。　㉚揭:高举。　㉛行御史台:设在地区的执行御史台职责的官署。御史台是中央监察机关。　㉜理:处理。　㉝徒:同"伙"。张:指打开横幅。金陵:今江苏南京市。当时是京城。　㉞追:事后补行。牒:公文。这里指状纸。　㉟复:恢复。黜(chù):罢免。　㊱方:正当。　㊲这句说,博鸡者由于他的侠义行为而闻名于东南一带地方。

第八单元

高子曰①：余在史馆②，闻翰林天台陶先生言博鸡者之事③。观袁守虽得民④，然自喜轻上⑤，其祸非外至也⑥。臧使者枉用三尺⑦，以仇一言之憾⑧，固贼戾⑨之士哉！第为上者不能察⑩，使匹夫攘袂群起⑪，以伸⑫其愤，识者固知元政紊弛⑬，而变兴自下之渐矣⑭。

指 喻

方孝孺

浦阳⑮郑君仲辨，其容阗然⑯，其色渥然⑰，其气充然⑱，未尝⑲有疾也。他日⑳，左手之拇㉑有疹㉒焉，隆起而粟㉓。君疑之，以示人，人大笑，以为不足患㉔。既三日，聚而如钱㉕。忧之滋甚，又以示人，笑者如初。又三日，拇之大盈握，近拇之指皆为之痛，若剟刺状，肢体心膂，无不病者。惧而谋诸医，医视之，惊曰："此疾之奇者，虽病在指，其实一身病也，不速治，且能伤

---

①高子：作者自称。　②史馆：官署名，掌管监修国史之事。　③翰林：官名，明代在科举考试中选拔一部分人入翰林院为翰林官。明代的翰林院是掌管修史、著作、图书等事的官署，史馆就并在其中。天台：今浙江天台县。　④得民：受到人民的爱戴。　⑤自喜：自以为自己很好。轻上：瞧不起上级。　⑥这句说，袁守的得祸，不是由于外来的原因。　⑦三尺：指剑，这里指操生杀之权。这句说，姓臧的使者滥用权力。　⑧仇(chóu)：报复。憾：怨恨。　⑨贼戾(lì)：不正派，凶残。　⑩第：但。为上者：做上级的人。察：查察。　⑪匹夫：泛指平民。攘袂(rǎng mèi)：捋起袖子。　⑫伸：这里是发泄的意思。　⑬识者：有见识的人。元政：元代的政治。紊驰(wěn chí)：混乱、松弛。　⑭这句说，事变从下面兴起的趋势已经渐渐形成了。　⑮浦阳：浦江县的别称，今属浙江义乌。　⑯阗(tián)然：丰满的样子。　⑰色：脸。渥(wò)然：红润的样子。　⑱充然：充足的样子。　⑲未尝：不曾。　⑳他日：后来有一天。　㉑拇：大指头。　㉒疹(zhěn)：皮肤上起的红色小颗粒。　㉓隆起而粟：(疙瘩)高起，像小米那样大小。　㉔患：忧患。　㉕钱：铜钱。

生。然始发之时,终日可愈;三日,越旬可愈;今疾且成,已非三月不能瘳①。终日可愈,艾可治也;越旬而愈,药可治也;至于既成,甚将延乎肝膈②,否亦将为③一臂之忧。非有以御其内,其势不止;非有以治其外,疾未易为也。"君④从其言,日服汤剂,而傅以善药,果至二月而后瘳,三月而神色始复。

余因是思之:天下之事,常发于至微,而终为大患⑤;始以为不足治,而终至于不可为⑥。当其易也,惜旦夕⑦之力,忽⑧之而不顾;及其既成也,积岁月⑨,疲思虑⑩,而仅克⑪之,如此指者多矣。盖众人之所可知者,众人之所能治也,其势虽危,而未足深畏⑫。惟萌于不必忧之地,而寓⑬于不可见之初,众人笑而忽之者,此则君子之所深畏⑭也。

昔之天下,有如君之盛壮无疾者乎?爱天下者,有如君之爱身者乎?而可以为天下患者,岂特⑮疮痏之于指乎?君未尝敢忽之,特以不早谋于医,而几至于甚病。况乎视之以至疏之势,重之以疲敝⑯之余,吏之戕摩⑰剥削以速其疾者亦甚矣;幸其未发,以为无虞⑱而不知畏,此真可谓智也与哉?

余贱不敢谋国,而君虑周行果⑲,非久于布衣⑳者也。传㉑不

---

①瘳(chōu):病愈。　②肝膈(gé):肝脏和膈膜,这里泛指人体的内脏。　③为:治。　④君:指郑君仲辨。　⑤这几句说,我因此想到,天下的事情,往往发生于极细小的地方,(如不加注意)结果就会酿成大祸害。　⑥不可为:无法补救。　⑦旦夕:短时间内。　⑧忽:不注意。　⑨积岁月:已经过去了许多年月。　⑩疲思虑:已经费了不少心血。　⑪克:克服。　⑫这四句说,众人所能知道的病,众人也能治好它,它的病情虽然厉害,但也不是太可怕的。　⑬寓:包含。　⑭这四句说,只有那种病,它产生于人们认识不必担忧的情况下,一开始又不为人们发现,大家都掉以轻心,不加注意,这才是君子所可怕的。　⑮特:只。　⑯疲敝:也作"疲弊",困苦穷乏。　⑰戕摩:残害、消灭。　⑱无虞:无忧。　⑲虑周行果:思虑周密,行为果断。　⑳布衣:指平民。　㉑传:指《左传》。《左传·定公十三年》:"三折肱,知为良医。"

云乎"三折肱而成良医"。君诚有位于时,则宜以拇病为戒。

洪武辛酉①九月二十六日述。

尊经阁记②

王守仁

经,常道也。其在于天,谓之命;其赋于人,谓之性;其主于身,谓之心。心也,性也,命也,一也。通人物,达四海,塞天地,亘古今,无有乎弗具,无有乎弗同,无有乎或变者也,是常道也。其应乎感也,则为恻隐,为羞恶,为辞让,为是非;其见于事也,则为父子之亲,为君臣之义,为夫妇之别,为长幼之序,为朋友之信。是恻隐也,羞恶也,辞让也,是非也;是亲也,义也,序也,别也,信也,一也。皆所谓心也,性也,命也。通人物,达四海,塞天地,亘古今,无有乎弗具,无有乎弗同,无有乎或变者也,是常道也。

以言其阴阳消息之行焉,则谓之《易》;以言其纪纲政事之施焉,则谓之《书》;以言其歌咏性情之发焉,则谓之《诗》;以言其条理节文之著焉,则谓之《礼》;以言其欣喜和平之生焉,则谓之《乐》;以言其诚伪邪正之辨焉,则谓之《春秋》。是阴阳消息之行也,以至于诚伪邪正之辨也,一也,皆所谓心也,性也,命也。通人物,达四海,塞天地,亘古今,无有乎弗具,无有乎弗同,无有

---

①洪武辛酉:1381年(明太祖朱元璋洪武十四年)。　②作者王守仁(1472—1529),字伯安,号阳明子,世称阳明先生,故又称王阳明。浙江余姚人。明代著名的思想家、哲学家、文学家和军事家。

乎或变者也。夫是之谓六经。六经者非他，吾心之常道也。

是故《易》也者，志吾心之阴阳消息者也；《书》也者，志吾心之纪纲政事者也；《诗》也者，志吾心之歌咏性情者也；《礼》也者，志吾心之条理节文者也；《乐》也者，志吾心之欣喜和平者也；《春秋》也者，志吾心之诚伪邪正者也。君子之于六经也，求之吾心之阴阳消息而时行焉，所以尊《易》也；求之吾心之纪纲政事而时施焉，所以尊《书》也；求之吾心之歌咏性情而时发焉，所以尊《诗》也；求之吾心之条理节文而时着焉，所以尊《礼》也；求之吾心之欣喜和平而时生焉，所以尊"乐"也；求之吾心之诚伪邪正而时辨焉，所以尊《春秋》也。

盖昔者圣人之扶人极，忧后世，而述六经也，由之富家者支父祖，虑其产业库藏之积，其子孙者，或至于遗忘散失，卒困穷而无以自全也，而记籍其家之所有以贻之，使之世守其产业库藏之积而享用焉，以免于困穷之患。故六经者，吾心之记籍也，而六经之实，则具于吾心。犹之产业库藏之实积，种种色色，具存于其家，其记籍者，特名状数目而已。而世之学者，不知求六经之实于吾心，而徒考索于影响之间，牵制于文义之末，硁硁然①以为是六经矣。是犹富家之子孙，不务守视享用其产业库藏之实积，日遗忘散失，至为窭人②丐夫，而犹嚣嚣然③指其记籍曰："斯吾产业库藏之积也！"何以异于是？

呜呼！六经之学，其不明于世，非一朝一夕之故矣。尚功利，崇邪说，是谓乱经；习训诂，传记诵，没溺于浅闻小见，以涂天下之耳目，是谓侮经；侈淫辞，竞诡辩，饰奸心盗行，逐世垄断，而犹自以为通经，是谓贼经。若是者，是并其所谓记籍者，而割

---

①硁硁然：浅薄固执的样子。　②窭人：穷苦人。　③嚣嚣然：傲慢的样子。

裂弃毁之矣,宁复知所以为尊经也乎?

越城旧有稽山书院,在卧龙西冈,荒废久矣。郡守渭南南君大吉,既敷政于民,则慨然悼末学之支离,将进之以圣贤之道,于是使山阴令吴君瀛拓书院而一新之,又为尊经阁于其后,曰:"经正则庶民兴;庶民兴,斯无邪慝矣。"阁成,请予一言,以谂多士,予既不获辞,则为记之若是。呜呼!世之学者,得吾说而求诸其心焉,其亦庶乎知所以为尊经也矣。

徐文长传[①]

袁宏道

余少时过里肆[②]中,见北杂剧有《四声猿》[③],意气豪达[④],与近时书生所演[⑤]传奇绝异,题曰"天池生"[⑥],疑为元人作。后适越[⑦],见人家单幅上有署"田水月"[⑧]者,强心铁骨[⑨],与夫一种磊块[⑩]不平之气,字画之中,宛宛[⑪]可见。意甚骇[⑫]之,而不知田水月为何人。

[①]选自《袁中郎全集》卷四。徐文长,即徐渭(1521—1593),子文长,号青藤道士。明代文人,在诗文、戏曲、书法、绘画方面,都有相当成就。有《徐文长集》三十卷、《逸稿》二十四卷、杂剧《四声猿》、戏曲理论著作《南词叙录》等。作者袁宏道(1568—1610),明代文学家,"公安派"主帅,袁宗道二弟。字中郎,号石公,又号六休。荆州公安人。 [②]里肆:当地的店铺。 [③]北杂剧:元代北方的一种戏曲形式,每本以四折为主,有时在开头或折间另加楔子。明代也有杂剧,但每本不限四折。《四声猿》:徐渭著有《狂鼓史》《玉禅师》《雌木兰》和《女状元》四个杂剧,总称《四声猿》。 [④]意气:意趣和气概。豪达:气魄大而无拘无束。 [⑤]演:写作。 [⑥]天池生:徐渭的别称。 [⑦]适:往,到。越:今浙江东部的别称。 [⑧]单幅:指单页的一幅一幅的书画。田水月:徐渭的别号。"田水月"三个字合起来,就是"渭"字。 [⑨]强心铁骨:形容书画的刚劲有力。 [⑩]磊块:形容心中的不平之气。 [⑪]宛宛:仿佛。 [⑫]骇:惊讶。

一夕，坐陶编修①楼，随意抽架上书，得《阙编》诗一帙②。恶楮毛书③，烟煤败黑④，微有字形⑤，稍就⑥灯间读之，读未数首，不觉惊跃，忽呼石篑："《阙编》何人作者？今耶？古耶？"石篑曰："此余乡先辈徐天池先生书也。先生名渭，字文长，嘉、隆⑦间人，前五六年方卒⑧。今卷轴⑨题额上有田水月者，即其人也。"余始悟前后所疑，皆即文长一人。又当诗道荒秽⑩之时，获此奇秘，如魇⑪得醒。两人跃起，灯影下，读复叫，叫复读，童⑫仆睡者皆惊起。

余自是或向人，或作书⑬，皆首称⑭文长先生。有来看余者，即出诗与之读。一时名公巨匠⑮，浸浸知向慕云⑯。

文长为山阴⑰秀才，大试辄不利⑱，豪荡不羁⑲。总督⑳胡梅林公知之，聘为幕客㉑。文长与胡公约："若欲客某㉒者，当具宾礼㉓，非时㉔辄得出入。"胡公皆许㉕之。文长乃葛衣乌巾㉖，长揖㉗就坐，纵谈㉘天下事，旁若无人。胡公大喜。是时㉙，公督数

---

①陶编修：陶望龄，字周望，号石篑，会稽（今浙江绍兴市）人，曾任翰林院编修，是作者的朋友。　②帙(zhì)：包书的布套子，这里用作量词。　③恶楮(chǔ)毛书：形容纸质很差，书装订得也很粗糙。　④烟煤败黑：形容印书的墨质不好。明代印书，多用烟煤和以面粉，代替墨汁；日久，烟煤易于脱落。　⑤微有字形：形容书上印的字模糊不清。　⑥就：凑近。　⑦嘉、隆：嘉靖和隆庆。　⑧卒：逝世。　⑨卷轴：指裱好带轴的书画。　⑩荒秽(huì)：荒芜。　⑪魇(yǎn)：噩梦。　⑫童：未成年的仆人。　⑬作书：写信。　⑭首称：首先赞扬。　⑮名公巨匠：指文学界著名人物。　⑯浸浸：逐渐地。向慕：向往爱慕。　⑰山阴：县名，今浙江绍兴县。　⑱大试：指乡试，即每三年一次在各省省城举行的考试，考中的称为举人。辄(zhé)：总是。不利：不顺利，指没有考中。　⑲豪荡不羁(jī)：性格直爽痛快，没有拘束。　⑳总督：官名。　㉑幕客：指将帅幕府中的参谋、书记等。　㉒客某：以我为幕客。某是自称。　㉓宾礼：对待宾客的礼节。　㉔非时：不按正式规定的时间。　㉕许：答应。　㉖葛衣乌巾：穿葛布的衣服，戴黑色的头巾。这都不是正式的官服。　㉗长揖：自上而至极下地行拱手礼。　㉘纵谈：毫不拘束地谈论。　㉙是时：这时。

第八单元

边兵①，威振东南，介胄之士②，膝语蛇行③，不敢举头④；而文长以部下一诸生⑤傲之，信心⑥而行，恣臆谈谑⑦，了无忌惮⑧。会⑨得白鹿，属文长代作表⑩。表上，永陵⑪喜甚。公以是益重之，一切疏记⑫，皆出其手。

文长自负才略⑬，好奇计，谈兵多中⑭。凡公所以饵汪、徐诸虏⑮者，皆密相议，然后行。尝⑯饮一酒楼，有数健儿⑰亦饮其下，不肯留钱。文长密以数字驰⑱公，公立命缚健儿至麾下⑲，皆斩之，一军股栗⑳。有沙门㉑负资而秽㉒，酒间㉓偶言于公，公后以他事㉔杖杀之。其信任多此类。

胡公既怜文长之才，哀其数困㉕，时方省试㉖，凡入帘㉗者，公密属㉘曰："徐子㉙，天下才㉚，若在本房㉛，幸勿脱失㉜。"皆曰："如命㉝。"一知县以他羁后至㉞，至期㉟方谒公，偶忘属，卷适在其房，遂不偶㊱。

---

①这句说，胡宗宪统率着几个方面的军队。　②介胄(zhòu)之士：军人。　③膝语：跪着说话。蛇行：全身伏在地上，爬着向前行进。　④举头：抬头。　⑤诸生：生员，即秀才。　⑥信心：随心所欲地。　⑦恣(zì)臆谈谑(xuè)：任意谈论和开玩笑。　⑧了无：毫无。忌惮：畏惧。　⑨会：恰巧，正好。　⑩属：托。表：写给皇帝的奏章。　⑪永陵：明世宗朱厚熜（嘉靖）的代称，因为他的陵墓叫永陵。　⑫疏记：奏疏和书信、公文。　⑬自负才略：对自己在政治或军事上的能力和智谋看得很高。　⑭谈兵多中：对军事问题所发表的意见大都很中肯。　⑮饵(ěr)：引诱。虏：对汪直、徐海等的蔑称。　⑯尝：曾经。　⑰健儿：指军士。　⑱驰：急忙去报告。　⑲麾(huī)下：指将帅的部下。麾是古代指挥军队的旗子。　⑳股栗：大腿颤抖，形容十分畏惧。　㉑沙门：出家修行的佛教徒。沙门本是梵语。　㉒负资：依仗有钱。秽：有肮脏的行为。　㉓酒间：饮酒的时候。这句的主语是徐渭。　㉔以他事：用其他的事情作为理由。　㉕数困：屡次参加考试而没有考中。　㉖省试：指乡试。　㉗入帘：指担任帘官。　㉘密属：暗中嘱托。　㉙子：对有学问的人的敬称。　㉚天下才：第一流的人才。　㉛房：乡试、会试时，同考官（协同主考或总裁阅卷的官员）在考场中各占一房，又称房官。　㉜脱失：遗漏。　㉝如命：按照你的嘱咐去做。　㉞这句说，有一个知县由于其他事情在别处耽搁了，比旁人来得晚。羁(jī)：停留，耽搁。　㉟至期：到了举行考试的日期。　㊱不偶：没有遇合的机会。偶，同"遇"。

文长既已不得志于有司①，遂乃放浪②曲糵③，恣情山水④，走齐、鲁、燕、赵⑤之地，穷览朔漠⑥。其所见山奔海立，沙起云行，风鸣树偃⑦，幽谷大都⑧，人物鱼鸟，一切可惊可愕⑨之状，一一皆达⑩之于诗。其胸中又有一段不可磨灭之气，英雄失路、托足无门⑪之悲，故其为诗，如嗔⑫如笑，如水鸣峡⑬，如种出土，如寡妇之夜哭，羁人之寒起⑭。当其放意⑮，平畴⑯千里，偶尔幽峭⑰，鬼语秋坟⑱。文长眼空千古⑲，独立一时⑳。当时所谓达官贵人㉑、骚士墨客㉒，文长皆叱而奴之㉓，耻不与交，故其名不出于越㉔。悲夫㉕！

一日，饮其乡大夫㉖家。乡大夫指筵上一小物求赋㉗，阴令童仆续㉘纸丈余进，欲以苦之㉙。文长援㉚笔立成，竟满其纸，气韵遒逸㉛，物无遁情㉜，一座大惊。

文长喜作书㉝，笔意奔放如其诗，苍劲㉞中姿媚㉟跃出。余不

---

①有司：官吏。这里指试官。　②放浪：行为放纵。　③曲糵(qū niè)：酿酒用的发酵剂。这里指酒。　④恣情山水：放纵地、尽情地游山玩水。　⑤齐、鲁、燕、赵：指今河北省、山东省、山西省一带。　⑥穷览：普遍游览。朔漠：北方的沙漠地区。　⑦偃：仰面倒下。　⑧幽谷：深幽的山谷。大都：大城市。　⑨愕：惊讶。　⑩达：表达。　⑪英雄失路、托足无门：徐渭得不到施展本领的机会，无处可以安身。　⑫嗔(chēn)：生气。　⑬水鸣峡：水流过峡谷而发出巨大的声响。　⑭羁人：在他乡滞留、一时不能返回家乡的人。寒起：夜间感到孤单和寒冷，睡不着觉，因而起床。　⑮放意：心情放纵。　⑯畴(chóu)：田地。　⑰幽峭：幽深峭拔。　⑱鬼语秋坟：形容风格的幽峭，像秋天坟地里的鬼魂在说话一样。　⑲眼空千古：形容徐渭眼界高，看不起古人。　⑳独立一时：形容徐渭在当时诗坛上地位突出，无人可以相提并论。　㉑达官贵人：地位高的官吏和尊贵显赫的人物。　㉒骚士墨客：泛指一般文人。　㉓叱(chì)：大声斥责。奴之：把他们当奴婢对待。　㉔这句说，所以他的名声没有流传到越地（今浙江省东部一带）以外去。　㉕夫(fú)：助词。　㉖乡大夫：官名。　㉗赋：写诗。　㉘阴：暗中，秘密地。续：连接。　㉙苦之：使他感到为难。　㉚援：取。　㉛气韵：意境，韵味。遒(qiú)逸：雄健高超。　㉜这句说，所描写东西的神态都表达得淋漓尽致，没有遗漏。遁：逃避。　㉝作书：写字。　㉞苍劲：苍老挺拔。　㉟姿媚：飘逸可爱。

能书，而谬谓文长书决当在王雅宜、文徵仲之上①。不论书法②，而论书神③：先生者，诚八法之散圣④，字林之侠客也⑤。间以其余⑥，旁溢⑦为花草竹石，皆超逸有致⑧。

卒以疑杀其继室⑨，下狱论死⑩。张阳和力解⑪，乃得出⑫。既出，倔强如初。晚年愤益深，佯狂⑬益甚。显者⑭至门，皆拒不纳⑮。当道官⑯至，求一字不可得⑰。时携钱至酒肆⑱，呼下隶⑲与饮。或自持斧击破其头，血流被⑳面，头骨皆折，揉之有声。或槌其囊，或以利锥锥㉑其两耳，深入寸余，竟不得死。

石篑言：晚岁，诗文益奇，无刻本，集藏于家。余所见者，《徐文长集》、《阙编》二种而已。然文长竟以不得志于时，抱愤而卒。

石公㉒曰：先生数奇㉓不已，遂为狂疾；狂疾不已，遂为囹圄㉔。古今文人，牢骚㉕困苦，未有若先生者也。虽然，胡公间世㉖豪杰，永陵英主㉗，幕中礼数㉘异等，是胡公知有先生矣；表上，人主㉙悦，是人主知有先生矣。独身未贵㉚耳。先生诗文崛

---

①谬：错误地。王雅宜：王宠，明代的书法家、画家。文徵仲：文徵明，明代著名的文学家、书法家、画家。　②书法：字的技法。书，这里指写的字。　③书神：字的精神，笔意。　④诚:确实是。八法：即永字八法，一种书法规则。散圣：放旷不羁的有成就的人。　⑤字林:这里指书法界。侠客：和上句的"散圣"一样，含有不合正统的意思。　⑥间：有时。余：余力。　⑦旁溢：指在书法之外，又擅长绘画。　⑧超逸：高远，指不拘常格，远离庸俗。有致：富有情趣。　⑨卒:终于。以疑:因有疑心。继室：在原配死后续娶的妻子。　⑩论死：判处死刑。　⑪张阳和：张元忭，字子荩，号阳和，山阴人，曾任翰林院修撰。力解：尽力解救。　⑫出：出狱。⑬佯狂：这里是癫狂、狂放的意思。　⑭显者：有名声有地位的人。　⑮拒不纳：拒绝接待。　⑯当道官：在当地掌权的官员。　⑰这句说，求他写字，连一个字也求不到。　⑱酒肆：酒店。　⑲下隶：地位低贱的人。　⑳被：覆盖。　㉑利锥：锐利的锥子。　㉒石公：作者号石公。　㉓数奇（jī）：命运不好。　㉔囹圄（líng yǔ）：监狱。这句说，就此成为囹圄中人。　㉕牢骚：忧愁。　㉖间世：隔世。这里是不常见的意思。　㉗英主：杰出的君主。　㉘礼数：礼仪的等级。　㉙人主：皇帝。　㉚独：唯独。未贵：没有官位。

起①，一扫近代芜秽②之习，百世而下③，自有定论，胡为④不遇哉！

梅客生⑤尝寄余书曰："文长，吾老友，病奇于人，人奇于诗，诗奇于字，字奇于文，文奇于画。"余谓：文长，无之而不奇者也。无之而不奇，斯无之而不奇也哉⑥！悲夫！

戒浮文巧言谕

洪仁玕

照得⑦文以纪实，浮文所在必删；言贵从心，巧言由来当禁。恭维天父、天兄大开天恩⑧，亲命我真圣主天王⑨降凡作主，施行正道，存真去伪，一洗颓风。是以前蒙我真圣主降诏，凡前代一切文契书籍不合天情者⑩，概从删除，即"六经"⑪等书亦皆蒙御笔改正。非我真圣主不恤操劳，诚恐其诱惑人心，紊乱真道，故不得不亟于⑫弃伪从真，去浮存实，使人人共知虚文之不足尚，而真理自在人心也。况现当开国之际，一应奏章文谕，尤属政治所关，更当朴实明晓，不得稍有激刺、挑唆反间，故令人惊奇危惧

---

①崛起：突起，形容不平凡。　②芜秽：荒芜。　③百世而下：几百年以后。　④胡为：为什么是。　⑤梅客生：梅国桢，字客生，作者的朋友。　⑥这两句说，没有什么是不奇异的，正因为这样，所以也就没有什么是顺利的。上一个"奇"字解作奇异，下一个"奇"（jī）字解作不顺利。　⑦照得：宋代以来公文和布告开头常用的套语。意思是查察而得。　⑧恭维：恭敬之意。天父、天兄：指耶和华与基督。洪秀全自称是耶和华（上帝）的儿子，基督（耶稣）的弟弟，下凡人间，拯救世人。
⑨天王：洪秀全的尊号。　⑩天情：洪秀全所建政权称天国、天朝。天情指天朝国情。
⑪六经：儒家的经典，即《诗》、《书》、《礼》、《乐》、《易》、《春秋》。　⑫亟于：急于。

之笔。且具本章①，不得用"龙德"、"龙颜"及"百灵承运"、"社稷"、"宗庙"等妖魔字样②。至祝寿浮辞，如"鹤算"、"龟年"、"岳降"、"嵩生"及"三生有幸"字样③，尤属不伦，且涉妄诞。推原其故，盖由文墨之士，或少年气盛，喜骋雄谈；或新进④恃才，欲夸学富。甚至舞文弄笔，一语也而抑扬其词，则低昂遂判⑤；一事也而参差其说，则曲直难分。倘或听之不聪，即将贻误是非浅。可见用浮文者不惟无益于事，而且有害于事也。

　　本军师等近日登朝，荷蒙真圣主面降圣诏："首要认识天恩主恩东西王恩⑥。次要实叙其事，从某年月日而来，从何地何人证据，一一叙明，语语确凿。不得一词娇艳，毋庸⑦半字虚浮。但有虔恭之意，不须古典之言，故朕改'字典'⑧为'字义'也。"本军师等朝奏钦遵之下⑨，不胜敬凛⑩。为此特颁宣谕，仰⑪合朝内外官员书士人等一体周知。嗣后本章禀奏，以及文移书启⑫。总须切实明透，使人一目了然，才合天情，才符真道。切不可仍蹈积习，从事虚浮，有负本军师等谆谆谕戒之至意焉。特此谊谕，各宜凛遵⑬。

---

①具：完备地写成。本章：旧时臣下向皇帝奏事的文书。　②百灵：百神。社稷：旧时用作国家的代称。宗庙：旧时用作王室的代称。　③岳降、嵩生：语本《诗大雅嵩高》。后代文人用以称颂有门阀的大臣。　④新近：旧时称新中科举或入仕途者。　⑤抑扬：褒贬。判：区分。　⑥天恩主恩：指天王洪秀全与幼主洪天福的恩德。东西王：指杨秀清、萧朝贵。　⑦毋庸：不用。　⑧字典：即《康熙字典》。　⑨钦遵：恭敬地遵守。　⑩不胜敬凛：非常敬畏。　⑪仰：切实希望的意思。旧时公文术语。　⑫文移书启：公文、信礼。　⑬凛遵：严肃地遵行。

第九单元 小说精选

促 织[①]

蒲松龄

题 解

古代的一些反动统治阶级，在斗鸡走狗之余，又以斗蟋蟀为戏。南宋临安斗蟋蟀已成风气，每年七月到九月，用极精致的盆、笼，养蟋蟀相斗。度宗咸淳中，元兵围困襄阳，在十分紧张的时候，大奸臣贾似道还"与群妾踞地斗蟋蟀"。明代北京，也从七月开始斗蟋蟀，永定门外的胡家村，是产蟋蟀的名地，七八月间，争相收捕的人络绎不绝。

这篇小说以斗蟋蟀为题材，通过穷苦知识分子成名的儿子幻化的故事，深刻地揭露了统治阶级把享乐建筑在人民痛苦上的阶级剥削现实。作者指出，"天子一跬步皆关民命"，敢把矛头对准皇帝，是极为难得的。

宣德[②]间，宫中尚[③]促织之戏，岁征民间。此物故非西[④]产；

[①]作者蒲松龄（1640—1715），字留仙，一字剑臣，号柳泉居士，世称聊斋先生，自称异史氏，淄川（今山东淄博市）人，清代文学家。代表作《聊斋志异》。　　[②]宣德：明宣宗年号(1426—1435)。　　[③]尚：崇尚，爱好。　　[④]西：这里指陕西。

第九单元

有华阴令欲媚上官，以一头进，试使斗而才①，因责②常供。令以责之里正③。市中游侠儿④得佳者笼养之，昂其直⑤，居为奇货⑥。里胥⑦猾黠，假此科敛丁口⑧，每责一头，辄倾数家之产。

邑有成名者，操童子业⑨，久不售⑩。为人迂讷⑪，遂为猾胥报充里正役，百计营谋不能脱。不终岁，薄产累尽⑫。会征促织，成不敢敛户口，而又无所赔偿，忧闷欲死。妻曰："死何裨益⑬？不如自行搜觅，冀有万一之得。"成然之。早出暮归，提竹筒丝笼，于败堵丛草处，探石发穴，靡计不施，迄无济。即捕得三两头，又劣弱不中于款⑭。宰严限追比⑮，旬余，杖至百，两股间脓血流离⑯，并虫亦不能行捉矣。转侧床头，惟思自尽。

时村中来一驼背巫，能以神卜⑰。成妻具资诣问。见红女白婆⑱，填塞门户。入其舍，则密室垂帘，帘外设香几。问者爇香⑲于鼎，再拜。巫从旁望空代祝，唇吻翕辟⑳，不知何词。各各竦立㉑以听。少间，帘内掷一纸出，即道人意中事，无毫发爽㉒。成妻纳钱案上，焚拜如前人。食顷㉓，帘动，片纸抛落。拾视之，非字而画：中绘殿阁，类兰若㉔；后小山下，怪石乱卧，针针丛棘，

---

①才：(有)才能。这里指勇敢善斗。　②责：责令。　③里正：里长。　④游侠儿：这里指游手好闲、不务正业的年轻人。　⑤昂其直：抬高它的价钱。直，通"值"。　⑥居为奇货：储存起来，当做稀奇的货物（等待高价）。居，积、储存。　⑦里胥：管理乡里事务的公差。　⑧科敛丁口：向百姓摊派费用。科敛，摊派、搜刮。丁口，指百姓。丁，成年男女。　⑨操童子业：意思是正在读书，准备应考。操……业，从事……行业。童子，童生。科举时代还没考取秀才的读书人，不论年纪大小，都称为"童生"。　⑩售：原意是卖物出手，这里指考取。　⑪迂讷(nè)：拘谨而不善于言谈。　⑫累尽：亏累而耗尽。　⑬裨(bì)益：补益。　⑭不中于款：不合规格。　⑮宰严限追比：县令严定期限，催促交纳。比，追征。　⑯流离：淋漓。　⑰能以神卜：能够凭借神力占卜。　⑱红衣白婆：红妆的少女，白发的老婆婆。　⑲爇(ruò)香：点燃香。　⑳翕(xī)辟：翕，合。辟，开。　㉑竦立：恭敬地站着。　㉒无毫发爽：没有丝毫差错。　㉓食顷：吃一顿饭的工夫。　㉔兰若：寺庙，梵语"阿兰若"的简称。

青麻头①伏焉；旁一蟆，若将跃舞。展玩不可晓。然睹促织，隐中胸怀。折藏之，归以示成。

成反复自念，得无教我猎虫所耶？细瞻景状，与村东大佛阁逼似。乃强起扶杖，执图诣寺后，有古陵蔚起②。循陵而走，见蹲石鳞鳞③，俨然类画。遂于蒿莱中侧听徐行，似寻针芥。而心目耳力俱穷，绝无踪响。冥搜④未已，一癞头蟆猝然跃去。成益愕，急逐趁⑤之，蟆入草间。蹑迹披求⑥，见有虫伏棘根。遽扑之，入石穴中。掭⑦以尖草，不出；以筒水灌之，始出，状极俊健。逐而得之。审视，巨身修尾，青项金翅。大喜，笼归，举家庆贺，虽连城拱璧不啻也⑧。上于盆而养之，蟹白栗黄⑨，备极护爱，留待限期，以塞官责。

成有子九岁，窥父不在，窃发盆。虫跃掷径出，迅不可捉。及扑入手，已股落腹裂，斯须⑩就毙。儿惧，啼告母。母闻之，面色灰死，大惊曰："业根⑪，死期至矣！而翁归，自与汝复算⑫！"耳儿涕而去。

未几，成归，闻妻言，如被冰雪。怒索儿，儿渺然不知所往。既而得其尸于井，因而化怒为悲，抢呼欲绝⑬。夫妻向隅⑭，茅舍

---

①青麻头：和下文的"蝴蝶"、"螳螂"、"油利挞"、"青丝额"，都是上品蟋蟀的名称。　②有古陵蔚起：有古坟高起。蔚，草木茂盛的样子，引申为高大的意思。③蹲石鳞鳞：蹲踞着的一块块石头像鱼鳞排列。　④冥搜：用尽心思搜索。冥，深。⑤趁：赶。　⑥蹑迹披求：追随（蛤蟆的）踪迹，拨开（丛草）寻求。蹑，悄悄追随。披，拨开。　⑦掭(tiàn)：撩拨。　⑧虽连城拱璧不啻(chì)也：即使价值连城的宝玉也比不上。拱璧，大璧，极言其珍贵。啻，止。　⑨蟹白栗黄：蟹肉和栗肉，指蟋蟀吃的精饲料。　⑩斯须：一刻工夫，一会儿。　⑪业根：祸根，惹祸的东西。业，业障，佛教用语，罪恶的意思。　⑫复算：再算账，追究。　⑬抢(qiāng)呼欲绝：头撞地，口呼天，几乎要绝命。抢，碰撞。　⑭向隅：面对着墙角（哭泣）。《说苑》："今有满堂饮酒者，有一人独索然向隅而泣……"后人用"向隅"，含有哭泣的意思。

无烟，相对默然，不复聊赖。日将暮，取儿稿葬①。近抚之，气息惙然②。喜置榻上，半夜复苏。夫妻心稍慰，但儿神气痴木，奄奄思睡。成顾蟋蟀笼虚，则气断声吞③，亦不复以儿为念，自昏达曙，目不交睫④。东曦既驾⑤，僵卧长愁。忽闻门外虫鸣，惊起觇视⑥，虫宛然尚在。喜而捕之，一鸣辄跃去，行且速。覆之以掌，虚若无物；手裁⑦举，则又超忽而跃⑧。急趋之，折过墙隅，迷其所在。徘徊四顾，见虫伏壁上。审谛之⑨，短小，黑赤色，顿非前物。成以其小，劣之。惟彷徨瞻顾，寻所逐者。壁上小虫忽跃落襟袖间。视之，形若土狗⑩，梅花翅，方首，长胫，意似良。喜而收之。将献公堂，惴惴恐不当意，思试之斗以觇之。

村中少年好事者驯养一虫，自名"蟹壳青"，日与子弟角⑪，无不胜。欲居之以为利，而高其直，亦无售者⑫。径造庐⑬访成，视成所蓄，掩口胡卢⑭而笑。因出己虫，纳比笼⑮中。成视之，庞然修伟，自增惭怍⑯，不敢与较。少年固强之⑰。顾⑱念蓄劣物终无所用，不如拼博一笑，因合纳斗盆。小虫伏不动，蠢若木鸡⑲。少年又大笑。试以猪鬣毛撩拨虫须，仍不动。少年又笑。屡撩之，虫暴怒，直奔，遂相腾击，振奋作声。俄见小虫跃起，张尾伸须，

---

①稿（gǎo）葬：用草席裹着尸体埋葬。　②惙（chuò）然：气息微弱的样子。
③气断声吞：出不来气，说不出话，形容极度悲伤。　④交睫：合眼，指睡觉。
⑤东曦既驾：东方的太阳已经升起。东曦，指日神东君。既驾，已经乘车出来。古代传说，日神乘着六龙驾驭的车。　⑥觇（chān）视：窥视。　⑦裁：通"才"。
⑧超忽：形容跳得轻快而高。　⑨审谛之：仔细地（看）它。　⑩土狗：蝼蛄的别名。　⑪日与子弟角：天天和伙伴（的蟋蟀）角斗比赛。子弟，年轻人。　⑫售者：这里指买主。　⑬造庐：到家。造，到。　⑭胡卢：强忍着以免笑出声的样子。
⑮比笼：并放着的笼子。　⑯惭怍（zuò）：惭愧。　⑰固强之：坚持要较量较量。固，坚持、一定。强，迫使。　⑱顾：但。　⑲蠢若木鸡：形容神貌呆笨。《庄子·达生》篇说，养斗鸡的，要把斗鸡训练得镇静沉着，仿佛是木头雕的，才能够不动声色，战胜别的斗鸡。

直龁①敌领。少年大骇,急解令休止。虫翘然矜鸣②,似报主知。成大喜。方共瞻玩,一鸡瞥来,径进以啄。成骇立愕呼。幸啄不中,虫跃去尺有咫③。鸡健进,逐逼之,虫已在爪下矣。成仓猝莫知所救,顿足失色。旋见鸡伸颈摆扑,临视,则虫集冠上④,力叮不释。成益惊喜,掇置笼中。

翼⑤日进宰,宰见其小,怒呵成。成述其异,宰不信。试与他虫斗,虫尽靡。又试之鸡,果如成言。乃赏成,献诸抚军⑥。抚军大悦,以金笼进上,细疏⑦其能。既入宫中,举天下所贡蝴蝶、螂螳、油利挞、青丝额一切异状遍试之,无出其右者。每闻琴瑟之声,则应节而舞。益奇之。上大嘉悦,诏赐抚臣名马衣缎。抚军不忘所自,无何⑧,宰以卓异⑨闻。宰悦,免成役。又嘱学使俾入邑庠⑩。后岁余,成子精神复旧,自言身化促织,轻捷善斗,今始苏耳。抚军亦厚赉⑪成。不数岁,田百顷⑫,楼阁万椽,牛羊蹄躈各千计⑬;一出门,裘马过世家⑭焉。

异史氏⑮曰:"天子偶用一物,未必不过此已忘;而奉行者即为定例。加以官贪吏虐,民日贴妇⑯卖儿,更无休止。故天子一跬步,皆关民命,不可忽也。独是成氏子以蠹贫⑰,以促织富,裘马

---

①龁(hé):咬。　②翘然矜鸣:鼓起翅膀得意地鸣叫。翘,举。矜,夸耀。　③尺有咫(zhǐ):一尺多。咫,八寸。　④虫集冠上:蟋蟀落在鸡冠上。集:止。　⑤翼:通"翌",次日。　⑥抚军:官名,巡抚的别称,总管一省的民政和军政。　⑦细疏:仔细地陈述。疏,臣下向君主陈述事情的一种公文,这里作动词。　⑧无何:没多久。　⑨卓异:(才能)优异。这是考核官吏政绩的评语。　⑩又嘱:是抚军嘱。学使:提督学政(学台),是专管教育和考试的官。俾入邑庠(xiáng):使(他)进入县学,即做秀才。俾,使。邑,县。庠,学校。　⑪赉(lài):赏赐。　⑫百顷:和下文的"万椽(chuán)",都极言其多。　⑬牛羊蹄躈(qiào)各千计:意思是牛羊几百头。蹄躈,就是脚。千计,是说很多,不是实数。　⑭裘马过世家:穿的皮衣和驾车的马都超过世代官宦人家。　⑮异史氏:作者自称。《聊斋志异》里边有许多怪异的事,所以称异史。　⑯贴妇:把妻子当做抵押品而去借钱。贴,抵押。　⑰独是:唯独这个。以蠹贫:因胥吏侵耗而贫穷。蠹,蛀虫,这里用来比喻侵耗财物的胥吏。

扬扬。当其为里正，受扑责时，岂意其至此哉？天将以酬长厚者，遂使抚臣、令尹①，并受促织恩荫②。闻之：一人飞升，仙及鸡犬。信夫！"

失街亭③

罗贯中

题 解

"失街亭"是长篇历史小说《三国演义》中的一个故事情节，叙述蜀国参军马谡因刚愎自用而使军事要塞街亭失陷的故事。这个故事使不少文人志士扼腕而惜。扼腕之余，不禁让人深思："失街亭"究竟是谁之过？当然直接原因是马谡，根本原因是谁呢？还有没有次要因素呢？此外还有些什么启示呢？

本文在塑造人物形象方面，突出的特点是，运用生动的细节描写来表现人物的心理和性格。如马谡的"三笑"和孔明的"三哭"。"三笑"不管笑谁，都是马谡自视甚高的表现；"三哭"却不同，它分别反映了孔明的不同心理。阅读时应认真体会。

却说魏主曹叡令张郃为先锋④，与司马懿⑤一同征进；一面令辛毗、孙礼二人领兵五万，往助曹真。二人奉诏而去。且说司马

---

①令尹：县令，府尹。这里是沿用古称。　②恩荫：恩惠荫庇。　③节选自《三国演义》第九十五回至第九十六回。题目是编者所加。街亭：在今甘肃庄浪东南。公元228年（蜀后主建兴六年），诸葛亮出师攻打魏国，在这里战败。作者罗贯中（约1330—约1400），名本，字贯中，号湖海散人，元末明初小说家。主要作品有《隋唐两朝志传》、《残唐五代史演义》、《三遂平妖传》、《粉妆楼》、《三国演义》等。　④曹叡（ruì）：魏明帝。张郃（hé）：魏将。　⑤司马懿：字仲达，魏明帝时任大将军。

懿引二十万军，出关下寨，请先锋张郃至帐下曰："诸葛亮平生谨慎，未敢造次行事。若是吾用兵，先从子午谷径取长安，早得多时矣。他非无谋，但怕有失，不肯弄险。今必出军斜谷，来取郿城。若取郿城，必分兵两路，一军取箕谷矣。吾已发檄文，令子丹拒守郿城，若兵来不可出战；令孙礼、辛毗截住箕谷道口，若兵来则出奇兵击之。"郃曰："今将军当于何处进兵？"懿曰："吾素知秦岭之西，有一条路，地名街亭；傍有一城，名列柳城：此二处皆是汉中咽喉。诸葛亮欺子丹无备，定从此进。吾与汝径取街亭，望阳平关不远矣。亮若知吾断其街亭要路，绝其粮道，则陇西一境，不能安守，必然连夜奔回汉中去也。彼若回动，吾提兵于小路击之，可得全胜；若不归时，吾却将诸处小路，尽皆垒断，俱以兵守之。一月无粮，蜀兵皆饿死，亮必被吾擒矣。"张郃大悟，拜伏于地曰："都督神算也！"懿曰："虽然如此，诸葛亮不比孟达。将军为先锋，不可轻进。当传与诸将：循山西路，远远哨探。如无伏兵，方可前进。若是怠忽，必中诸葛亮之计。"张郃受计引军而行。

却说孔明在祁山①寨中，忽报新城探细人②来到。孔明急唤入问之，细作告曰："司马懿倍道而行③，八日④已到新城，孟达⑤措手不及；又被申耽、申仪、李辅、邓贤⑥为内应，孟达被乱军所杀。今司马懿撤兵到长安，见了魏主，同张郃引兵出关，来拒我师也。"孔明大惊曰："孟达做事不密，死固当然。今司马懿出关，必取街亭，断吾咽喉之路。"便问："谁敢引兵去守街亭？"言未

---

①祁山：在今甘肃礼县东。　②新城探细人：诸葛亮派往新城侦察敌情的人。新城，在今湖北房县。　③司马懿倍道而行：司马懿用加倍的速度进军。　④八日：八天的时间。　⑤孟达：原来是蜀将，后来投降魏国，驻守新城，这时又同诸葛亮暗通消息，打算归蜀。　⑥申耽、申仪、李辅、邓贤：都是魏将。

毕，参军马谡曰①："某愿往。"孔明曰："街亭虽小，干系②甚重：倘街亭有失，吾大军皆休矣③。汝虽深通谋略，此地奈无城郭，又无险阻，守之极难。"谡曰："某自幼熟读兵书，颇知兵法。岂一街亭不能守耶？"孔明曰："司马懿非等闲之辈④，更有先锋张郃，乃魏之名将：恐汝不能敌之。"谡曰："休道司马懿、张郃，便是曹叡亲来，有何惧哉！若有差失，乞斩全家。"孔明曰："军中无戏言。"谡曰："愿立军令状⑤。"孔明从之，谡遂写了军令状呈上。孔明曰："吾与汝二万五千精兵，再拨一员上将，相助你去。"即唤王平分付曰："吾素知汝平生谨慎，故特以此重任相托。汝可小心谨守此地，下寨必当要道之处，使贼兵急切不能偷过。安营既毕，便画四至八道⑥地理形状图本来我看。凡事商议停当而行，不可轻易。如所守无危，则是取长安第一功也。戒之！戒之！"二人拜辞引兵而去。

孔明寻思，恐二人有失，又唤高翔曰："街亭东北上有一城，名列柳城，乃山僻小路，此可以屯兵扎寨。与汝一万兵，去此城屯扎。但街亭危，可引兵救之。"高翔引兵而去。孔明又思：高翔非张郃对手，必得一员大将，屯兵于街亭之右，方可防之，遂唤魏延引本部兵去街亭之后屯扎。延曰："某为前部，理合当先破敌，何故置某于安闲之地？"孔明曰："前锋破敌，乃偏裨⑦之事耳。今令汝接应街亭，当阳平关⑧冲要道路，总守汉中咽喉，此乃大任也，何为安闲乎？汝勿以等闲视之，失吾大事。切宜小心在

---

①参军：官名。马谡（sù）：字幼常。　②干系：关系。　③休矣：完了。意思是断送了。　④等闲之辈：平常的人。　⑤军令状：旧小说、戏曲中，将士接受军令后所写的保证书，表示如完不成任务，愿依军法处刑。　⑥四至：东西南北四方的界限。八道：八面能行的道路。　⑦偏裨（pí）：偏将，副将。　⑧阳平关：在今陕西勉县西北。

意!"魏延大喜,引兵而去。孔明恰才心安,乃唤赵云、邓芝分付曰:"今司马懿出兵,与旧日不同。汝二人各引一军出箕谷①,以为疑兵②。如逢魏兵,或战、或不战,以惊其心。吾自统大军,由斜谷径取郿城③。若得郿城,长安可破矣。"二人受命而去。孔明令姜维作先锋,兵出斜谷。

却说马谡、王平二人兵到街亭,看了地势。马谡笑曰:"丞相何故多心也?量此山僻之处,魏兵如何敢来!"王平曰:"虽然魏兵不敢来,可就此五路总口下寨;却令军士伐木为栅,以图久计。"谡曰:"当道岂是下寨之地?此处侧边一山,四面皆不相连,且树木极广,此乃天赐之险也,可就山上屯军。"平曰:"参军差矣。若屯兵当道,筑起城垣④,贼兵纵有十万,不能偷过;今若弃此要路,屯兵于山上,倘魏兵骤至,四面围定,将何策保之?"谡大笑曰:"汝真女子之见!兵法云:'凭高视下,势如劈竹'。若魏兵到来,吾教他片甲不回!"平曰:"吾累随丞相经阵⑤,每到之处,丞相尽意指教。今观此山,乃绝地也:若魏兵断我汲水之道,军士不战自乱矣。"谡曰:"汝莫乱道!孙子云:'置之死地而后生。'若魏兵绝我汲水之道,蜀兵岂不死战?以一可当百也。吾素读兵书,丞相诸事尚问于我,汝奈何相阻耶?"平曰:"若参军欲在山上下寨,可分兵与我,自于山西下一小寨,为掎角之势⑥。倘魏兵至,可以相应。"马谡不从。忽然山中居民,成群结队,飞奔而来,报说魏兵已到。王平欲辞去。马谡曰:"汝既不听吾令,与

---

①箕谷:在今陕西勉县北。　②疑兵:为迷惑敌人而布置的军队。　③斜谷:在今陕西周至西南。郿城:在今陕西周至西。　④城垣:这里指营寨。　⑤经阵:经历战争。　⑥掎角之势:把军队分驻几处,作战时互相支援,这种形势叫做"掎角之势"。掎角,原指捕鹿的时候,有人抓住鹿的角,有人扭住鹿的脚,协力合作。掎,扭住腿。

汝五千兵自去下寨。待吾破了魏兵，到丞相面前须①分不得功。"王平引兵离山十里下寨，画成图本，星夜差人去禀孔明，具说马谡自于山上下寨。

却说司马懿在城中，令次子司马昭去探前路：若街亭有兵守御，即当按兵不行。司马昭奉令探了一遍，回见父曰："街亭有兵守把。"懿叹曰："诸葛亮真乃神人，吾不如也！"昭笑曰："父亲何故自隳志气耶？男料街亭易取。"懿问曰："汝安敢出此大言？"昭曰："男亲自哨见②，当道并无寨栅，军皆屯于山上，故知可破也。"懿大喜曰："若兵果在山上，乃天使吾成功矣！"遂更换衣服，引百余骑亲自来看。是夜天晴月朗，直至山下，周围巡哨了一遍，方回。马谡在山上见之，大笑曰："彼若有命③，不来围山！"传令与诸将："倘兵来，只见山顶上红旗招动，即四面皆下。"

却说司马懿回到寨中，使人打听是何将引兵守街亭。回报曰："乃马良之弟马谡也。"懿笑曰："徒有虚名，乃庸才耳！孔明用如此人物，如何不误事！"又问："街亭左右别有军否？"探马报曰："离山十里有王平安营。"懿乃命张郃引一军，挡住王平来路。又令申耽、申仪引两路兵围山，先断了汲水道路；待蜀兵自乱，然后乘势击之。当夜调度已定。次日天明，张郃引兵先往背后去了。司马懿大驱军马，一拥而进，把山四面围定。马谡在山上看时，只见魏兵漫山遍野，旌旗队伍，甚是严整。蜀兵见之，尽皆丧胆，不敢下山。马谡将红旗招动，军将你我相推，无一人敢动。谡大怒，自杀二将。众军惊惧，只得努力下山来冲魏兵。魏兵端然④不

---

①须：却，可是。　②哨见：探见。哨，巡哨。　③有命：有运气。　④端然：稳固地。

动。蜀兵又退上山去。马谡见事不谐①,教军紧守寨门,只等外应。

却说王平见魏兵到,引军杀来,正遇张郃;战有数十余合,平力穷势孤,只得退去。魏兵自辰时困至戌时,山上无水,军不得食,寨中大乱。嚷到半夜时分,山南蜀兵大开寨门,下山降魏。马谡禁止不住。司马懿又令人于沿山放火,山上蜀兵愈乱。马谡料守不住,只得驱残兵杀下山西逃奔。司马懿放条大路,让过马谡。背后张郃引兵追来。赶到三十余里,前面鼓角齐鸣,一彪军②出,放过马谡,拦住张郃;视之,乃魏延也。延挥刀纵马,直取张郃。郃回军便走。延驱兵赶来,复夺街亭。赶到五十余里,一声喊起,两边伏兵齐出:左边司马懿,右边司马昭,却抄在魏延背后,把延困在垓心③。张郃复来,三路兵合在一处。魏延左冲右突,不得脱身,折兵大半。正危急间,忽一彪军杀入,乃王平也。延大喜曰:"吾得生矣!"二将合兵一处,大杀一阵,魏兵方退。二将慌忙奔回寨时,营中皆是魏兵旌旗。申耽、申仪从营中杀出。王平、魏延径奔列柳城,来投高翔。此时高翔闻知街亭有失,尽起列柳城之兵,前来救应,正遇延、平二人,诉说前事。高翔曰:"不如今晚去劫魏寨,再复街亭。"当时三人在山坡下商议已定。待天色将晚,兵分三路。魏延引兵先进,径到街亭,不见一人,心中大疑,未敢轻进,且伏在路口等候,忽见高翔兵到,二人共说魏兵不知在何处,正没理会,又不见王平兵到。忽然一声炮响,火光冲天,鼓起震地,魏兵齐出,把魏延、高翔围在垓心。二人往来冲突,不得脱身。忽听得山坡后喊声若雷,一彪军杀入,乃

---

①不谐:不顺利。谐,谐和。　②一彪军:一支军队。　③垓(gāi)心:战场的中心。

第九单元

是王平,救了高、魏二人,径奔列柳城来。比及奔到城下时,城边早有一军杀到,旗上大书"魏都督郭淮"字样。原来郭淮与曹真①商议,恐司马懿得了全功,乃分淮来取街亭;闻知司马懿、张郃成了此功,遂引兵径袭列柳城。正遇三将,大杀一阵。蜀兵伤者极多。魏延恐阳平关有失,慌与王平、高翔望阳平关来。

……

却说孔明自令马谡等守街亭去后,犹豫不定。忽报王平使人送图本至。孔明唤人,左右呈上图本。孔明就文几②上拆开视之,拍案大惊曰:"马谡无知,坑陷吾军矣!"左右问曰:"丞相何故失惊?"孔明曰:"吾观此图本,失却要路,占山为寨,倘魏兵大至,四面围合,断汲水道路,不须二日,军自乱矣。若街亭有失,吾等安归?"长史③杨仪进曰:"某虽不才,愿替马幼常回。"孔明将安营之法,一一吩咐与杨仪。正待要行,忽报马到来,说:"街亭、列柳城尽皆失了!"孔明跌足④长叹曰:"大事去矣!此吾之过也!"急唤关兴、张苞吩咐曰:"汝二人各引三千精兵,投武功山⑤小路而行。如遇魏兵,不可大击,只鼓噪⑥呐喊,为疑兵惊之。彼当自走,亦不可追。待军退尽,便投阳平关去。"又令张翼先引军去修理剑阁,以备归路。又密传号令,教大军暗暗收拾行装,以备起程。又令马岱、姜维断后⑦,先伏于山谷中,待诸军退尽,方始收兵。又差心腹人,分路报与天水、南安、安定⑧三郡官吏军民,皆入汉中。又遣心腹人到冀县搬取姜维老母⑨,送入汉中。

---

①曹真:字子丹,魏国的宗室。　②文几(jī):文书案。　③长(zhǎng)史:丞相府的高级属官。　④跌足:跺脚。　⑤武功山:在今陕西兴平西南。　⑥鼓噪:击鼓喧哗。　⑦断后:在后面掩护军队退却。断,截。　⑧天水、南安、安定:都在祁山从北。天水,在今甘肃天水一带。南安,在今甘肃陇西一带。安定,在今甘肃镇原一带。　⑨冀县:当时属天水郡。

却说孔明回到汉中，计点军士，只少赵云、邓芝，心中甚忧；乃令关兴、张苞，各引一军接应。二人正欲起身，忽报赵云、邓芝到来，并不曾折一人一骑；辎重等器，亦无遗失。孔明大喜，亲引诸将出迎。赵云慌忙下马伏地曰："败军之将，何劳丞相远接？"孔明急扶起，执手而言曰："是吾不识贤愚，以致如此！各处兵将败损，惟子龙不折一人一骑，何也？"邓芝告曰："某引兵先行，子龙独自断后，斩将①立功，敌人惊怕，因此军资什物，不曾遗弃。"孔明曰："真将军也！"遂取金五十斤以赠赵云，又取绢一万匹赏云部卒。云辞曰："三军无尺寸之功，某等俱各有罪；若反受赏，乃丞相赏罚不明也。且请寄库，候今冬赐与诸军未迟。"孔明叹曰："先帝在日，常称子龙之德，今果如此！"乃倍加钦敬。

忽报马谡、王平、魏延、高翔至。孔明先唤王平入帐，责之曰："吾令汝同马谡守街亭，汝何不谏之，致使失事？"平曰："某再三相劝，要在当道筑土城，安营守把。参军大怒不从，某因此自引五千军离山十里下寨。魏兵骤至，把山四面围合，某引军冲杀十余次，皆不能入。次日土崩瓦解，降者无数。某孤军难立，故投魏文长②求救。半途又被魏兵困在山谷之中，某奋死杀出。比及归寨，早被魏兵占了。及投列柳城时，路逢高翔，遂分兵三路去劫魏寨，指望克复街亭。因见街亭并无伏路军③，以此心疑。登高望之，只见魏延、高翔被魏兵围住，某即杀入重围，救出二将，就同参军并在一处。某恐失却阳平关，因此急来回守。非某之不谏也。丞相不信，可问各部将校。"孔明喝退，又唤马谡入帐。谡自缚跪于帐前。孔明变色曰："汝自幼饱读兵书，熟谙战法。吾累

---

① 斩将：指赵云埋伏在箕谷道中，一枪刺死了魏国的先锋苏颙。　②文长：魏延的字。　③伏路军：埋伏在路上的军队。

次丁宁告诫："街亭是吾根本，汝以全家之命，领此重任。汝若早听王平之言，岂有此祸？今败军折将，失地陷城，皆汝之过也！若不明正军律①，何以服众？汝今犯法，休得怨吾。汝死之后，汝之家小，吾按月给与禄粮，汝不必挂心。"叱左右推出斩之。谡泣曰："丞相视某如子，某以丞相为父。某之死罪，实已难逃；愿丞相思舜帝殛鲧用禹之义②，某虽死亦无恨于九泉！"言讫大哭。孔明挥泪曰："吾与汝义同兄弟，汝之子即吾之子也，不必多嘱。"左右推出马谡于辕门之外，将斩。参军蒋琬自成都③至，见武士欲斩马谡，大惊，高叫："留人！"入见孔明曰："昔楚杀得臣而文公喜④。今天下未定，而戮智谋之臣，岂不可惜乎？"孔明流涕而答曰："昔孙武所以能制胜于天下者，用法明也。今四方分争，兵戈方始⑤，若复废法，何以讨贼耶？合当斩之。"须臾，武士献马谡首级于阶下。孔明大哭不已。蒋琬问曰："今幼常得罪，既正军法，丞相何故哭耶？"孔明曰："吾非为马谡而哭。吾想先帝在白帝城临危不时，曾嘱吾曰：'马谡言过其实，不可大用。'今果应此言，乃深恨己之不明，追思先帝之言，因此痛哭耳！"大小将士，无不流涕。

---

①明正军律：严明地执行军法。　②思舜帝殛（jí）鲧（gǔn）用禹之义：思念舜杀死鲧而用禹的道理。传说上古时候，鲧因治水无功，被舜杀死；后来舜又用鲧的儿子禹治水，终于制伏了洪水。马谡说这句话，是请求诸葛亮在杀死他以后，还能照顾他的儿子。殛，杀死。　③成都：当时是蜀国的都城。　④楚杀得臣而文公喜：春秋时楚国大将成得臣，带兵同晋文公作战失败，楚成王逼他自杀。晋文公听到这个消息，极为高兴。　⑤兵戈方始：战争刚开始。

虬髯客传①

杜光庭

题 解

晚唐时期，藩镇势力日益强大，王室政权摇摇欲坠。本篇托言虬髯客认识到唐太宗李世民为"真命天子"，不与争夺天下，远去海外另建王国，旨在宣扬"尊王"的封建思想，借以巩固日趋没落的唐王朝的统治。

该篇故事，纯属虚构。但其构思与人物的描写颇具特色。小说极写红拂女的机智有识与虬髯客的豪侠行为，构成奇特的情节，逐次展开，扣人心弦，值得一读。

隋炀帝之幸江都也，命司空杨素守西京②。素骄贵，又以时乱，天下之权重望崇者，莫我若也③，奢贵自奉，礼异人臣④。每公卿入言，宾客上谒，未尝不踞床⑤而见，令美人捧出，侍婢罗

---

①虬(qiú)：虬龙。髯(rán)：两腮的胡子，也泛指胡子。作者杜光庭（850—933），字宾圣，处州缙云（今浙江缙云县）人。　②"隋炀帝之幸江都也"二句：隋炀帝杨广在位期间（605—618），曾三次巡幸江都（今江苏扬州市），此应指第一次，为大业元年（605），因次年杨素已死。但此时李世民方七岁，与后文"年二十"不合。可见这是小说家信笔之言，不足为据。杨素，字处道，华阴（今陕西华阴市）人。隋时，封越公，改封楚公，官至太师。隋朝建都大兴城（今陕西西安市）。炀帝以洛阳为东京，故称大兴城为西京。　③"天下之权重望崇者"二句：杨素自以为，天下掌握大权、有重望的人，没有谁比得上自己。　④礼异人臣：礼节排场异乎臣子所应有的。　⑤踞床：两脚岔开坐在椅子上，表示傲慢的态度。

第九单元

列，颇僭于上①。末年愈甚，无复知所负荷②，有扶危持颠之心③。

一日，卫公李靖以布衣上谒④，献奇策。素亦踞见。公前揖曰："天下方乱，英雄竞起。公为帝室重臣，须以收罗豪杰为心，不宜踞见宾客。"素敛容⑤而起，谢公与语，大悦，收其策而退。

当公之骋辩⑥也，一妓有殊色，执红拂⑦，立于前，独目公。公既去，而执拂者临轩指吏曰："问去者处士第几⑧？住何处？"公具以对。妓诵而去。

公归逆旅⑨。其夜五更初，忽闻叩门而声低者，公起问焉。乃紫衣戴帽人，杖揭一囊。公问："谁？"曰："妾，杨家之红拂妓也。"公遽延入。脱衣去帽，乃十八九佳丽人也。素面画衣而拜⑩。公惊答拜。曰："妾侍杨司空久，阅天下之人多矣，无如公者。丝萝⑪非独生，愿托乔木⑫，故来奔耳。"公曰："杨司空权重京师，如何？"曰："彼尸居余气⑬，不足畏也。诸妓知其无成，去者众矣。彼亦不甚逐也。计之详矣。幸无疑焉。"问其姓，曰："张。"问其伯仲之次⑭，曰："最长。"观其肌肤仪状、言词、气性⑮，真天人也。公不自意获之，愈喜愈惧，瞬息万虑不安，而窥户者无

---

①僭于上：排场享用比拟皇帝。僭，超过本分。《隋书·杨素传》："家僮数千，后庭妓妾曳绮罗者以千数。第宅华侈，制拟宫禁。"　②负荷：担负的责任。　③有扶危持颠之心：承上句"无复"，谓再没有拯救艰危局势的用心。　④卫公李靖：李靖字药师，三原（今陕西三原县）人。辅佐唐高祖平定天下。唐太宗时累积战功，官至尚书右仆射，封卫国公。　⑤敛容：面容转为严肃。　⑥骋辩：议论滔滔不绝。　⑦拂：拂尘，拂子。　⑧处士：没有做官的读书人。此指李靖。第几，在兄弟辈中排行第几。六朝、隋、唐时称谓多用排行，如下文"一妹"、"三郎"等。　⑨逆旅：旅馆。　⑩素面：脸上不施脂粉。画衣：花衣。　⑪丝萝：兔丝、女萝，两种蔓生草木，必须依附木本始能生长。语中用以自比。　⑫愿托乔木：表示愿意托身（嫁）李靖。　⑬尸居余气：指垂死的人（比死人只多一口气）。《晋书·宣帝纪》载李胜告曹爽曰："司马公尸居余气，形神已离，不足虑矣。"　⑭伯仲之次：在兄弟姊妹间的排行。　⑮仪状：仪表、仪态。气性：脾气、性情。

停屦①。数日,亦闻追讨之声,意亦非峻②。乃雄服③乘马,排闼④而去,将归太原⑤。

行次灵石⑥旅舍,既设床,炉中烹肉且熟。张氏以发长委地,立梳床前。公方刷马。忽有一人,中形⑦,赤髯如虬,乘蹇驴⑧而来。投革囊于炉前,取枕欹卧,看张梳头。公怒甚,未决⑨,犹亲刷马。张熟视其面,一手握发,一手映身摇示公⑩,令勿怒。急急梳头毕。敛衽⑪问其姓。卧客答曰:"姓张。"对曰:"妾亦姓张。合是妹。"遽拜之。问第几。曰:"第三。"因问妹第几。曰:"最长。"遂喜曰:"今多幸逢一妹。"张氏遥呼:"李郎且来见三兄!"公骤拜之。遂环坐。曰:"煮者何肉?"曰:"羊肉,计已熟矣。"客曰:"饥。"公出市胡饼⑫。客抽腰间匕首,切肉共食。食竟,余肉乱切送驴前食之,甚速。客曰:"观李郎之行,贫士也。何以致斯异人⑬?"曰:"靖虽贫,亦有心者焉。他人见问,故不言,兄之问,则不隐耳。"具言其由。曰:"然则将何之?"曰:"将避地太原。"曰:"然,吾故疑非君所致也。"曰:"有酒乎?"曰⑭:"主人⑮西,则酒肆也。"公取酒一斗。既巡⑯,客曰:"吾有少下酒物,李郎能同之乎?"曰:"不敢。"于是开革囊,取一人头并心肝。却头囊中⑰,以匕首切心肝,共食之。曰:"此人天下负心者,

---

①窥户者无停屦:谓不断窥察门外是否有人追踪而至。无停屦,脚步不停。一说,到房门口窥视红拂女的人往来不绝。 ②意亦非峻:没有严厉追索之意。 ③雄服:男装。 ④排闼(tà):推开门。 ⑤太原:隋郡名,唐改府,治所在今山西太原市。 ⑥灵石:今山西县名。 ⑦中形:中等身材。 ⑧蹇驴:跛脚的驴子。 ⑨未决:还没能发作。决,决裂。 ⑩一手映身摇示公:一双手放在背后(不让虬髯客看见),向李靖打手势示意。 ⑪敛衽(rèn):事理衣襟,表示敬意。后称妇女下拜为敛衽。 ⑫胡饼:烧饼。 ⑬致斯异人:得到这样的美妇人。 ⑭曰:仍为客曰。 ⑮主人:客店主人。此指客店。 ⑯既巡:斟过一遍酒。 ⑰却头囊中:把头放回皮袋里。

衔之十年，今始获之。吾憾释矣。"又曰："观李郎仪形器宇①，真丈夫也。亦闻太原有异人乎?"曰："尝识一人，愚谓之真人②也。其余，将帅而已。"曰："何姓?"曰："靖之同姓。"曰："年几?"曰："仅二十。"曰："今何为?"曰："州将之子③。"曰："似矣。亦须见之。李郎能致吾一见乎?"曰："靖之友刘文静者④，与之狎⑤。因文静见之可也。然兄何为?"曰："望气者⑥言太原有奇气，使访之。李郎明发，何日到太原?"靖计之日。曰："达之明日，日方曙，候我于汾阳桥⑦。"言讫，乘驴而去，其行若飞，回顾已失。公与张氏且惊且喜，久之，曰："烈士⑧不欺人。固无畏。"促鞭而行。

及期，入太原。果复相见。大喜，偕诣刘氏。诈谓文静曰："以善相者思见郎君⑨，请迎之。"文静素奇其人⑩，一旦闻有客善相，遽致使迎之。使回而至⑪，不衫不履⑫，裼裘而来⑬，神气扬扬，貌与常异。虬髯默居末坐，见之心死。饮数杯，招靖曰："真天子也!"公以告刘，刘益喜，自负。既出，而虬髯曰："吾得十八九矣。然须道兄见之。李郎宜与一妹复入京。某日午时，访我于马行⑭东酒楼。楼下有此驴及瘦驴，即我与道兄俱在其上矣。到即登焉。"又别而去，公与张氏复应之。

---

①仪形：仪表。器宇：胸襟，气度。　②真人：旧时俗谓真命天子。　③州将之子：指唐太宗李世民。其父唐高祖李渊当时为太原留守，故称。　④刘文静：字肇仁，武功（今陕西武功县）人。隋末为晋阳（今山西太原市）令。李渊起兵，文静参与机密，有军功。后以心怀怨望，被杀。　⑤狎(xiá)：亲近而态度不庄重。　⑥望气者：通过观望云气以窥测王气所在的术士。　⑦汾阳桥：在太原城东汾河上。　⑧烈士：豪侠之士。　⑨以：一作"有"。郎君：指李世民。　⑩文静素奇其人：《新唐书·刘文静传》载文静见李世民，谓裴寂曰："唐公子，非常人也，豁达神武，汉高帝、魏太祖之徒与！殆天启之也。"　⑪使回而至：使者回时李世民也到了。　⑫不衫不履：服装不整齐（表示洒脱不拘的态度）。　⑬裼(xī)裘：披着裘衣，毛皮露在外面。　⑭马行：西京（大兴城）街道名。

及期访焉，宛见①二乘。揽衣登楼，虬髯与一道士方对饮，见公惊喜，召坐围饮。十数巡，曰："楼下柜中有钱十万。择一深隐处处一妹。某日复会我于汾阳桥。"如期至，即道士与虬髯已到矣。俱谒文静。时方弈棋②，揖而话心焉。文静飞书迎文皇③看棋。道士对弈，虬髯与公傍待焉。俄而文皇到来，精采惊人，长揖而坐。神气清朗，满坐风生，顾盼炜如④也。道士一见惨然，下棋子曰："此局全输矣！于此失却局哉！救无路矣！复奚言！"罢弈而请去。既出，谓虬髯曰："此世界非公世界⑤，他方可也。勉之，勿以为念。"因共入京。虬髯曰："计李郎之程，某日方到。到之明日，可与一妹同诣某坊曲⑥小宅相访。李郎相从一妹⑦，悬然如磬⑧。欲令新妇祇谒⑨，兼议从容⑩，无前却⑪也。"言毕，吁嗟而去。

公策马而归。即到京，遂与张氏同往。至一小板门子⑫。扣之，有应者，拜曰："三郎令候李郎，一娘子久矣。"延入重门，门愈壮。婢四十人，罗列廷前。奴二十人，引公入东厅。厅之陈设，穷极珍异，箱中、妆奁冠镜首饰之盛，非人间之物。巾栉⑬妆饰毕，请更衣，衣又珍异。既毕，传云："三郎来！"乃虬髯纱帽裼裘而来，亦有龙虎之状⑭，欢然相见。催其妻出拜，盖亦天人耳。遂延⑮中堂，陈设盘筵之盛，虽王公家不侔也。四人对馔讫，

---

①宛见：宛然可见。有形貌可见者曰宛。　②时方弈棋：刘文静正与道士下棋。③文皇：唐太宗初谥文，故称文皇。　④炜(wěi)如：光彩照人。　⑤此世界：指中国。　⑥坊曲：里巷。　⑦李郎相从一妹：谓李靖有张女相从成家。　⑧悬然如磬：谓家里贫穷，如悬空器，一无所有。《国语·鲁语上》："室如悬磬。"韦昭注："悬磬，言鲁府藏空虚。"　⑨新妇：自称其妻。祇谒：拜见。　⑩从容：指生活上的妥善安排。　⑪无前却：不要推辞。却，退。　⑫小板门子：即小板门。⑬巾栉：包头巾、梳头发。　⑭龙虎之状：形容状貌不凡。犹言"龙行虎步"、"龙骧虎视"。　⑮延：引进。

第九单元

陈女乐①二十人，列奏于前，似从天降，非人间之曲。食毕，行酒。家人自堂东舁②出二十床，各以锦绣帕覆之。既陈，尽去其帕，乃文簿钥匙耳。虬髯曰："此尽宝货泉贝③之数。吾之所有，悉以充赠。何者？欲于此世界求事，当龙战④三二十载，建少功业。今既有主，住亦何为？太原李氏，真英主也。三五年内，即当太平。李郎以奇特之才，辅清平之主，竭心尽善，必极人臣⑤。一妹以天人之姿，蕴不世之艺⑥，从夫之贵，以盛轩裳⑦。非一妹不能识李郎，非李郎不能荣一妹。起陆⑧之渐，际会如期⑨，虎啸风生，龙吟云萃，固非偶然也⑩。持余之赠，以佐真主，赞功业也，勉之哉！此后十年，当东南数千里外有异事，是吾得事之秋也。一妹与李郎可沥酒东南相贺。"因命家童列拜，曰："李郎一妹，是汝主也！"言讫，与其妻从一奴，乘马而去。数步，遂不复见。公据其宅，乃为豪家，得以助文皇缔构⑪之资，遂匡⑫天下。

贞观十年⑬，公以左仆射平章事⑭。适南蛮⑮入奏曰："有海船千艘，甲兵十万，入扶余国⑯，杀其主自立。国已定矣。"公心知

---

①女乐：歌舞女。　②舁（yú）：共同抬东西。　③泉贝：货币。　④龙战：《周易·坤》，"龙战于野，其血玄黄。"后称群雄割据、争夺天下的战争为龙战。⑤极人臣：做最高级的官。　⑥不世之艺：非常的才艺。　⑦"从夫之贵"二句：谓随夫而贵，可以享受荣华富贵的生活。轩：车乘。裳：衣服。　⑧起陆：谓乘机而起，夺取天下。《阴符经》上篇："天发杀机，龙蛇起陆；人发杀机，天地反覆。"此以蛰伏的龙蛇起于陆，比喻群雄争霸，为帝为王。　⑨际会如期：谓君臣的遇合，如有成约在先。　⑩"虎啸风生"三句：用比喻说明君臣遇合、声气相求的关系不是偶然的。《周易·乾文言》："云从龙，风从虎。"孔颖达疏："龙是水畜，云是水气，故龙吟则景云出，是云从龙也。虎是威猛之兽，风是震动之气，此亦是同类相感，故虎啸则谷风生，是风从虎也。"⑪缔构：创业。　⑫匡：统一，平定。　⑬贞观十年：唐太宗贞观十年，即公元636年。　⑭左仆射（yè）平章事：唐制，以三省长官为宰相。尚书左右仆射，尚书省长官。平章事，为"同中书门下平章事"的简称，即参与朝政的意思。　⑮南蛮：古代称南方少数民族为南蛮。　⑯扶余国：古国名，辖地在今辽宁、吉林一带，唐以前为高句丽所灭。本文谓国在东南，当系故作玄虚以为奇。

虬髯得事也。归告张氏,具衣①拜贺,沥酒东南祝拜之。

乃知真人之兴也,非英雄所冀②。况非英雄者乎!人臣之谬思乱者,乃螳臂之拒走轮③耳。我皇家垂福万叶④,岂虚然哉!或曰:"卫公之兵法⑤,半乃虬髯所传耳。"

---

①具衣:穿着礼服。　②"真人之兴也"二句:谓真命天子的出现,乃受命于天,不是所谓英雄能妄想得到的。　③螳臂之拒走轮:比喻不自量力,终归失败。走轮,转动的车轮。　④万叶:万世。　⑤卫公之兵法:李靖精通兵法。

附　录

词的写作

　　词是通常的名称。其实在词这一名称产生之前，词这种诗体，是被称做曲子词的。此后，又将词称为乐府、长短句等。词是在诗的基础上发展起来的，所以又叫诗余。词如同近体诗，是一种有格律规定的诗体。

　　词最初是配乐的，所以，每一首词都有一个与其相配合的乐调，便称为词调，后来这个词调就叫做词牌。每一词调，出于音乐的要求，在句数、字数和声韵方面都有规定。这种格律规定，便称为词谱。写词，要依词谱填写，故叫填词。词谱之多以千计数，清人万树的《词律》收一千一百八十多个，清代的《钦定词谱》收得更多，共有二千三百零八个。

　　这么多的格式即词调，最初把它合并归类为令、引、近、慢四种。

　　令，又称小令或令曲。令这一名称，取自唐代的酒令。一般来说，令词的乐调短、字数少，最早被定型下来。最少的《十六字令》，只有十六个字。但有的令词字数也有多的，如《六幺令》

有九十六字,《胜州令》有二百一十五字。这虽然命名为令,实际上已不属于令了。

引,在唐、宋大曲中,有引歌的名目。引歌,即在歌前的意思。词中的引,多是截取大曲中前段部分制成。一般地说,引词比令词乐调略长,字数略多。

近,又称近拍。在乐调长短、字数多少方面,一般地说,近同于引。

慢,即慢曲子的简称。慢曲子同急曲子相比较,声调延长了,因而慢词的句数、字数也随着增加。一般来说,慢词比令、引、近词,乐调要长,字数要多。

词调分为令、引、近、慢四类,有的在词牌上标明了,有的未标明。四者的区别主要在字数的多少,所以后来有人依据字数的多少,将词分为小令、中调、长调三类。即小令同于令词,中调同于引、近词,长调同于慢词。清人毛先舒的《填词名解》硬性规定了小令、中调、长调的字数界限,说:"五十八字以内为小令,五十九字至九十字为中调,九十一字以外为长调。"如此硬性规定对一词有二体的就不好归属,所以,后来有人以五十字左右以下为小令,五十字左右至一百字左右为中调,以一百字左右或一百字以上为长调。

词的分阕(片、段)是和诗在体制上的不同之点。"阕"是曲终的意思,是每唱一遍的终止阶段。小令多为一阕,如《十六字令》、《如梦令》等;中调多为上下两阕,上阕叫上片,下阕叫下片,如《念奴娇》、《满江红》等;长调(慢词)有上下两阕的,也有三、四阕的,凡三阕、四阕的就叫三叠、四叠,三叠的如《兰陵王》等,四叠的只有《莺啼序》这唯一词牌。

词牌,它只是说明词所配的乐调,并不是词的题目。大部分

附 录

词所定的内容，是同词牌没有意义上的联系。所以，大部分词在词牌下还要写上词题，以概括说明词的内容。但也有一部分词，词牌就是词题，为了更为明确，有人就在词牌下写上"本意"二字。

词牌的数目很多，其来源和含义就不介绍了。下面谈谈填词的一些基本要求：

一、押韵

同近体诗比较，词的押韵要求不那么严格，余地大，但比古体诗限制多。词可以押平声韵，还可以押上、去、入声韵（合称仄声韵）。但是，在押平声韵或仄声韵时，要受格律限制，即按词谱的规定进行写作。

二、平仄

词的平仄格式很多，可以说有多少词牌就有多少格式。词句基本上是律句，就这一点说，还是有规律可循的。

三、节奏

词的句子是长短不齐的，不同字数的句子，其节奏形式也不一样；就是字数相同的句子，其节奏形式有时也有所不同，即有不同的读法。下面分述一字句至十一字句的各种节奏形式。

（一）一字句。在词中，一字单独成句的很少。《十六字令》的开头一字，是单独成句的。还有叠句中的一字，如陆游的《钗头凤》："山盟虽在，锦书能托，莫，莫，莫！"

一字单独成句的虽很少，但一字作领字的却很多。一字作领字的，称为一字领或一字逗。一字领虽不单独成句，但却成一节奏。一字领多是虚字，实字很少；多是去声字，平声字很少。常用作一字领的字，有"任"、"看"、"正"、"待"、"乍"、"怕"、"总"、"问"、"爱"、"奈"、"似"、"但"、"料"、"想"、"更"、

"算"、"况"、"须"、"对"等。一字领，领的句数和句的字数，有各种情况，如：领单句的，如"怕 — 梨花落尽成秋色"（姜夔《淡黄柳》）；领双句的，如"方 — 春意无穷，青空千里"（张先《庆春泽》）；领排句的，如"渐 — 月华收练，晨霜耿耿；云山摛锦，朝露团团"（苏轼《沁园春》）；领三言的，如"对 — 长亭晚"（柳永《雨霖铃》）；领四言的，如"任 — 杨花飘泊"（蒋子云《好事》）；领五言的，如"况 — 有文章山斗"（辛弃疾《水龙吟》）；领六言的，如"怅 — 客里光阴虚掷"（周邦彦《六丑》）；领七言的，如"更 — 绮窗临水新凉入"（毛滂《七娘子》）。

（二）二字句。在词中也比较少，但比一字句为多。二字句，常常用在押韵的地方。如"凄然，望江关"（柳永《戚氏》）；"琅然，清圆。谁弹？响空山"（苏轼《醉翁操》）。在叠句中，二字句的较多。如"长夜！长夜！梦到庭华阴下"（冯延巳《三台令》）；"知否？知否？应是绿肥红瘦"（李清照《如梦令》）。

二字作领字的有很多。常用作二字领的字，有如"莫是"、"又还"、"那堪"、"休说"、"况是"、"何况"、"将次"、"只是"、"未省"等。有二字领的句子，如"休说 — 鲈鱼堪脍"（辛弃疾《水龙吟》）；"那堪 — 片片飞花弄晚，蒙蒙残雨笼晴"（秦观《八六子》）。

（三）三字句。在词中较为多见。有的词，连用三字句，造成繁音促节的效果。三字句不像一字句、二字句只有一种节奏形式，而是有三种节奏形式。1."一、二"句式，如"思 — 往事，惜 — 流光"（欧阳修《诉衷情》）；2."二、一"句式，如"碧云 — 天，黄叶 — 地"（范仲淹《苏幕遮》）；3."一、一、一"句式，如"月 — 临 — 窗，花 — 满 — 树"（顾复《酒泉子》）。

三字句也有用作领字的。如"更能消"、"最无端"、"又却是"、"又还是"、"更那堪"、"最好是"等。如"更能消 — 几番风雨"（辛弃疾《摸鱼儿》）；"更那堪 — 冷落清秋节"（柳永《雨霖铃》）。

（四）四字句。词中最基本的句式之一，便是四字句。四字句的节奏形式，以"二、二"句式为多。另外，还有其他各种句式。如：1."二、二"句式，如"思君 — 忆君，魂牵 — 梦萦"（刘过《醉太平》）。2."一、二、一"句式，如"揾 — 英雄 — 泪"（辛弃疾《水龙吟》）。3."三、一"句式，如"况 — 佳人尽"（柳永《凤归云》）。

（五）五字句。多与近体诗的五言类同。五字句的节奏形式有：1."二、三"句式，这是近体诗五言的最基本句式。如"明月 — 几时有"（苏轼《水调歌头》）。2."二、一、二"句式和"二、二、一"句式。前者如"长亭 — 连 — 短亭"（李白《菩萨蛮》）；后者如"灯火 — 小桥 — 路"（吕渭老《祝英台近》）。3."三、二"句式，如"且高歌 — 休诉"（叶清臣《贺对朝》）。4"一、四"句式。如"望 — 青葱无路"（辛弃疾《洞仙歌》）。这种句式，多是有一字领的，即一字领四言，如"尽 — 荠麦青青"（姜夔《扬州慢》）。

（六）六字句。是四字句加两字而成，但没有五字句加一字而成。主要的有四种：1."二、四"句式。如"倚栏 — 怕听画角"（张翥《东风第一》）；"又还 — 准备佳期"（刘长卿《满庭芳》）。2."四、二"句式，如"三杯两盏一淡酒"（李清照《声声慢》）。3."三、三"句式，如"极目送 — 归鸿去"（黄庭坚《青玉案》）。4."一、五"句式，如"又 — 片片吹尽也"（姜夔《暗香》）。

（七）七字句。多与近体诗的七言同。七字句的节奏形式主要的有四种：1."四、三"句式，如"暗随流水 — 到天涯"（秦观

《望海潮》）。2. "三、四"句式，如"便胜却 — 人间无数"（秦观《鹊桥仙》）；"更那堪 — 频频顾盼"（周邦彦《烛影摇红》）。3. "一、六"句式，如"怕 — 南楼吹断晓笛"（高观国《声声慢》）。4. "二、五"句式，如"自叹 — 多愁更多病"（周邦彦《感皇恩》）。

（八）八字句。八字句及八字以上的句子是长句，也可以看做是两句复合而成，在词中较为少见。八字句的节奏形式，主要的有三种：1. "三、五"句式，如"问先生 — 何处更高歌"（晏几道《满江红》）；"又莫是 — 东风逐君来"（晏几道《洞仙歌》）。2. "二、六"句式，如"应是 — 良辰好景虚设"（柳永《雨霖铃》）。3. "一、七"句式，如"但 — 长江无言东流去"（向子諲《七娘子》）。

（九）九字句。九字句的节奏形式，主要的有六种：1. "四、五"句式，如"如今憔悴 — 黄花惯风雨"（陈允平《解蹀躞》）。2. "三、六"句式，如"望孤村 — 三两茅屋疏篱"（无名氏《洞仙歌》）；"更消得 — 风雨几番零落"（何梦桂《念奴娇》）。3. "二、七"句式，如"楼上 — 一天春思浩无际"（秦观《南歌子》）。如"只怕 — 酒醒时候断人肠"（秦观《虞美人》）。4. "一、八"句式，如"怅 — 空山岁晚窈窕谁来"（辛弃疾《洞仙歌》）。这种句式也可以看做是"一、四、四"句式。5. "五、四"句式，如"闹娥儿满路 — 成团打块"（康与之《瑞鹤仙》）。6. "六、三"句式，如"细草软溪沙路 — 马蹄轻"（苏轼《南歌子》）。

（十）十字句。词中最为少见的一种句子。十字句的节奏形式，主要的是"三、七"句式，如"见说道 — 天涯芳草无归路"（辛弃疾《摸鱼儿》）。

（十一）十一字句。词中最长的一种句子。十一字句的节奏形式，主要的有两种：1."四、七"句式，如"去年明月 — 依旧还照我登楼"（张孝祥《水调歌头》）。2."六、五"句式，如"古今多少遗恨 — 俯仰已尘埃"（方岳《水调歌头》）。

四、对仗

有两点基本要求：一是在两句相对时，其词性要相同或相近；二是两句的句子组成情况要相同或相近（请参看本书系列第五册《近体诗写作》相关部分）。此外，词的对仗除按规定的相邻两句应用对仗外，还有两种特殊形式：隔句对和句中对。

隔句对，也称扇面对。如白居易《夜闻筝》中的四句："缥缈巫山女，归来七八年。殷情湘水曲，留在十三弦。"这四句。隔句相对。"殷情"对"缥缈"，叠韵字相对；"湘江"与"巫山"，地名相对；"曲"与"女"名词相对；"留""归"动词相对；"十三"与"七八"，数词相对。

句中对。这是一种本句自对的形式。如陆游《游西山村》："山重水复疑无路，柳暗花明又一村。""水复"对"山重"，"花明"对"柳暗"。

如果从其他角度来看，对仗的特殊形式还有交股对、流水对、借对（又称假对）等，这里就不一一介绍了。

还有一种情况，相邻两句虽字数不等，但除去领字后字数相等，也有可能用对仗。

五、章法

任何一种文体写作都要讲章法，而词的章法却比较特殊。由于词和音乐的特殊关系，章法也就离不开音乐。除单调和慢词外，词一般分为上下两阕（片），单调略同于小诗（绝句），大都直接描述一气呵成。双调以上的词情况就复杂了。一首词中，开头、换头（过片）和结尾三部分至关重要，故谈词的章法就得从这些方面着手。

开头：有的开门见山，直抒胸臆，如"怒发冲冠，凭栏处、潇潇雨歇"（岳飞《满江红》）；有的提出问题，引人深思，如"明月几时有？把酒问青天"（苏轼《水调歌头》）；有的直接叙事，如"梳洗罢，独倚望江楼"（温庭筠《梦江南》）；有的写景开头，此为多见，如"候馆梅残，溪桥柳细"（欧阳修《踏莎行》），"红藕香残玉簟秋"（李清照《一剪梅》）等。

换头（过片）：指双调词下阕（片）的第一句，从乐曲的演唱来说，上阕的最后一句只是暂时的休止而非全曲告终。故下阕开头要似起而又似承；要使上下阕分而能独立，合而能一体，语断而意连，"过片最忌断了曲意"。（举例略）

结尾：要求意足神完又余音袅袅，词也以情融景洽为佳。（举例略）

《国学经典读本》(全十二册)内容一览表

册次＼内容＼单元	第一单元	第二单元	第三单元	第四单元	第五单元	第六单元	第七单元	第八单元	第九单元	附录
一册	《弟子规》	诸子名言（志向信念）	《孝经》	短文选粹 24则	《增广贤文》	《世说新语》	古诗选粹 51首	文苑菁华 26篇	小说精选 3篇	
二册	《三字经》	诸子名言（修身养德）89则	《幼学琼林》(上)	古代家训	短文选粹 20则	诗吟春景(上)50首	文苑菁华 19篇	小说精选 3篇		
三册	《论语》选读（上）	声律启蒙	《幼学琼林》选读（下）	《弟子名言（读书学习）69则	短文选粹 18则	诗吟春景(下)50首	神话与传说(上)6则	文苑菁华 21篇	小说精选 3篇	
四册	《论语》选读（中）	笠翁对韵	诸子名言（健康和谐）63则	诗吟秋景 49首	诗吟夏景 49首	神话与传说(下)6则	文苑菁华 26篇	小说精选 3篇		《对联写作》《历代名趣联》(60副)
五册	《论语》选读（下）	诸子名言（综合修养）65则	《忠经》	诗吟秋景 49首	词曲选粹 16首	《史记》选读(上)	文苑菁华 22篇	小说精选 3篇		《近体诗写作》
六册	《大学》(节选)	寓言选粹 9则	《格言联璧》选读	古代家书选 16篇	诗吟冬景 50首	词曲选粹 16首	《史记》选读(下)	文苑菁华 21篇	小说精选 3篇	
七册	《孟子》选读（上）	《诗经》选读（上）	《左传》选读（上）	《战国策》选读(上)	古诗选粹 51首	唐五代及敦煌曲子词选粹 25首	元曲选粹 23首	文苑菁华 23篇	小说精选 3篇	《词的写作》
八册	《孟子》选读（下）	《诗经》选读（下）	《左传》选读（下）	《战国策》选读(下)	古诗选粹 50首	宋词选粹(上)40首	元曲选粹 25首	文苑菁华 22篇	小说精选 3篇	《常用词谱》60个
九册	《中庸》(节选)	《楚辞》选读（上）	《国语》选读	《智囊》选读	古诗选粹 49首	宋词选粹(中)39首	元曲选粹 31首	文苑菁华 27篇(其中书论18则)	小说精选 3篇	
十册	《楚辞》选读（下）	《庄子》选读	《菜根谭》选读	古诗选粹 50首	宋词选粹(下)40首	元曲选粹 17首	《人间词话》(节选)	文苑菁华 25篇(其中画论3则)	小说精选 3篇	《读曲常识》《常用曲谱》
十一册	《道德经》(节选)	《忍经》选读	古诗选粹 49首	金元明词选粹 40首	杂剧选粹(上)3折	《资治通鉴》选读	文苑菁华 22篇(其中乐论7则)	小说精选 3篇		
十二册	《孙子兵法》选读	《文心雕龙》选读	古诗选粹 50首	清词选粹 40首	杂剧选粹(下)5折	曾国藩家书选读	辞赋精选 22篇	小说精选 3篇		

后　记

在棠湖中学外语实验学校开办之时，校长黄光成就打算在全校开设国学课，并决定编一套国学读本。他明确指出：从起点编起，由浅入深，最大限度地将传统文化的精华纳入其中。他还说：要培养青少年学生的远大理想和优秀的道德观念，要养成他们良好的行为习惯，离不开对优秀传统文化的继承和发扬。同时，他还要求所编读本，不但要适合于学生，还要尽可能适合于广大国学爱好者。这席话把读本的编写目的和标准说得十分清楚了。在学校各部门的支持和协助下，经过一段时间的准备，我们用了一年多的时间，终于编成了这套《国学经典读本》（全十二册）。

在编辑中，我们从上自先秦，下至清末的浩如烟海的典籍中，广泛地查阅，反复地比较，精心地挑选，最后选出诗610首，词252首、曲102首、元杂剧8折、文选274篇、小说36篇，其他启蒙读物7种，各种经典16种，历史文选42篇，书画乐论28则，短文82则，诸子百家名言446条。此外，还编入文艺论述、神话与传说、寓言、家书家训、写作知识等，可算是洋洋大观了。本着循序渐进、内外兼修的原则，我们做了较为合理的安排。俗话说"读了《增广》会说话"，故将《增广贤文》编在第一册，将82则短文、近五百句诸子百家名言，放在1—6册。辞赋是中

后　记

华民族文化的优秀传统，是韵文中的极品，其作者必"学贵乎博，才贵乎通，笔贵乎灵，词贵乎粹"才能写好，它有很高的欣赏价值，故编入第12册，以收压轴之效。国家图书馆荣誉馆长任继愈先生说得好："奠定一个人的人生观、世界观，不是在大学学了哲学或政治课开始的，而是在中学时代，从十二三岁时随着身体的发育、知识的积累、意志的培养平行前进，同步开展的。"所以，我们将《弟子规》、《孝经》等放在第一册。第二册是《三字经》、《治家格言》和《颜氏家训》。第三册开始学《论语》，第五册是《忠经》等。我们还特地选了《智囊》与《忍经》，放在靠后一些的书册中。我们认为每个炎黄子孙，具备了中华民族的传统美德，有了超人的智慧，再加上忍的精神，就一定能成为名副其实的现代"君子"。

在本书编辑中，我们着重把握以下五条原则：

一、体系的完整性。中华传统文化是儒学、道学和中国化佛学既独立发展又相互促进、有机融合的统一。读本以儒学为主体，也选入道学著作如《道德经》等和佛学代表作如《般若波罗蜜多心经》和禅诗等，尽可能体现国学思想体系的完整。

二、知识的全面性。读本既选入《弟子规》、《三字经》、《增广贤文》、《幼学琼林》等启蒙作品，又选入四书五经、诸子百家等经典著作，还有名言、古文、诗、词、曲、小说等。特别是诗中我们选入远古的第一首诗——《弹歌》，还有回文诗词以及唐代中日交往诗等。文选方面更照顾了各方面的内容，如选进碑记铭文、祭奠文章以及"书论"、"画论"和"乐论"等。

三、内容的关联性。为了便于知识的相互印证和参照，在文选中，同一作者所写的同一题材放在一起，如诸葛亮的前后《出师表》，苏轼的前后《赤壁赋》。在诗的选录中，不同作者所吟咏

后　记

的同一对象的诗编在一起，如写项羽的，有杜牧的《题乌江亭》、王安石的《乌江亭》和李清照的《绝句》；写雕刻的，如魏学洢的《核舟记》，宋起凤的《核工记》；观点不同的，如陈子昂的《复仇议状》，柳宗元的《驳复仇议》；内容有关联的，如王勃《滕王阁序》中有"窜梁鸿于海曲，岂乏明时"一句，是因梁鸿写了一首《五噫歌》，汉武帝看到后很生气，于是下令抓他，梁鸿只好四处躲藏，故将它们编在同一册；同名篇目，如《醉乡记》，唐代王绩与清代戴名世都写了文章，也放在一起便于参阅。其他反映相同或相关历史事件的，也尽量编在一起。

四、难度的渐进性。内容按循序渐进、由浅入深、从易到难的顺序编排。把比较浅显的启蒙读物、名言、短文放在前几册，把比较深的古文、诗词放在后几册。辞赋是对作者学养要求很高的一种文体，故将22篇名赋编入最后一册。

五、运用的方便性。学习的目的全在于运用，创造是最好的传承。读了《声律启蒙》和《笠翁对韵》，应当学会写对联，于是编入《对联写作》和《历代名趣联》60副；学了格律诗，应当学会写诗，于是编入《近体诗写作》；学了词就要学会填词，于是编入《词的写作》和《常用词谱》60个；读了曲，至少应当学会鉴赏，于是编入《读曲常识》和《常用曲谱》。以上都是为学生和读者实践运用提供方便。

在编辑中，年逾八旬的重庆师范大学董味甘教授不但悉心指导，而且还为本书写了前言，原四川省彭水县文教局王世鑫老局长对编辑本书寄予了殷切希望，并多次鼓励，在此深表感谢。学校党支部副书记付全中，校长助理王天贵、姚平、闫守智，党政办主任杜宗平，附小副校长苏萍等从各方面对编辑本书给予全力支持。特别要提的是杜宗平主任对读本的编写提纲提出了宝贵的

后 记

意见。为了最大限度减少读本的错漏，教导主任刘勇、周永孝还挑选了13位老师对读本进行了认真的校阅（校阅本册的是邵培德、汤斯嘉、王显明老师）。

由于编者的水平有限，加之用时较短，这套读本的错误和遗漏在所难免，恳请读者体谅。但我们坚信，每个同学和国学爱好者在阅读这套读本时，定会进入博大精深的国学长廊，领悟国学的精髓，感受国学的智慧，把握中华传统文化的脉搏，丰富自身的内涵，成为一个真正的文化达人。

编 者

2011年10月

图书在版编目（CIP）数据

国学经典读本（八）/黄光成主编. —成都：巴蜀书社，2012.8
ISBN 978-7-5531-0073-9

Ⅰ.①国… Ⅱ.①黄… Ⅲ.①国学－青年读物 ②国学－少年读物 Ⅳ.①Z126-49

中国版本图书馆 CIP 数据核字（2012）第 153501 号

国学经典读本（八） 黄光成　主编

责任编辑	陈亚玲
出　　版	四川出版集团巴蜀书社
	成都市槐树街2号　邮编610031
	总编室电话：(028) 86259397
网　　址	www.bsbook.com
发　　行	巴蜀书社
	发行科电话：(028) 86259422　86259423
经　　销	新华书店
印　　刷	四川机投印务有限公司
版　　次	2012年8月第1版
印　　次	2012年8月第1次印刷
成品尺寸	235mm×165mm
印　　张	14.125
字　　数	290千字
书　　号	ISBN 978-7-5531-0073-9
定　　价	24.00元

本书如有印装质量问题，请与发行科联系调换